古风 著

洪昇

长生殿绝响

团结出版社
UNITY PRESS

图书在版编目（CIP）数据

长生殿绝响洪昇 / 古风著 . -- 北京：团结出版社，
2025.5. -- ISBN 978-7-5234-1661-7

Ⅰ.I25

中国国家版本馆 CIP 数据核字第 20257N722A 号

责任编辑：时晓莉
封面设计：谭　浩

出　　版：团结出版社

　　　　　（北京市东城区东皇城根南街 84 号　邮编：100006）

电　　话：（010）65228880　65244790（出版社）

　　　　　（010）65238766　85113874　65133603（发行部）

　　　　　（010）65133603（邮购）

网　　址：http://www.tjpress.com

电子邮箱：zb65244790@vip.163.com

经　　销：全国新华书店

印　　装：三河市东方印刷有限公司

开　　本：163mm×240mm　16 开

印　　张：20　　　　　　　　　字　　数：228 千字

版　　次：2025 年 5 月　第 1 版　　印　　次：2025 年 5 月　第 1 次印刷

书　　号：978-7-5234-1661-7

定　　价：68.00 元

序章　钱塘望族

　　坐船从西溪码头的一端以正常速度行驶，40 多分钟就可以在洪园码头上岸了。洪园是大戏剧家洪昇的出生、成长之地。如果从洪家始祖洪皓受南宋赐地西湖葛岭算起，至洪昇出生的 1645 年，洪家世世代代在西溪生活繁衍了 500 余年。

　　杭州，古称临安、钱塘、武林，是中国六大古都之一。更是江南一块富足之地，南宋时期就已有"苏杭熟，天下足"的美誉，又因其风景秀丽，博得"人间天堂"的大赞。西溪便是杭州的一处重要宝地。

　　从西溪到西湖不到 5 公里，占地 60 平方公里。西溪湿地里有总长 100 余公里的河流，70% 以上的地方都是河港、池塘、沼泽。陆地上的土壤肥美平坦，适宜耕种，周边的百姓便以此繁衍生息，过着富足的生活。

　　战国时期的荀子曾选择在西溪读书，后来又有许多人以此静谧之所耕读。西溪的出名是在南宋时期。清光绪年间的《钱塘县志》记载："宋建炎三年七月，高宗南渡，幸西溪，初欲建都于此，后得凤凰山，乃云：'西溪且留下。'"

　　这说的是宋高宗赵构被金国大军追得一路逃亡，一直跑到了杭州一带。他不想再跑了，随行者也疲惫不堪，皇帝就想在这一带建立都城。高宗赵构是个艺术家，治理国家差点劲，赏景游乐却是位行家，他一眼就看中了如诗如画的西溪，想在此地建都立业。

但是，很快又在杭州西南的凤凰山找到了一处更适合的地方。凤凰山北边是西湖，南面是钱塘江，形若飞凤，地面更为开阔。赵构觉得，建都于此更好。更何况，这一带还曾经是五代吴越国时期的国都，基础好，稍加改造便可成为皇城。于是，赵构便在凤凰山东麓修建了宫城禁苑，作为南宋的都城。

改都为凤凰山后，大臣们就问赵构，西溪如何处置？赵构也不想放弃西溪，就说"西溪且留下吧"，由此，"留下"成了西溪的代名词。

西溪与西泠、西湖并称杭州的"三西"，处杭州西部。西溪始起于汉晋，发展于唐宋，兴盛于明清。这里土地肥沃，环境极佳。有丰富多样的植物群落，也是野生动物们的栖息地。这里安静而祥和，有许多文人墨客与这里结下了不解之缘。苏轼、唐寅、董其昌、张岱等人都在这里留下了遗迹。

明代大学者张岱在《秋雪庵》中就有诗句"古荡西溪天下闻，辋川诗是记游文。庵前老荻飞秋雪，林外奇峰耸夏云"。

在湿地的河面上荡船泛舟而过，水清鱼跃，鸟鸣虫吟。两岸浓草、密树，稀有的动植物遍布。选这样一处清静而美若仙境的地方生活，不只是表明祖上的眼光独特，重要的是他们的到来，同时也给那一片寂静庸常的秀水美景增添了无尽的生机。西溪因他们而生动鲜活，更富有灵气了。

当洪氏家族的始祖洪皓在金国被扣押15年后，返回南宋的时候，宋高宗为了奖励这位民族英雄，"宋之苏武"，在杭州的葛岭一带赐了一片地。洪氏家族的后代便在西溪一带建宅立院，成为祖业。

洪皓（1088—1155），字光弼，政和五年（1115年）进士，是南宋时期著名的政治家和外交家。北宋末年，国力开始衰落，北方的少数民族金、辽，对宋朝虎视眈眈。宋王朝面临严重的威胁。西北部则与西夏王朝因为领土问题不断发生冲突。原本强大的宋王朝在外患不断，强敌威胁的情况下，政权内部矛盾重重，官场腐败严重，导致国力大大衰弱。

宋徽宗赵佶这位虽书画有成，却治国无能的国君，继任皇帝之后重用有"北宋六贼"之称的六个奸臣蔡京、童贯、王黼、梁师成、朱勔、李彦。这些朝廷重臣结党营私，贪赃枉法，荒淫无度，排除异己，鱼肉百姓，无恶不作，导致百姓苦不堪言，民不聊生，大宋王朝乌烟瘴气。

此时，农民起义不断，除规模比较大的方腊、宋江等民间武装起义外，还有河北张迪、高托山起义，京东路青州张仙起义，济南府孙列起义，临沂武胡、北京大名府（今河北大名）的杨天王、郓州（今山东东平）的李太子、沂州和密州的徐进、水鼓山的刘大郎等率领的农民军起义。

在国内一片乱象之时，北方的辽、金、夏三个少数民族政权崛起，对宋王朝产生了严重威胁。特别是辽国成为北宋在北方的最强大对手，北宋决定联合金国，共同消灭辽国。

1120年，北宋与金国达成了"海上之盟"，签订共同灭辽的军事合作盟约。于是，宋、金两国灭掉了辽国。

但是，辽国本来是夹在金国与大宋之间的一个屏障，辽国虽然时时与大宋王朝为敌，但辽国想灭掉宋朝，一时半会儿还做不到，特别是辽国顾及背后还有一个金国在虎视眈眈地窥视着辽国。所以，辽国虽然比较强悍，但还不能从根本上给大宋造成致命一击。大宋联合金国灭掉辽国之后，夹在北宋与金国之间的屏障也就没有了，金国与北宋直接对阵。这是北宋完全没有料到的一个大患。

金国也是看到政权腐败、国力衰退的大宋现状，于是金兵大举南下，步步逼迫，给宋朝造成巨大威胁。1126 年，北宋在强大的金兵攻击下，丢掉了首都汴京及大片中原领土，酿成"靖康之变"，北宋王朝灭亡。

靖康二年（1127 年），逃亡到南京应天府的赵构称帝，史称"南宋"。

南宋建立以后，金国势力仍然威胁着宋政权的存在，逼得宋高宗赵构四处逃窜。

1129 年，宋高宗在准备逃往建康（南京）的途中，时任秀州司录的洪皓上书皇帝建议："内患未平，外敌嚣张，若轻易就迁至建康，恐怕金人会乘虚而入，建议陛下先派人筹备，等万无一失再迁去不迟。"

但是，洪皓的奏折还没有到达赵构的手里，南宋满朝文武就已经慌慌张张地逃到了建康。

正如洪皓在奏折里所预见的那样，金兵很快尾随而来。那时，宋高宗才看到了洪皓的建议，经过了这一番磨难之后，宋高宗觉得洪皓这个小官的想法是对的，所以命人将洪皓召来想重用。

南宋政权被金国追得无处可逃，就想向金国求和免战。洪皓便被任命为出使金国的正使，率团去金国谈判。

洪皓出使金国实际上是南宋政权实在找不出合适的人选，或者说，南宋政权的官员们中没有一个人有勇气去金国谈判，所以，这个使命就让给了洪皓这个地方小官。但是，出使金国是一次生死之旅，弄不好，连性命都会丢在中途或者被金国杀死。

一路上，战火不断，走了一个多月之后，洪皓的使团才到达了被金兵占领的太原。一到那里，洪皓就被金军扣留监管起来。他们虽然客气地对待他，却不谈任何与和平有关的事情，连金国的大臣都见不到。这一扣押就是15年。

其间，金国在河北大名扶植起一个刘豫伪齐政权，完全受金国的控制。金国就想把洪皓等宋朝的使节充实到伪齐政权中，壮大齐的力量。但是洪皓绝不答应，金国便逼迫洪皓就范，无论如何，洪皓也不从，被流放到了冷山。冷山在黑龙江以北，是极寒之地，被流放到这里的人，基本就没有生还可能。

但洪皓依然一方面苦苦挣扎，一面还坚定地维护着南宋政权，终于在1140年秋天，洪皓作为南宋正使，与金国达成和谈，使南宋免于亡国之灾。

1143年8月，洪皓在经历了种种苦难坎坷之后，终于回到了阔别15年的钱塘。宋高宗深感洪皓之忠，大赞："卿忠贯日月，志不忘君，虽洪皓不能过！"

洪皓被任命为徽猷阁直学士、提举万寿观兼权直学士院。洪皓的忠君爱国、坚贞不屈的气节为后世传颂。人称"宋之苏武"。

洪皓又被封为"魏国忠宣公"，在钱塘西湖葛岭赐地。

洪皓有三个儿子：洪适、洪遵、洪迈，也都是朝廷高官，一代名臣和大学者。

长子洪适（1117—1184）历任严州录事参军、浙西提举常平司干办公事、景孝宗时累官至尚书右仆射、同中书门下平章事兼枢密使，封魏国公。谥"文惠"，平时爱好金石拓本，以证史传。著有《隶书》《盘州集》等。

　　次子洪遵（1120—1174）绍兴十二年（1142年）中博学宏词科。擢秘书省正字，官至翰林学士承旨，迁同知枢密院事，后封信国公。谥"文安"。平时好收藏历代钱币，通晓本朝翰苑故实。著有《泉志》《翰苑群书》等。

　　三子洪迈（1123—1202），文学家、史学家。历任翰林学士、吏部侍郎、中书舍人等。是高、孝、光、宁四朝元老，后封和国公。谥"文敏"，学识博洽，著述宏富，有《容斋随笔》《夷坚志》等。

　　洪氏后代子孙都继承了洪皓的才华，在南宋和明朝担任过宰相和太保等高级官职。因此，洪氏家族赢得了"宋朝父子公侯三宰相，明纪祖孙太保五尚书"的赞誉。

　　洪氏宗族洪荣甫、洪有恒、洪薪、洪钟、洪瞻祖还有"明纪祖孙太保五尚书"的说法。

　　洪荣甫（元代人，生卒不详），精通经史，官光禄大夫，追赠太子太保，刑部尚书。

　　洪有恒，原名武昌，"有恒"为明太祖赐名。自有恒始把洪家从上虞迁回钱塘西溪洪家棣（今余杭五常），为西溪洪氏始祖。后追赠刑部尚书，太子太保。

　　洪薪（1413—1463）官历刑部江西清吏司主事，授徽州府街口批验所大使。历任刑部福建清吏司员外郎、南京都察院右副都御史，后追封刑部尚书、太子太保。葬西溪湿地祖茔。

　　洪钟（1443—1523）成化十一年进士，历任刑部主事、安抚使、按察使、左都御史、刑部尚书，并受赐玉带、白金麟服，后封太子太保。谥"襄惠"。

　　洪瞻祖，洪钟曾孙，万历十六年（1588年）进士，后官兵科给事中、南京都察院右都御史，后追赠太子太保，兵部尚书。辞官归隐家居 40 余年，热心家乡文化，著有《西溪志》等。

洪氏家族，不仅在政治上有着杰出的成就，还在文化、学术上有着重要的贡献。

著名的大学者洪迈是洪皓的儿子，是南宋时期著名的文学家、史学家，他在文化、学术上有着重要的贡献。他最为人所知的是《容斋随笔》。这是一部内容广泛、涉猎丰富的随笔集，包括了许多关于历史、文学、哲学等方面的思考和见解。洪迈还著有《夷坚志》《史记注》等许多著作，在学术界有很高的威望，这也直接影响到了洪家的后代。

洪家传到洪昇父亲洪起鲛这一代是第 18 代，虽然家族已经衰落，但书香传递，家族的文化传统依然得以延续。

这本书讲述的就是洪昇——这位洪氏第 19 代传人的故事。

目　录

第 01 章　清军屠城

1644 年，也就是洪昇出生的前一年，大明朝亡国了。

1644 年是甲申年，天干地支交织出的不寻常气息弥漫在空气中，历史的巨轮在这一年显得格外异常。

3 月 18 日夜晚，明崇祯皇帝在煤山自缢身亡，这成为疆域辽阔、人口众多的明朝灭亡的标志。

几乎就在崇祯皇帝死亡的同时，李自成的起义大军便冲进了尚在春寒料峭中的北京城。

整个帝都陷入了一片恐慌和混乱之中。明朝的官员和贵族们纷纷逃离，试图躲避即将到来的灾难。街道上，平民们拥挤着，有的试图寻找藏身之处，有的则好奇地观望这位新来的统治者。

李自成占领北京，成立大顺政权，改号为"永昌"，他成为新的皇帝。不过，李自成的皇帝只做了 42 天就被"满清"军队赶跑。

1644 年 4 月 23 日，"满清"军队在摄政王多尔衮的率领下，在明朝山海关守军吴三桂的内应下，突破长城，一路杀气腾腾地冲进了北京。李自成的部队虽然顽强抵抗，却架不住清军的凶猛神勇。李自成溃不成军，很快退出了北京城。

多尔衮攻下北京城后，请 6 岁的爱新觉罗·福临迁都北京。1644 年 9 月，清帝从盛京正式迁都北京城。

十月初一，福临在天坛祭天，在皇极门正式登基即位，这就是清世祖顺治皇帝。他生于崇德三年（1638 年），继位时才刚刚 6 岁。

拿下北京城后，"满清"军队继续进军，向西攻入陕西，向南一直杀到江浙、福建沿海一带。

与此同时，另一支起义部队，在张献忠的率领下与残存的南明部队展开了激战。张献忠的义军以勇猛和残暴著称，在明朝末年的混乱中迅速崛起。他的部队以迅猛的攻势和无情的屠杀闻名，给南明政权带来了巨大的压力。

张献忠的军队在与南明军队的交战中多次取得胜利，但由于他的暴行和对平民的残酷，也使得他的军队逐渐失去了民心。张献忠的统治方式充满了血腥和暴力，他不仅对敌人毫不留情，对普通百姓也毫不手软。后来，他建立了短命的"大西"政权。

此外，1644 年的中国还面临着严重的自然灾害。连续的旱灾和饥荒，导致了许多地区的百姓生活陷入困境。这些灾害不仅加剧了社会的动荡，也加剧了人民的痛苦。

清军占领北京后，对明朝残余势力的抵抗严厉镇压。

4 月 25 日，清军攻占扬州，大肆杀掠，扬州城 80 万无辜百姓被屠杀。一时间扬州血流成河，惨不忍睹。历史上，将这一事件称为"扬州十日"。由于南方抵抗力量较强，清军每进一步都付出较大的代价，清军每到一处屠城杀人，扬州惨案一直延续。

1645 年，在洪昇出生时，清军已经推进到了杭州附近。一时间人心惶惶，恐惧、逃难、背井离乡，人们已经无心从事生产活动，生活陷入了极端的困境。

逃难的人群络绎不绝，他们带着疲惫和绝望，寻找着安全的避难所。有些人选择投靠南明政权，有些人则选择隐居山林，还有些人则为了生存，不得不放下尊严，四处乞讨。扬州的惨状成为江南地区人心惶惶的根源，人们生活在恐惧之中，对未来充满了不安。

1645 年，清军大举南下，于 4 月攻陷扬州，屠城十日，明督师大学士史可法壮烈殉国。5 月，清兵进入南京，明弘光帝朱由崧被俘。6 月，清军下苏杭，7 月、8 月，屠嘉定、昆山和江阴。与此同时，江浙地区的抗清斗争也掀起高潮。

消息传来，钱塘百姓毛骨悚然，没等清兵入城，人们早已携妻将雏，四下逃命。有的渡江东走，有的藏匿深山老林。这时恰值酷暑炎炎，瘟疫肆虐，难民流离辛苦，不绝于途。

就是在这样动荡而又灾难重重的氛围中，洪昇来到了这个世界上。

第 02 章 婴啼荒村

1645 年 5 月，钱塘大乱。

洪园内本是一片宁静，洪起鲛正在与几位好友饮茶聊天。他们谈论着南明朝廷的昏庸，担心着明朝的彻底覆灭，也为"满清"军队的长驱直入、滥杀无辜的行为愤慨。

自清军攻下北京建立了"满清"王朝之后，明军迅速败退。史可法、郑成功等人南下江浙、福建一带，死守抵抗。南明王朝的残存势力在南京建立了政权，却依然重用奸臣，挥霍无度，沉溺酒色享乐，而此时的清军大举南进，迫使明朝残存势力节节溃败。

这时，平日里稳重老成的家仆老向突然慌慌张张地跑进来，尚未站稳就气喘吁吁地对洪起鲛禀报：

"老爷，不好了！清军已经杀到了钱塘一带，见人就砍，见东西就抢，咱们五常一带的人都快跑光了。二太太快生了，老爷还是早做打算，出去躲躲吧。"

洪起鲛问："不用慌，消息准确吗？"

老向点着头："准确。我们洞下村的老于到葛岭走亲戚，就在半路上遇到了清军，眼看着他们那样横冲直撞，见人就捅呀。幸亏老于躲得快，不然也成为他们的刀下鬼了。老爷呀，这可不是闹着玩儿的，他们真的要人命啊！"

洪起鲛听老向这样说，心头一紧，对老向说："你把大太太、二太太请过来，商量商量。"

"好的，好的，我马上就去。"老向一边向外面走一边摇着头，嘴里还嘟囔着，"天下大乱哟，不让人活了。"

几位客人见洪起鲛这样忙碌，也就告辞了。

洪昇的父亲洪起鲛，字武卫（或卫武），生于 1627 年（明天启七年），是洪氏第 18 代孙。他从小生活在一个优裕的环境中，读书写诗，在当地有很大的影响。他娶有一妻一妾，16 岁娶了大太太钱氏，钱氏是当地有名的读书人钱开宗的女儿，与洪氏家庭有亲属关系。清朝政权确定之后，钱开宗于顺治九年（1652 年）中进士，选庶吉士，官至翰林院检讨。后于顺治十四年（1657 年）因涉"江南闱案"被处斩。

大太太钱氏嫁给洪起鲛之后，不知何故，不能生育。结婚两年之后，洪起鲛又娶了二太太黄氏。黄氏与洪起鲛同岁，此时，黄氏已经怀孕近九个月，正在待产之中。

黄氏是钱塘黄机之女。黄机（1612—1686），字次辰，号雪台，是浙江钱塘一带名门望族。黄家在宋代就有先祖任职福建莆田一带，有海军节度使、赠太师等名分。黄机后来也于清顺治四年（1647 年）中进士，选庶吉士，授弘文院编修，任弘文院侍读、国史院侍读、礼部侍郎等官职。

送走两位朋友，刚回到堂屋，女仆陪着大太太钱氏来了。人还没进来，声音先传过来："老爷，我也听说了，真的是这样吗？我看，这是老向在吓人。"

说着，钱氏一脚跨进了门槛。洪起鲛摇了摇头："他说的一点都不虚，据我所知，清军的确残酷无情，一路南进，一路屠城，扬州十日，已是满目疮痍，生灵涂炭……钱塘还能幸免吗？"

钱氏听洪起鲛这样说，也有些紧张地问："清军不会这样快就闯到西溪来吧？"

"这很难说。从外面得来的消息，清军已经在西湖一带设岗。街上空无一人，都在逃命，逃不掉的也在掩埋家产细软。人心惶惶，各自保命。"

这时，两个女仆搀着二太太黄氏向堂屋走来。黄氏挺着大肚子，行走缓慢。

钱氏望了一眼黄氏叹口气："唉，可怎么好哟。二太太这就要生了，要是清军来得快，大人倒是算不得什么，好不容易得这一后代，不是也就交待这里了？"

洪起鲛应道："没有那么悲观。请你们两位太太来，正是想商议一下这个事情。"

二太太黄氏已经一脚跨进门里，两个女仆小心地搀扶着，迈进了另一只脚。黄氏不好意思地说："让你们久等了。"

钱氏走上前，关心地问："还好吧？大热天的，又是兵荒马乱的，受这个罪！"

黄氏有些羞愧地说："让太太担着心，过意不去。"

洪起鲛说："清兵已经到了钱塘，不知道什么时候就会到西溪了，我担心你们母子出问题，想出去躲一躲，不知道你们什么意见？"

黄氏缓缓地坐下，一只手抚着腰，刚要说话，大太太快言快语地说："我是不想离开，这个家不能就这样扔在这里没人管吧？"

洪起鲛说："交给管家看着，不用你操心。"

大太太说："不行，不放心！你带着黄妹找个地方躲一躲，等风声过去了，再回来。"

黄氏却说："我也不想走。我这个样子，也走不远，还让你们担心。要是半路上生了，更麻烦。"

洪起鲛则说："躲一躲，不只是为你们，也是为了你腹中的孩子。要是清兵到了，有个三长两短的，后悔都来不及。我们都走。清兵要是真到了西溪，恐怕连这个家都保不住了。你们没听说，在扬州，他们不只是杀人，还要抢房子抢地，霸占人妻。他们到了钱塘，也不会好到哪里去。"

大太太坚定地说："我是不走的，死也要死在家里，不想受那个逃难之罪。"

洪起鲛犹豫了。他想了想下定决心："如果大太太实在不想走，我看我带着二太太走吧，家里也确实需要个主心骨。我陪着二太太到山里找个合适的人家，把孩子生出来。等情况好了，我们再回来。只要母子平安就行了。"

二太太喘着气说："我感觉就是这几天的事了，恐怕也走不了太远的路……"

洪起鲛说："走是肯定的。这件事，你们听我的，不能存侥幸心理。让老向现在就去准备一下，多带点银两，先去雇两辆车，我们收拾一些必要的东西，随后就出发。走到哪里算哪里吧。"

二太太不再说什么。大太太叹息道:"这该死的清兵!早不来晚不来,孩子就要出生了,他们却赶来了。天要灭国,拦都拦不住。"

洪起鲛把老向叫来,让他坐着船,到陆上去租车马。老向领命匆匆而去。

二太太要生孩子,要带的东西不少,要带的下人也不能太少,处处都要人手。还要考虑,太太要是生了孩子是不是还要带着接生婆。

洪起鲛有些烦躁了。没承想,要动一动这么复杂,就挥了挥手:"战乱时期,别那么讲究了,能简单就简单一些,有些东西,到了地方再买,多带些银两就行了。要是考虑那么多,准备半个月都走不了。"

正在这时,仆人小董突然慌张地跑回来:"老爷,不好了!清兵已经到了西溪一带了,老向叔叫我回来告诉您,得马上起身了,不然就走不了啦!"

这个时候,全家人才感受到了紧张。洪起鲛问:"你看到清兵了?"

小董点着头:"我们在这边,老远就看到了。向叔划着船从小道走的,让我回来报信,请老爷太太们快走,不然就来不及了。"

这样,一家人慌慌张张地坐上了两艘船,就从僻静小水道悄悄地出发了。

怕弄出动静引来清兵的注意,就在芦苇丛中绕来绕去慢行。这样,平时用不了多长时间就能过去的河,竟然走了一个多时辰才到达岸边。

在岸边等得有些焦虑的老向跑了过来。雇来的马车就停在岸边隐蔽的地方。大家七手八脚地从船上把东西卸下,又装上马车。老向雇了两辆车,一辆坐人,一辆拉东西。洪起鲛和黄氏坐上车后,剩余的东西又装了大半车,其他的人就跟在车后面步行了。

车向山里走，林深叶茂，没有风，也没有鸟叫，世界透着一种紧张和不安。

就这样一直走着。树林里的道路有些坎坷，车有时颠簸。黄氏的额头流着汗，表情痛苦。洪起鲛关切地问："又疼了？要不下车坐一会？这样颠来颠去的，别把孩子颠下来。"

黄氏摇着头："还是赶路要紧，找一处能落脚的地方吧。"

6月的山林，潮湿闷热。他们一路走着，一直奔着前方。

洪起鲛问赶车人："咱们走的这地方是哪里？"

赶车人说："老爷，这是荆山呀，没走出多远。"

洪起鲛有些焦急，但还是平静地问："附近找个人家歇歇吧。太太看来是有些疼，怕她有什么危险。"

赶车人有些为难地说："这地方荒着呢，走了这么半天还没有见到有房子，还是得走一走看了。"洪起鲛叹了口气，没有说什么。

又走了一个多时辰。车停了下来，他们就在路边吃了一些携带的食物，喝了点水，略一歇息又上路。一直走到天黑，才远远地看见前方有户人家。老向高兴地奔着农户跑去。

院子破败，大门紧闭。老向走上前，先是轻轻地敲门，没有回应，又用力敲。等了半天才听到院子里有动静。然后一个女人拉开了门闩。妇人惊讶地问："你们这是找谁呀？"

黑暗中，老向乞求妇人："大嫂，我们是逃难的，走了半日了。太太怀有身孕，怕是要生了，行行好，让我们歇个脚吧。"

妇人一听，立即把门打开了，还回身对屋里叫着："老费！是逃难的。还有个要生孩子的。"屋里的老费听到叫声，应着推开了房门。

这时，黄氏面色苍白，剧痛袭来。女仆搀扶着她，迟缓地向房子走。走两步停一停，吃力地走着。女人赶紧跑上前，惊呼着："这是要生了?! 怎么还走路啊，快到屋里来!"

老费也走出来了。妇人便叫着："快去把那间闲房收拾一下吧，这大嫂快要生了!"

老费应着："哎哎……可是，没有床啊……"

女人不满地说："把门板拆下来不就是床了吗?"女人又招呼着大家："快快快，都到家里来，都要生了，还在走路，这是要命哟!"

这时，洪起鲛长出一口气问道："这位大姐尊姓呀?"

农妇一听便不耐烦地说："都这个时候了，还'尊姓'呢，叫我费嫂就好了。"说着，费嫂前面引着众人走进了院子。一进院子费嫂就大声地对着屋子喊："床搭好了吗? 真的要生了!"

听到喊声，老费慌忙答应着："好了好了。"走出门来说："还得要些被褥，不然太硬。"

费嫂快步走进自己的屋里，不一会就抱着一堆被褥走了出来，又钻进了西边的屋子。这时老费已经拉了一把椅子请黄氏坐下，一旁的女仆递过一杯水来。黄氏喘着气，摆着手，不想喝。

老费身材魁梧，有些木讷地站在一旁，不知道该怎么办好。洪起鲛为了打破僵局，拱了拱手问："这位先生，给你添麻烦了!"

这时，费嫂从屋里走出来，有些嘲弄地说："什么'先生'不'先生'的，这是我老头子。我看他比你大，就叫他费哥。"费嫂扶着黄氏向那间刚刚收拾好的简易房间走去。

洪起鲛叫了声："费兄!"

费大哥见他这样称呼，有些不好意思地红了脸，没话找话地扭头对费嫂说："西屋太脏了，得好好收拾一下……"

费嫂不满地说："都什么时候了？还顾得了那么多！"说着，几个女人就跨进了房门。刚进去，里面就传来黄氏不由自主的痛苦呻吟声。

费嫂这时又走出来，对费哥说："你赶快请老吴婆婆来接生。羊水破了。"

费哥慌忙答应着"哎哎哎！"然后就走出了院子。

洪起鲛感激地对着费哥的背影连忙说："我跟费大哥一起去吧。"

费嫂连连说："哪能让老爷亲自去？他一个人就行了，你得在这里陪着太太，等着公子降生。"

费嫂说到这里，突然发现了问题："不过，你们这五六个人睡在哪里？我们可只剩下一间草房了。等老费回来让他收拾一下，你们就凑合着点吧。这兵荒马乱的，顾不得讲究了。"

洪起鲛忙说："这就帮了我们大忙了，不然还不知道会怎么样呢！"对这位朴实的农人洪起鲛满心感激，更多了几分敬意。

费大哥很快就带回一位接生婆，一进院子，接生婆就叫着："烧热水了吗？羊水都破了，那就是快了。"矮胖矮胖的接生婆干净利落，挽着袖子朝西屋走去。

费嫂一边热情招呼着接生婆一边吩咐费哥去收拾柴房，两个男仆也跟着去了。他们出出进进，把草房里的柴草、用具一件件地抬出来放在院子中间，然后又找来木板，搭起了临时床铺。

洪起鲛心中暖流涌动。他对费大哥说："太感谢了，无以为报，无以为报！"费大哥笑呵呵地红着脸不好意思地搓着手，不知如何回答。

费嫂也里里外外地忙活着。她跟洪家女仆一起烧水，准备干净的布巾，不时地安慰几句正在忍受疼痛的黄氏："女人啊，这一辈子得疼几次呢。忍一忍就过去了。我看太太你这是第一次吧？看样子准是个

第 02 章　婴啼荒村

011

大胖小子。"

黄氏虽然疼痛难忍，但看到费嫂熟练的动作和温和的眼神，心中也多了几分安定。

夜深了，黄氏更是疼痛不已，但依旧没有生。接生婆说："不用急，这事急不得，还得等等。这孩子是在选时辰呢。"

费嫂肯定地说："是啊，得选个好时辰出来。我看，就要生了！"

男人在外面焦躁地等待，只有几个女人守在黄氏的身边。

一直等到黎明，太阳就要出来的时候，屋内突然传来婴儿的啼哭声。洪起鲛在外面听到哭声，激动得难以自持。费嫂跑出来高声地叫了一声："是位公子！是位公子！"然后又跑进去了。

费大哥憨厚地笑着说："太好了！"

洪起鲛也拱着手："仰仗了，仰仗了！"

生下孩子的黄氏一脸疲倦，少气无力地对费嫂说："多亏费嫂了！这份恩情，我们洪家会记一辈子。"

费嫂笑呵呵地说："这说的是哪里话。都是缘分，谁见着都得搭把手的。太太能在我们家平安生产，也是我们的福气呢。"

费嫂想了想说："你们就在我家住着吧，坐满了月子再说别的。虽然我们是个穷人，吃不上什么好的，可是，还能凑合着。"

黄氏不好意思地说："我们实际上也无处可去，我的身子也不便走动了，只好打扰费嫂了。"

费嫂慷慨地说："你们哪都不用去，就在我这里住着。"说着端着盆子走出去了。

洪起鲛决定在费大哥家暂住几日，等黄氏身体恢复一些再想其他的办法。在这个动荡的时期，能够找到一个安全且充满人情味的地方暂住，对洪起鲛一家来说无疑是极大的安慰。

因为产房里一直都围着一群女人，等天大亮之后洪起鲛才得空走进去看妻子。黄氏安静地躺在门板搭成的床上，幸福地看着走进来的洪起鲛，少气无力地说："给孩子起个名字吧？"

洪起鲛轻轻地走上前，望着虚弱的黄氏，把握十足地回答："想好了，这孩子是在日出的时候降临的，就叫'昇'，起个字叫'昉思'。"

黄氏满意地点着头："多好的名字！"

在费嫂家生下了洪昇，虽然条件简陋，但总算是没有风险，没有战争。安全地躲避一个月之后，回去打听消息的老向回来禀告："清兵已经完全占领了杭州城，西溪一带还算平静，但城池上都已经换成了清兵。因为怕抗清者混入城里，城门查得很严格，老百姓出出进进很麻烦。不过，已经不杀人了。"

洪起鲛决定启程回家了。虽然费嫂、费哥坚决不收，他们还是给夫妇两个留下了一些银两，然后依依不舍地离开了荆山农舍，启程回西溪了。

还是走来时的路。走到城门时，城墙上下都是清兵。城门的守兵，身着铁甲，手持长矛，盘查审问过往的行人。

他们面无表情地挡住了洪家一家人。一个士兵伸手就去揭看黄氏怀里包裹孩子的被盖，一把抓到了孩子的肌肤，孩子哇哇哭起来。士兵一看，伸手试图从母亲怀中夺走孩子，黄氏急忙躲闪，紧紧地抱着孩子，恐惧地看着士兵。

听到孩子的哭声，一个军官模样的人瞪起眼睛问："怎么回事？"

洪起鲛连忙对军官说："请大人高抬贵手，我们只是一些逃难的平民。我们这是回家去，我们就住在西溪一带。"

清兵首领皱了皱眉："我们是奉命行事，严查严管，你们这样一群人，是逆贼还是良民？如何能放松？"

洪起鲛从怀里掏出一块银子，悄悄地递给首领："逃难之人，不成敬意，请大人喝杯茶。"

守兵首领接过银两掂了掂揣到怀里，又打量了一下洪家一行，挥了挥手："走吧走吧，别在这里干扰我们执行公务。"

一家人这才如释重负。大家低着头，生怕再出什么差错被拦下，快速穿过了城门。

他们来到河边。一艘渡船正静静地停在溪岸。他们小心翼翼地招来了船夫，准备渡河。船夫是个中年人，皮肤黝黑，眼神中透露出生活的沧桑。他看着洪家一家人，眼中闪过一丝惊讶："洪先生！您是洪府的洪先生？这是……"

洪起鲛并不记得这个人，就含糊地点着头。见洪起鲛不言语，船夫也不再说什么。

船夫热情地请大家上船，小心地搀扶着黄氏。一家人小心翼翼地登上渡船，船夫摇动船桨，小船缓缓离岸，顺着河水向西溪驶去。

河面上波光粼粼，阳光透过云层洒在水面上，映出一道道金光。这一刻，他们仿佛暂时忘却了世间的纷扰，只有河水的潺潺声和船桨的划水声。

一个时辰后，他们终于上了岸。

一上岸就是洪园了。看到高大的院墙，门前翠绿的竹林，大家才放下心来。能够安全地返回到洪园，众人心中充满了对上苍的感激。

1669 年，洪昇在北京过 25 岁生日时，写有一首《燕京客居生日怀母作》（《啸月楼集》卷二），将母亲讲给他的出生境况详细地记录下来：

男儿读书亦何补，皂帽羊裘困尘土。

编荆织荻能几时，倏然今年二十五。

母氏怀妊值乱离，夙昔为余道其苦。

一夜荒山几度奔，哀猿乱啼月未午。

鬼火青青照大旗，溪风飒飒喧金鼓。

费家田妇留我居，破屋覆茅少完堵。

板扉作床席作门，赤日黄云梁上吐。

是时生汝啼呱呱，欲衣无裳食无乳。

乱余弥月还郡城，门卒持戈猛如虎。

见汝含笑思扰之，口不能言怆心腑。

第 03 章　西溪洪园

一年以后，1646 年，七月初一。一大早，老向就坐上船出发了。

他是按照洪老爷的吩咐，专程去荆山接费大哥和费大嫂到洪园小住，同时给一周岁的洪昇过周岁。洪家是知恩感恩谢恩的书香之家，如果去年今日没有费大哥一家的帮助，还不知道洪家这第一个孩子如何呢。现在虽然还在打仗，可世态基本平安了，洪起鲛跟大夫人钱氏、二太太黄氏商量了一下，请费氏夫妇到洪园住些日子，以表示谢意。

可是，费大哥怕耽误了农活，说什么也不来，费大嫂却想见见世面。她特意梳洗了一番，还换了一身新衣服，从鸽笼里挑了只刚孵出没多久的小鸽子，装到一个小竹笼子里，跟着老向就出了家门。

老向要雇辆车，费嫂说什么也不让，老向笑着说："不用你掏钱，我们老爷吩咐过的，要好好地招待费嫂的。你对我们少爷、对我们太太、对我们全家都有恩，要是没有费嫂……"费嫂打断他的话，抢着说："唉，都是顺手的事。"

既然费嫂不让雇马车，他们就步行。这一走就是一个多时辰，等到了西溪码头的时候，快到中午了。他们坐上船，一路奔洪园而来。

一上岸，费嫂就被洪家气派的大宅院惊吓得不知说什么好。她有些不相信地问："这就是洪老爷的家？"老向点着头："是啊，是啊。就是这里。"

在岸上没走几步，就看到洪老爷和钱夫人、黄太太和几个仆人们微笑着迎了出来。费嫂见状连忙快步走上前，不知道行什么礼，只是说着："老爷、太太，给你们纳福！"

黄氏笑着拉起她的手："没那么多的礼！都是自家人。"说着对怀里的孩子说："快叫姆妈。"

孩子刚刚开始学说话，虽然努力发音却也只是发出不成句的话来，大家都笑了。费嫂小心地问："我能抱抱这孩子吗？"

黄氏笑着说："当然，这也是你的儿子！"

钱氏在一旁则说："没有费大姐就没有我们的大公子。以后就叫你姆妈，一出生，昇儿就有三个姆妈了。"大家都笑了。

费嫂在孩子的脸上亲了一口，立即把手上的东西递给了老向，抱起了孩子。然后，对着孩子说："你看我给你带来了一只'花骨朵'！"

费嫂指着老向手里的鸽笼。钱氏问："什么'花骨朵'？"

费嫂说，"这只鸽子刚出来时，长得跟没开的花似的，老费就叫它'花骨朵'，这回，我们把它送给咱们的昇儿了。"

众人有说有笑地进了洪园。

洪园内，曲径通幽，古木参天，小桥流水，鱼戏莲叶间。正值盛夏，宽大的荷叶捧着一朵朵娇蕊，甚是喜人。水塘里传来蛙声一片。

来了许多人，亲朋好友，原本静寂的洪园突然热闹起来。仆人们出出进进，好不忙碌。把费嫂接进洪府之后，洪起鲛就忙着陪客人们去了。费嫂抱了一会孩子之后，黄氏让女仆带着费嫂在洪府里转转。

在费嫂眼里，洪府真是大，而且处处都新奇。本来他们的山上也到处都生长着盘柿，山上温度稍稍低了点，成熟得慢一些，还是绿的。而洪园里的那些盘柿已经挂满了枝头，显露出色彩来。费嫂就大惊小怪地惊呼着："看这柿子，都长这么大了！"女仆就笑她："荆山不是比这更多？这又不是什么新鲜东西。"

费嫂却认真地说："不一样！这哪能一样呢？我们那山村里的柿子没这里的清亮，估计也比我们那里的好吃。"女仆就笑，不再说什么。

洪府是大，到处都是院子、房子。从这个院子走进那个院子，从这个房子到那个房子，还没有走完，就花去了两个时辰。费嫂一边看一边惊讶地哑着嘴称赞，洪府真是富人家的园子，气派，壮观。洪府融在植被、水系中，各种树木，大小池塘，精致的建筑，让这个乡下女人开了眼。

女仆说："咱们得回去了，少爷还要吃长寿面、抓周呢。回去晚了，大家会等。"

费嫂连连说："好好好，回去，看大少爷去。"

吃"长寿面"之前，要先抓周。洪家的大堂里摆着一张巨大的桌案，已经摆好了书籍、算盘、钱币、脂粉、钗环、印章、笔、墨、纸、砚、食物、玩具，等等，各种各样的物件铺在桌案上。大家都围在桌案周围，等着抓周开始。

这是周岁的重头戏。孩子被女仆们打扮得漂漂亮亮，黄氏抱在怀里。钱氏和洪起鲛站在黄氏的两侧。黄氏这时把孩子递到钱氏前："请大姐先来。"钱氏也不客气，接过孩子，在孩子的脸蛋上亲了一下："这回看我儿子的了。"说着将孩子放在案子中间，告诉他："喜欢哪一个就抓哪一个。"

大少爷坐在桌案上，没有急着爬过去，好像是在掂量着，然后就向前爬去。看到这么一堆的东西，有些手足无措。他在物品面前停下了，迟疑了一下。

洪起鲛心里期待的是，孩子能够抓笔墨纸砚一类的文具，或者刀枪之类的武械，抑或是弹弓风筝之类的玩具也行。可是万万没想到的是，孩子略一迟疑之后，直奔那些脂粉钗环之类的物品，一把抓过了一个脂粉盒。

站在一旁的洪起鲛失望地叹气摇头："唉，酒色之相，女人堆里的坏子。"

大太太却笑着说："女人堆里，温柔之乡，也没有什么不好的呀。再说了，胭脂盒里藏春秋，粉黛之间有真情，这说明我们的昇儿是个乱世中的情种。好好好！"

黄氏从钱氏手里接过孩子轻轻地亲了一口，摇了摇，然后又放回到桌案上，对小洪昇说："再抓一次！看看还能抓起什么？"

洪起鲛心里也盼着洪昇能够再有什么新的动作，就说："是呀，再抓一次看。"

小洪昇从桌子的一头爬起，然后直奔前面的物件爬去。依然是奔着刚刚抓到的那几件东西，父亲摇着头。可是，爬到物件面前却突然停住了，他看了看面前的东西，似乎犹豫了一下，然后一把抓过一块玉佩，抓到手里就去啃咬。大家哈哈大笑起来，都拍着手叫好。

费嫂赞着："我说咱们大少爷就是有出息嘛，知道什么是好的。"

洪起鲛见状高兴地说："抓块玉佩也不错，至少意味着将来会是一个品德高尚、有修养的人，可以传播书香家风。"

黄氏笑着接过洪昇手里的玉佩说："抓什么不抓什么，都不重要了，只要是孩子能平安长大，比什么都好。"

洪起鲛有些不尽兴，从桌案上抱起孩子说："再抓一次，我倒要看看他还对什么感兴趣。"大家又把物件重新调整了一下位置，洪起鲛把孩子放在桌案中间，这回他抓起的是一支笔。洪起鲛笑了："这才是我儿子！"

次日，另一个孩子也过周岁。那就是洪昇的表妹黄兰次。虽然黄府的抓周没有像洪府这样大张旗鼓，但也有不少的家人凑在一起，热闹非凡。

黄兰次的父亲是洪昇母亲的哥哥，也就是洪昇称黄兰次的父亲黄彦博为舅舅，称黄兰次的爷爷黄机为外公。

巧合的是，洪昇出生于 1645 年 7 月 1 日的早晨日出之时，而黄兰次第二天上午也出生了，也就是洪昇与黄兰次相隔不到一天的时间先后来到这个世界上。有人说，洪昇 7 月 1 日赶的是"阳日"，而黄兰次因为是女孩，便赶了阴日——7 月 2 日，他们的出生被视为"同日生"。

这就是天作之合，表兄妹两个人"同年同月同日生"，这是否暗示着两个孩子成人之后的夫妻命呢？

18 年之后，两个精灵最终完成了这"天作"的大命。

在两个孩子迎来周岁的这一年，黄家还有一喜，就是黄兰次的爷爷，也就是洪昇的外公黄机应科举考试，中举了。

这一年，黄机 33 周岁。清朝刚刚建立政权，为了稳定局面，笼络汉族知识分子，恢复了科举制度。本来，黄机在明朝就一直参与科举考试，但一直都没有考中。这次恢复科举制度后，他应乡试便考中。更可喜的是，第二年黄机接着又考中了进士，随后到京城当官去了。黄机进入官场，一路顺畅，先是选庶吉士，授弘文馆编纂，后又官至国史院侍读学士，又任礼部侍郎，还以文华殿大学士兼吏部尚书的高位在清朝政府内任职。

不过，在黄机热心于科举，积极与清政权合作，死心塌地为清朝政府卖命的时候，洪昇的父亲洪起鲛对此则有不同的看法。

洪起鲛一直对明朝怀有深深的感情，不忘大明盛世，不忘汉族朱明政权。更让他不能忘记的是"满清"入关之后的屠杀。特别是到达南方后的残酷杀戮，扬州十日80余万无辜者被屠杀，扬州城几乎没有活物能够存留。这样野蛮而残忍的作为让洪起鲛不能接受，更不能释怀。所以，他对"满清"政权采取绝不合作的态度。

本来，按照"满清"政府的新规矩，照洪昇家族在历史上的重大影响，和历朝历代洪氏祖上清明廉洁的在朝为官经历，洪起鲛是可以"以例授官"的。况且，洪起鲛在钱塘一带"才绝时人，文倾流辈"，是一位"名士"。因此，清政权建立之后，多次邀请他到朝中为官，或去合适的地方任职，他都坚辞不干。表面上"乐于竹林为友，有时连社同群"，但内心却充满了亡国之感，在与朋友的唱和中寄托胸怀，排遣内心的苦闷。

所以，洪起鲛对于岳父黄机科举、进京为官的事情，并不以为然。

洪昇略一长大之后，父亲的不合作、超然物外的态度，与外公积极全力合作的行为，对他的影响很大。他的性格中也便充满了矛盾。

两位亲人对他的影响都很深刻，无论是读书、做人，还是品行、观念。虽然他的诗歌、传奇作品中充盈着亡国之感，但实际生活中，他又积极向清政权靠拢，希望有机会加入这个新政权的行列中去。可惜，清政府到最后也没有给洪昇机会。

黄家的状况蒸蒸日上。10年之后，黄兰次的父亲黄彦博也于康熙三年（1664年）考中进士，选庶吉士，进京为官。

与黄家相比，原本兴旺的洪家却正在衰微。洪昇的父亲因为承蒙"祖荫"本可以"以例授官"，大小都能在官府任职，拿官俸，当官人。但作为明朝后裔，洪起鲛与"满清"官场隔离。除了祖业田产，他没有更多的收入，仅靠家业积累维护着大家庭的生存。

虽然洪家已然大不如从前，但经过几代积累下来的家业也足以养活洪家子弟。何况，洪昇的外公黄机如今又在朝为官，多少也能接济一些。洪昇的童年就是在这样优越的环境中成长。

父亲洪起鲛博学多才，交往甚广，时常在洪园里引朋唤友，谈诗论文。这些场景，在洪昇成人之后，还能记忆犹新。实际上，后来洪昇的交友与聚众吟诗结社的行为，虽有那时文人的社交时尚在，但父亲的潜在影响更为重要。

母亲黄氏也是从小就受过严格家教的人，她美丽贤淑，温柔体贴，把精力都用在了照顾洪昇上。最初的启蒙，都是由母亲传授的。洪昇刚刚蹒跚走路，咿呀学语时，洪母就已经给他念蒙学读物。在9岁之前的启蒙教育都是母亲亲自进行的，有时父亲也参与进来。

洪昇从小就表现出聪颖，他在富裕与平和的环境中接受了最初的教育。在一间套着一间的庞大洪园里有着无数的花草鸟虫，有着清静幽雅的自然生态。奔跑嬉戏在花草丛中，玩耍于西溪水边。看船只行走在水面，听虫鸣看蝶飞，玩耍喧闹，诵读写字，童年有着无尽的快乐。

洪昇后来曾多次写诗回忆当年的往事。乐园里有太湖石堆砌的假山，池中开放着娇美的睡莲，鸟儿在树上婉转，风儿在花丛穿行。他常与弟弟围绕着假山玩骑竹马的游戏，水榭亭畔不时传来妹妹们欢快的琴声。

在《鲍家集大雪寄母》一诗中，洪昇描写母亲对他的慈爱和他在母亲身边时的惬意生活。他写道："因思往日在庭帏，百事都将阿母依。丁宁不住加餐饭，未降寒霜早授衣。"（《啸月楼集》卷二）这种对童年的回忆，长久地存留在他的脑中。

在《啸月楼集》卷一《寄内》中，他还真切地回忆了那段与黄兰次的快乐日子："少小属弟兄，编荆日游憩。素手始扶床，玄发未绾髻。嗣后缔婚因，契阔愈年岁。"

在《稗畦集·送翁康贻表弟擢第南归》中也记录了他与弟弟的玩耍："髫年竹马忆同嬉，握手今朝乐不支。"还在《稗畦续集·重过虞氏水香居示季弟》记录了与弟弟的美好时光："少日山亭畔，常时竹马戏。琴樽偕弟妹，几仗奉尊慈。"

与洪昇前后出生的洪家、黄家、钱家、顾家四大族姓孩子们经常在一起嬉戏玩耍。洪昇常偕弟、妹、表弟、表妹奔跑于虞氏水香居，又与表弟翁嵩年同游。

洪昇从小就对诗词歌赋有着浓厚的兴趣，稍一启发，就能出口成章。而跟他玩耍的一些孩子也都个个出自名门望族，知书达礼，聪明好学。他们还组织蕉园诗社，你唱我和，一起写诗填词，享受着诗情画意的青春时期。

洪昇的弟弟洪昌（殷仲）小洪昇 2 岁，三弟洪中令小他 5 岁，都是从小受着良好的教育，在书香环境中快乐无忧地成长。

洪昇从童年时期就表现出才华，很小就定心写诗，并且写得相当出色。慢慢有了名气。到 15 岁的时候就已"诗鸣钱塘"，跻身钱塘诗界名家之列。东南名士柴绍炳和张竞光等人都曾为这位"笔札何纵横"的少年诗人而惊叹不已。他的父亲更是对他的"英绝之才"寄予莫大希望。非独洪昇如此，他的二弟洪昌和三弟洪中令也都是"年少真才杰"，两个妹妹也都是才女。

洪家子弟个个都才华横溢，幼年时期主要受母亲和父亲的影响较大。除此之外，洪家丰富而多样的藏书也为他们的知识积累、迅速进步提供了物质基础。

洪氏家族从宋代开始就大量地收藏书籍。开始是为通常的阅读而藏，后来是有意搜罗好书加以保存而传承。洪氏宗亲虽然大都是朝廷官员，但他们也都是执着的读书人。精于读书，勤于藏书。几代下来，家族积累了很多。在江南一带，洪家的藏书是久负盛名的。

在洪昇与朋友的交往中，童年时期就比较密切的人是吴仪一。

吴仪一生于 1647 年，比洪昇小两岁。字舒凫，又字璙符，字吴山，浙江钱塘人，擅长诗词，喜爱戏曲。清初诗人王士祯亦称赞："稗畦乐府紫珊诗，更有吴山绝妙词。"对洪昇和吴仪一都非常赏识。吴仪一是钱塘"西泠三子"之一，在钱塘一带名气很大。

洪昇与他的关系非同一般，除了有"通家之好"，重要的是两个人对诗词音韵、戏曲传奇的共同喜好使他们更亲近。吴仪一也是清初颇为重要的戏曲理论家和戏曲活动家，著有《吴山草堂词》18 卷，他特别擅长评点。不仅曾为洪昇《长生殿》作序，而且还细细地对这部在文坛享有盛誉的大作进行了点评。

洪昇长到 9 岁的时候，"骨朵"——那只费嫂送给洪昇当周岁礼物的鸽子也都长成了老鸽子。洪昇认识它的时候它才刚孵出不久，费嫂说那只鸽子叫"花骨朵"，后来，大家干脆就叫它"骨朵"了。

这只鸽子成为少年时代孩子们的快乐源泉，他们跟着它一起成长。不过，鸽子会飞，他们不会飞，鸽子一不高兴可以一天飞出去都不回来，可是他们不行。他们得读书、写字，他们得接受教育。

"骨朵"后来叫顺了，就成了"孤独"了。

第04章　青年才俊

洪昇和他的两个弟弟属于聪颖早慧的孩子，从小都是出口成章，风流倜傥，但这恰是父亲洪起鲛所担心的。他认为，人一生的才华与能量是有定数的，过于突出的早慧未必是好事，他警告孩子们："少年得志易翻船，大器晚成方为道。"一定要客观看待才华与早慧，保持平常持续稳重的状态才是成长的正途。

洪昇的家庭拥有优越的物质条件，他作为家中的长子，地位自然非同一般。再加上母亲对他那份特别的慈爱，使得他在孩提时代就成了家里的宠儿。在无忧无虑的童年时光里，他眼中的世界总是充满了明媚的春光。

母亲和父亲是洪昇的启蒙老师，到了9岁的时候，他真正的授业老师就是陆繁弨了。在洪昇的一生中，陆繁弨对他的影响是巨大的，这不仅是指老师的学问，也指陆繁弨的为人。

陆繁弨，字拒石，他的父亲陆培是明崇祯庚辰年的进士，在清兵进驻钱塘的时候，父亲选择了殉节而死，那时陆繁弨年仅 10 岁。父亲去世后，陆繁弨对母亲极为孝顺，常常陪伴在母亲身边。在闲暇之余，他便编纂经史，创作诗文，学问因此日益精进。他的诗文写得非常好，尤其擅长骈体文，名声远扬。陆繁弨的《善卷堂集》流传于世，备受赞誉。他性格淡泊，自在，立誓不屈节仕清，坚守自己的原则和信念。

骈体文起源于汉代末期，在南北朝时期的文人中非常流行。骈体文讲究的是以两两字相对而成篇章，对仗工整，声律铿锵。因骈文常用四字句、六字句，因此也被称为"四六文"或"骈四俪六"。隋唐以后，随着科举考试制度的发展，骈文进一步影响了文人的日常写作，成为应试文章的一种重要文体。在长期的写作中，陆繁弨很擅长这种独特的文体。

在陆繁弨的指导下，洪昇开始了学习生涯。经史子集，诗文辞赋，做人处世。陆繁弨是个大孝子，对清朝政权充满了敌意，不与清朝合作，以明朝遗民身份在民间教学。他的思想对洪昇影响很大。

洪昇的另一位老师毛先舒，也是一位非常重视气节的宿儒。毛先舒，字稚黄，是明末的秀才，他 8 岁就能作诗，10 岁就开始写文章，18 岁时所写的书籍就已经流传于世，是"西泠十子"之一。明朝灭亡后，他誓不出仕于清朝，而是潜心于学问，著述丰富。他特别喜欢韵学，著有《韵学旨归》一书。洪昇在韵学上的造诣，可以说完全得益于毛先舒的真传。

毛先舒与毛奇龄、毛际可在江南一带声名远播，三人并称为"浙中三毛，文中三豪"。这三人与洪昇都有密切的关系。从毛先舒和洪昇谈论诗文的书札中，我们可以看出，他对洪昇的成长倾注了心血。

他经常教导洪昇要脚踏实地，虚心好学，常说"君子慎微细，虚博是浮名"。他热切希望洪昇能以古仁人自勉，成为一个"温雅忠爱"的君子。

毛先舒在教育方法上也非常讲究，他从不对自己的学生妄加赞美。年轻的洪昇诗名远播，结交者和拜谒者络绎不绝，毛先舒经常加以劝阻，担心洪昇会被那些廉价的赞美弄得忘乎所以。洪昇对这位严师十分敬重，更景仰他的气节和情操。

在毛先舒的教导下，洪昇不仅在学问上取得了巨大的成就，更在品德上得到了极大的提升。他学会了如何做一个真正的君子，如何在这个世界上保持自己的本心和原则。毛先舒的教诲，对洪昇的一生产生了深远影响。

洪昇的交往圈中，还有柴绍炳、徐继恩、张丹、沈谦、张竞光等人，他们与洪昇的关系非常密切。在辈分上，他们都是毛先舒和陆繁弨的朋友，但是在诗文和友谊的交流中，他们与洪昇结成了忘年之交。洪昇有时会与他们唱和，互相切磋诗文，而他们也会用诚恳的教诲表达对洪昇的关爱和照顾。

这些人都是心怀明室，不愿与"满清"统治者合作的人。他们选择了笑傲山林，过着隐居的生活。他们都是饱学之士，其中有的还是赫赫有名的"西泠十子"中的人物。在与这些人的交往中，洪昇不仅学到了丰富的知识，更重要的是受到了他们品格和思想的影响。

在洪昇早期的诗歌中，流露出对兴亡的感慨，从某种意义上说，这正是这些恩师和挚友的思想在他身上的折射。正是在这些学者的教诲和影响下，洪昇的学问和文章才得以大进。他们不仅教会了洪昇如何作诗写文，更重要的是教会了他如何做人，如何保持自己的品格和气节。

有两个历史事件对青少年时代的洪昇产生一定的影响。

一个事件是在洪昇 12 岁时，发生的"江南闱案"，一个是 1663 年发生的"明史案"。这两个事件对洪昇都产生了影响。

发生在 1657 年的"江南闱案"，是轰动全国的科举舞弊案。这件事牵扯到了洪昇的"大母"钱氏的父亲钱开宗。

江南的考试院设在江宁（**南京**），是清朝政府选拔人才的重要机构。考试院的主考官和副考官都是由朝廷派去的专员。在这次"江南闱案"中，涉案的主考官是翰林院侍讲方猷，而副考官则是翰林院检讨钱开宗。

顺治皇帝在挑选主考官和副考官时，千挑万选，亲自确定了翰林院侍讲方猷和翰林院检讨钱开宗这两位学问好、名声好的文官。在他们出发前，顺治皇帝亲自召见了这两位官员，语重心长地嘱咐他们一定要廉洁守法，秉公办事，要把江南真正有才华的人招来，为大清政府效力。他严厉警告他们，绝不允许营私舞弊，强调："倘所行不正，决不轻恕。"

皇帝如此叮咛警告，"江南闱案"还是发生了。

主考官方猷和副考官钱开宗的老家都在江浙，都是根深叶茂的大户人家。他们一回去，也自然招来各种关系上门。江南一带本来就是富庶之地，有钱人多，读书人也多。考生们通过各种关系请托两位考官大人高抬贵手。两位考官半推半就，为一些考生打开后门，被人状告。顺治帝对此极为愤怒，立即将两人处死。19 位涉案官员的妻子、家产没收入官。涉及舞弊的 8 名考生则被处以杖责、没收家产、全家流放。

按照辈分，洪昇称钱开宗为"外公"，虽然洪昇并不是钱氏亲生，但钱家的事，自然也就涉及了洪家。这不只是指在这个案件过程中，去"找人"疏通，还指从此以后，与钱氏有关的许多事情也变得十分难办。

另一个事件是在洪昇18岁时发生的"明史案"。

本来"明史案"与洪昇也没有太大关系，但因为明史案涉及陆圻。陆圻是洪昇的老师陆繁弨的叔叔，陆圻的儿子陆寅又是洪昇的好友。因此，"明史案"便与洪昇有了联系。

清初，浙江湖州富商庄廷鑨双目失明，却立志要写一部史书。他购买了朱国祯的《明史》遗稿，聘请了多位名士进行编辑，其中包括吴炎、潘柽章等16人。他们在书中继续使用明朝的年号，不承认清朝的正统，并增补了明末崇祯一朝的事迹。书中对清朝的描述多含有当时清廷所忌讳的内容，如称努尔哈赤为"奴酋"、清兵为"建夷"，对抗清将领表示惋惜，对降清将领表示愤慨。

庄廷鑨在书成不久后去世，其父庄允诚于顺治十七年（1660年）将书刻成并发行，名为《明史辑略》。顺治十八年（1661年），归安知县吴之荣告发此书，引发了一场文字狱。庄廷鑨和其父被掘墓刨棺，枭首碎骨，尸体被悬吊在杭州城北关城墙上示众三个月。庄廷鑨的弟弟庄廷钺也被杀。此案牵连了上千人，其中70余人被处死，18人被凌迟处死，数百人流放宁古塔。

这起案件不仅对当时的社会造成了巨大的影响，而且开启了清朝文字狱的序幕，对后来的文化和知识界产生了深远的影响。

在这桩明史案中，陆繁弨的叔叔陆圻并没有参与明书的编纂工作，只是名字被列入参阅者的名单，却也被押解到北京。随后，株连陆家 176 口人被关押入狱。其中就有洪昇的老师陆繁弨和陆圻的儿子陆寅。

虽然最终查清陆圻与此案无关，随后被释放，但经这一次严重打击，陆圻看破红尘，抛家远游，便再也没有回来。

这件事对洪昇影响很大，他也想到了洪氏家族的命运，以及自己今后的道路选择。他写有《答人》一诗将这件事记录在自己的作品中："君问西泠陆讲山，飘然一钵竟忘还。乘云或化孤飞鹤，来往天台雁荡间。"（收入金埴《不下带编杂缀兼诗话》卷二）

这时的洪昇已然是钱塘一带知名的文人，被一些同辈所推崇。

张竞光在《赠洪思昉》一诗中称赞洪昇："洪子方弱冠，著书不可算。"从这句诗中我们可以得知，洪昇在 18 岁时就已经有了不少的著述。然而，遗憾的是，这些早期的著作大多已经遗失，只有《诗骚韵注》还能见到一些残篇。

毛先舒对《诗骚韵注》给予了很高的评价，他说："穷极远古，旁参博稽。""视元会、季立之书，踵事加精焉。"（《溪书》卷二《诗骚韵注·序》）

到了 19 岁，洪昇已经成为浙中诗坛的领袖人物之一。这位青年才俊，风度翩翩，意气风发，许多文人都以能与他结交为荣。他也因此结交了众多朋友。在他的一生中，与朋友交是非常重要的内容，如汪鹤孙、吴舒凫等人，都是他"死生相许"的知交。

1664 年 7 月 1 日，洪昇虚岁 20，按照中国传统的礼仪，20 岁开始就算作成年人了。20 岁生日那一天，应当举行成人仪式，也就是加冠礼。

对于洪昇来说，20 岁生日这一天，不仅是他从少年步入成年的标志，也是他新婚大喜的时刻。这一天，他要同时举行加冠礼和婚礼，象征着从一个少年成长为肩负家庭责任的男子，同时也迎来了他生命中的另一半。

7月1日清晨，当第一缕阳光洒进窗棂，洪昇便被母亲唤醒。他洗漱完毕，换上一身崭新的长袍，这是他成年的象征。长袍上绣着精美的图案，显得庄重而典雅。洪昇站在镜子前，看着自己，心中涌起一股莫名的激动和期待。

上午，家中的客厅里已经聚集了许多亲朋好友。他们都是来参加洪昇加冠礼的。

仪式开始前，洪昇被带到洪家祠堂。桌案上摆放着一些供品和香炉。在父亲的引导下，洪昇点燃香烛，然后跪在供桌前，向祖先磕头行礼。

接着，他被带到客厅中央，父亲站在他面前，手中拿着一顶华丽的冠帽。父亲小心翼翼地将冠帽戴在洪昇的头上，然后拍拍他的肩膀，表示对他的祝福和鼓励。

接着就是婚礼。

婚礼的筹备早在几个月前就开始了。洪昇的妻子黄蕙（黄兰次），是他的舅父之女，两人自幼便相识，可谓青梅竹马。黄蕙出身于书香门第，从小受到良好的教育，温婉贤淑，知书达理。

洪园里张灯结彩，喜气洋洋。宾客们络绎不绝，纷纷前来祝贺。洪昇身着盛装，头戴冠帽，显得英姿飒爽。黄蕙则穿着一袭红色的嫁衣，头戴金饰，美丽动人。

婚礼仪式庄重而烦琐，在众人见证下，洪昇与黄蕙完成了拜天地、拜父母、夫妻对拜等仪式。

洪昇与黄蕙同年同月同日生，师友们便以此为题，纷纷作诗《同生曲》，以此祝贺。陆繁弨在《同生曲》诗集序中盛赞洪、黄两家的家世和新婚夫妇的卓著才华，"及门洪子昉思，暨妇黄氏，两家亲谊，旧本茑萝，二姓联姻，复成婚媾。婿即贤侄，乃从舅号，姪为新妇，并是姑称。而况门皆刚第，家有珥貂。三洪学士之世胄，累业清华。春卿大夫之女孙（黄机时为礼部侍郎），一时贵介。又乃芙蓉芍药，誉满士林。柳絮椒花，声标珠阁。"

更为巧合的是，洪昇婚后几天就是七夕佳节，这个具有爱情意味的日子，给洪昇的婚姻增加了更多的浪漫和温馨。中国没有所谓的情人节，但是七夕所蕴含的爱情意味使七夕成为中国人事实上的情人节。洪昇新婚，逢此佳期，可谓喜上加喜，意义非凡。

婚后，洪昇与黄蕙甜蜜无比，诗作不断。特别是洪昇写下了《七夕闺中作四首》表达自己的喜悦之情。在婚后三天黄蕙回门"归宁"时，稍一离开，洪昇就想念黄蕙，还写下了《寄内》这样的诗句："去冬子南归，饥渴慰心期。邂逅解大义，情好心相知。春华不再至，及此欢乐时。尔我非一身，安得无别离？念当赋归宁，恨恨叙我思。屏营寂无语，徒依恒如痴。长叹卧空室，恍惚睹容辉。咫尺不可见，何况隔天涯。一日怀百忧，蹰躇当告谁？"对新婚妻子的依恋与深情跃然诗中。

无论从洪氏家族的富足、文脉上，还是从自己的婚姻生活上，洪昇都感觉非常幸福、美满，认为生活会一直这样持续下去。

不久，因黄机在北京任职无亲人照料，黄蕙便随外公去了北京。洪昇与她相约在北京相会，在这之前，按照原来的计划，洪昇将与弟弟洪昌一起到南屏山进行闭关封读。

自古文人就有闭关封读的习惯，就是在一定的时间内把自己关在一个没有干扰的地方，苦读思考写作，以求效果。

1666 年夏天，送走了爱妻黄蕙之后，洪昇便与弟弟一起来到了南屏山的净慈寺封读了。

南屏山在杭州西湖南岸，山不高，却山峰秀丽，怪石林立，因为有巨大石屏，又在杭州城南，故称为"南屏山"。山上林木繁茂，鸟语花香，溪水潺潺，凉爽清静，美若仙境。

南屏山的主峰海拔仅 131 米，北麓有美景"南屏晚钟"，即指从南屏山净慈寺传出的钟声，成为"西湖十景"之一，是"有声"的活景。

洪昇与弟弟在净慈寺内选了两间僧舍为读书处。净慈寺占地宽阔，四周绿树成荫，面向西湖。这座古刹是五代（954 年）时期建立的，初名"永明禅院"，为西湖四大古刹之一。

净慈寺深藏于山林之中，古朴而宁静，仿佛与世隔绝。每日清晨，当第一缕阳光透过窗棂，洪昇和洪昌两人便开始了一天的苦读。他们阅读的书籍涉猎广泛，从经典古籍到诗词歌赋，无所不包。在阅读中，他们思考、辩论，偶尔也会陷入沉思，任由思绪飘向远方。

日上三竿，阳光透过树叶的缝隙洒在寺院的地面上，形成斑驳的光影。此时，两人会放下书籍，漫步于山林之间。南屏山美景如画，自然给他们以舒静，也给他们以灵感。他们呼吸清爽山气，聆听鸟鸣溪流，观察山石树木，感受大自然的韵律。

午后，阳光炽热，两人回到寺院，继续他们的阅读和写作。洪昇擅长诗歌、传奇、套曲，他的作品充满了激情与哲理。洪昌也擅长诗文，他的文字细腻而富有情感。

傍晚时分，夕阳映照在南屏山上，整个山林被染上了一层金色的光辉。此时，会传来寺院的钟鸣声，一下两下，在有节奏的撞击下，山谷回荡着清脆而悠远的钟声。那时，对面山下的西湖像少女一般，渐渐地隐去优雅的倩影，世界进入了禅意中。

在南屏晚钟的袅袅余音里，洪昇便站在幽静的禅院中，仰望天边渐显的明月与星星，沉浸其中。有时竟架不住这美景的魅惑，不由自主地低吟浅唱。夜晚的南屏山有着另一种神奇而又深邃的体悟。

在这样的环境中，洪昇和洪昌度过了一个又一个充实而宁静的日子。他们的文学创作也在这样的环境中得到了升华。

与洪昇兄弟两人一同在净慈寺封读的还有好友陆寅。陆寅，字冠周，是清朝时期诗人，出生于浙江钱塘。陆寅年少时即展现出非凡的才华，但生活遭遇困境，他的诗歌作品因此更加深刻。陆寅也是洪昇的老师陆繁弨的堂弟，他们关系密切，一起相约到这里封读。在安静的寺院里生活，有一种出世之感，清静而又专注。

对这一段生活，洪昇记忆深刻，他在许多诗篇里都有记载。在《稗畦集·题画》中写道："烟树渺无际，不变南屏山。旧时读书屋，指点在其间。"《重过南屏僧舍怀陆冠周》中也有："僧楼高枕看雷峰，此地曾偕陆世龙。湖面花开凉醉酒，山头月出静闻钟。重随野鹤闻黄叶，独卧塞云对碧松。惆怅故人今远客，一庭秋雨草茸茸。"还有《送陆冠周擢弟南还》："湖南古寺忆论文，日对青山坐白云。各以一身频寄食，遂令廿载半离群。"

在南屏封读期间，许多朋友都前来拜访交流。

一天，学者张浩的弟子胡大濴前来拜访。洪昇没有见过这个人，但胡大濴与毛先舒关系很好，经常在一起谈诗论文，既然是老师的朋友，自然是自己的朋友，两个人一见面就很投缘，有相见恨晚之感。他们畅聊良久，分享各自的见解，十分快乐。胡大濚的博学多才和独特的见解让洪昇深感敬佩，而洪昇的才华和人格魅力也让胡大濚为之倾倒。

后来，胡大濚还写过一首《访洪昉思、殷仲读书南屏》诗，生动地描绘了洪昇与弟弟洪昌（殷仲）在南屏山净慈寺闭关读书的情景：“掩关古刹里，兄弟自相师。荒草迷深径，垂杨弄短丝。幌摇湖水绿，窗面石峰奇。幸托同门谊，深谈未觉疲。”（《琴楼合稿》）

王晫编辑的《兰言集》卷九收入的洪昇《秋日南屏怀王丹麓》套曲，便是在南屏封读期间所创作。这也是有记载的、有具体年代可考的洪昇套曲。选两首：

（北中吕粉蝶儿）秋到湖南，净长空雨疏云淡。隔寒林一带烟岚。柳添黄，频换绿，红消菡萏。蓦地愁含，对西风独凭雕栏。

（醉春风）想着你渴病已三年，悲秋仍万感。新来潘令好容姿，怕也减减。尚兀自午梦摊书，笔花摇梦，香迷灯暗。

一日，一位来访朋友给洪昇讲述了一件发生在嘉定的贞女故事。

故事讲的是嘉定有位叫王秀文的女子，本已许配给同乡文人项准，且项准家境良好，正在考取功名。但不承想，几年后，项家衰败，项准的科举考试也一再落榜。见到这种情况，王秀文的母亲便想悔婚，并想把王秀文嫁给另一位家境更好的人。王秀文却坚决不从，将自己的金耳环吞下，以此相挟，非项准不嫁。王秀文昏迷数日，家人慌乱之中，请来一位奇人，用奇法将金耳环排出体外，王秀文才得以获救。经过这件事之后，王母不得不随秀文之愿，将她嫁给了项准。

这件事引起了洪昇的极大关注，他据此写有一篇《金环曲为项家妇作》："王家有女字秀文，少小绰约兰蕙芬。项郎名族学诗礼，金环为聘给婚姻。十余年来人事变，富儿那必归贫贱。一朝别字豪贵家，三日悲涕泪如霰。手摘金环自吞食，将死未死救不得。柔肠久曲断还续，卧地只存微气息。讵料国工赐灵药，吐出金环定魂魄。至性由来动彼苍，一夜银河驾乌鹊。嗟哉此女贞且贤，项郎对之悲复怜。朝来笑依镜台立，代系金环云发边。"

不止如此，对于王秀文事件的认识，也影响到了洪昇后来的创作，他在许多作品，特别是传奇创作中，都表达了对女子忠贞不屈的赞誉。

南屏僧舍读书期间，洪昇创作颇丰，词曲技巧与思想都已经很成熟。在这个宁静的环境中，洪昇得以沉淀心灵，深入思考人生和社会。

洪氏家族自宋代以来都是名臣大儒，按照清朝政府的规定，他们的后代有一人可以获得"以例授官"的机会，还有一人可以获得"荫监生"的资格。也就是可以不通过科举考试就进入清廷任职，并能够不通过科举考试而获得到国子监学习的机会。洪昇的父亲洪起鲛有资格"以例授官"，而洪昇则可以以"荫监生"的资格到太学去读书。

因此，洪昇结束了净慈寺的封读生活之后，便出发去北京了。在那里，他可以读书，同时也可以与妻子相会。

第05章　国子监生

　　国子监在清朝初年，是中国的最高学府，也是主管国学政令的机构。国子监的学生被称为监生，他们分为两大类：官生和民生。官生主要是按照父祖的官品蒙恩入监的学生，而民生则是通过其他途径入监的学生。

　　监生的入学途径有几种，包括荫监、举监、贡监和例监。荫监主要是官生和恩生，恩生是父祖以身殉国而蒙恩入监的学生。举监是指未能通过科举考试及第的士子入监。贡监是地方府州县学向国子监贡送的生员，也称"贡生"。例监则是指通过纳马、纳粟、纳银等方式入学的生员。

　　国子监的教育内容相当广泛，包括"四书""五经"、《御制大诰》《大明律令》《性理大全》《说苑》等。监生的日常功课包括练字、背书和作文。国子监还实行了分堂积分和拨历的教学制度，允许监生在政府部门实习或参加科举考试。

在清朝初年，国子监的学生和教师都是朝廷命官，由吏部任免。国子监祭酒作为主官，不仅需要取得皇帝的信任，还要迎合朝中的政治势力。国子监的教育制度注重理论与实践的结合，监生通过实习历事制度可以在政府部门实习，提高解决实际问题的能力。

国子监在历史上经历了多次变革和发展，从西晋武帝时期设立国子学，到明清时期成为最高学府和官府，国子监在教育体系和科举制度中扮演了重要角色。

洪昇是因祖德功勋而获得国子监生资格的，他的身份就是"荫监生"。

1668 年初春，24 岁的洪昇即将踏上旅途。亲朋好友为他举办了一场盛大的送行仪式。在这场充满情感的告别中，洪昇的老师、朋友纷纷设宴款待。宴席间，众人举杯畅饮，吟诗作对，以诗词来抒发内心的离别之情。

张竞光以诗《送洪昉思北上》赠洪昇："涉趣暂相许，论交久自深。何当临还别，那复可扣寻。野戍飞尘起，官塘灌木阴。翩翩游子色，恋恋故人心。仗剑辞南郡，看花赴上林。题诗留古驿，挟弹落残禽。延览皆成赏。兴思属所钦。怜余若有问，嘉树听清音。"

从杭州到北京，路程长达 3000 多里，要行走一个多月的时间。时而坐船，时而乘坐马车，或者徒步。沿途的自然风光和人文景观，对于一个未曾远行的年轻人来说，无疑是一次全新的体验。一路北上，观景作诗，心情颇为愉悦。

初踏北上之路的洪昇，如同出离樊笼的鸟儿，感受到了前所未有的自由和快乐。沿途的风景，无论是繁花似锦的春天，还是绿意盎然的夏日，都让洪昇心怀感慨。他欣赏着大自然的美景，感受着旅途中的每一份新鲜与激动。

从杭州出发，洪昇先是选择沿着京杭大运河这条古代的交通要道北上，而后再向西走陆路，沿西线北上。时而坐船，时而骑马，时而坐车，时而步行。

从镇江北渡，经过了盱眙、泗州等地，沿途的山水风光和人文景观不断变换，他的心情也随之起伏。在泗州渡淮河。淮河自古以来便是南北交通的要道，也是文化交融的重要地带。

在这里洪昇写有《晓渡扬子江》："宿雾晓迷茫，轻帆暗中挂。极目扬子江，寒潮正澎湃。近绕北固山，遥接沧冥派。地合吴楚壤，天分南北界。叹息京口城，壮哉古要害。临风坐舡头，江豚迎我拜。寺钟花里鸣，鱼罾日边晒。金山塔势孤，高高碧云外。波澄心自闲，烟消晶逾快。不睹江山奇，谁知天地大。"（《啸月楼集》卷一）从中可以看出，洪昇此时的心境是逍遥自在的，愉悦无挂的，充满了好奇与新鲜感。

随后，经过灵璧、宿州等地，继而进入河南。再北上，经过巨鹿。最终，沿着滹沱河抵达了北京。

这一路，走走停停，历经千辛万苦，但洪昇却始终保持着旺盛的精力。3000 里风尘，非但没有使洪昇感到劳顿，相反，却增添了他的无限向往。

洪昇离开杭州时，江南是莺飞草长的初春时节，桃红柳绿，春风拂面。到达北京时，依然绿草青青，万物复苏，呈春暖花开之状。这让洪昇异常惊喜，这与江南春天的明媚大不相同，充满了魅惑。

先来到了国子监报到注册。国子监设在京师崇仁里成贤街，始建于元至元二十四年（1287 年），是元、明、清三代国家设立的最高学府，也是当时朝廷掌管国学政令的最高官署。国子监坐北朝南，东邻北京孔庙，由三进院落组成，占地 2 万多平方米。

国子监内有 500 余间号房，但是由于后来的监生越来越多，学舍就不够居住。洪昇入学的那一年，从各地到北京国子监读书的人有 300 多人，加上原有的学生，和享受特殊待遇的八旗子弟，这些监生们的住所就很难解决了。

这样，除一部分监生在国子监内居住外，一部分便依靠教书或投亲在外居住。但国子监是上课、讲学之所，也不能住太多的人，所以大多数监生在国子监附近租住民房。雍正九年（1731 年）官方将国子监门外街南至方家胡同一处 142 间闲置的官房改造成监生们的住所，称为"南学"，才基本解决了监生们的居住问题。南学离国子监很近，出入也很方便。

洪昇选择舅父家作为栖身之所。洪昇的外公黄机已于洪昇到国子监的前一年，即康熙六年（1667 年）升任礼部尚书，在京城拥有宽敞的府邸。虽条件更好，但离国子监较远，因此洪昇之妻黄蕙随侍其爷爷黄机左右。洪昇则出于方便考虑，选择了在距离国子监较近的舅父家中居住。

国子监的核心管理职位是祭酒，这是一个四品官职，由满族和汉族各一人担任。此外，国子监还设有其他学官职位，如兼程、博士、典附和典籍等，他们共同负责学校的日常行政事务。

对于洪昇来说，国子监是一个全新的世界。此时国子监的祭酒是李仙根。李仙根学问渊博，为人正直，伟略雄辩，敢言民之疾苦。擅长诗文、书画，他的行草写得相当出色，能书径二尺大字。李仙根是清顺治十八年（1661 年）的榜眼（第二名），洪昇入国子监的 1668 年，李仙根奉康熙帝之旨，作为正使出使安南（今越南），处置国王黎维禧与都统使莫元清之争有功，回京后被升为国子监祭酒，成为侍读学士。

洪昇作为"荫监生"，在国子监不仅享有与其他学生相同的学习资源，还能在一定程度上受到学校的特别关注和支持。而洪昇也期待着以这样的身份和自己出色的才华能够进入仕途。因此，在国子监的学习便不只是获取更深入才学的机会，更有对仕途的期待。

但是，这与洪昇所受到的家庭教育和师辈的影响有所矛盾。洪昇的父辈、祖辈都是大明王朝的臣民，他的老师们也都是明朝遗民或明朝的忠诚不贰的臣子。这两类人都对清朝的统治持有不合作甚至抵制的态度。洪昇从小就受到这种意识的影响，也有对"满清"政权的天然隔膜感。

但是，随着清王朝政权的逐步稳定，特别是一些前朝官员，在清政府的一再劝说和逼迫下重新为清政府服务。更有一些洪昇所熟悉的同辈或长辈通过科举加入政府政权中来，这也对他造成了极大的冲击。而作为读书人，"学而优则仕"的观念深入内心。且到了一定的年龄是必须有事做的，写诗作词只是生活的一部分，而"出仕"做官才是读书的根本。

因此，洪昇到国子监读书的目的性很强，他更多的是希望通过接触官场、官员，甚至接触皇帝，从而被赏识、重用，这才是他的渴望所在。

洪昇入国子监时，是由明朝政权向清政权过渡时期，基本上是沿用明朝的旧教育体制，只是在旧制度的基础之上根据新朝代的需要进行了一些调整。比如，太学生的选择条件与未来出路；普通学子与八旗子弟的不同待遇政策；适当排除不愿意进入国子监的人，而积极吸收一些想进入这个体系却又不够条件的人；国子监生如何使用；等等。还有教学内容也做了一些调整。

国子监的教学活动，因此并不是很严格。大部分学生来这里都抱着"镀金"和寻求官职机会的愿望。所以，这时的国子监的管理相对也比较宽松。

这给了洪昇以观察与端详这座北方城市的机会。

在他的眼里，北京城是新奇的、华丽的，也是令他向往的。但同时也是一个充满着矛盾的都市，有如他此时的困惑与迷茫。一方面，金碧辉煌的皇家宫苑，亭台楼阁林立，车水马龙，店铺繁华，行人络绎不绝，展现出一个新兴城市的活力与魅力。另一方面，这里又留有鲜明的朱明王朝落幕后的种种痕迹，那些已经成为败瓦颓垣的前朝故迹，都在无声地诉说着过去的辉煌与现在的衰落。这些景象在洪昇心中激起了对旧时代的留恋，同时也让他对新时代充满了渴望。

种种感慨让他坐立不安，由此写出一首《王孙行》诗：

> 王孙月月盛繁华，宝马金鞍油辟车。载酒春游梁孝苑，闻歌夜入富平家。闻歌载酒欢非一，五侯七贵经过密。遥遥彩幄柳边移，隐隐罗帏花外出。柳暗花明春满野，王孙游戏章台下。须臾故国生荒草，坟第朱门宾客少。几度春光白首新，哪堪秋色红颜老。渔樵满地听悲笳，回首孤城乱晚鸦。愁杀东风日暮起，杨花飞尽落谁家？（《啸月楼集》卷二）

繁华与衰落，喧嚣与沉寂，留恋与不安，这便是洪昇此时的处境。

最初的国子监生的日子可以说平淡无奇且惆怅满怀，他所期待的被赏识没有到来，他所等待的与达官显贵们的交往也不多。

不过，很快热闹就抵达了。

1669 年 4 月，洪昇得知了一个令他心潮澎湃的消息，康熙帝将亲临国子监，祭奠至圣先师孔子。对于洪昇来说，这不仅仅是一次寻常的皇家仪式，更是他生命中的一次重大机遇。

洪昇认为自己的机会来了，觉得如果能在康熙帝面前展示自己的文学才华，就有可能获得帝王的青睐，从而为仕途打开一扇大门。

连日来，洪昇闭门不出，废寝忘食，沉浸在创作的激情中。这些诗基本都是对皇帝的颂赞与恭维之词，如《拟元日早朝应制》《恭奉皇上视学释奠先圣敬赋四十韵》《太和门早朝四首》《午门颁御赐恭纪三首》等诗作，从中可以看出，洪昇是如此迫切地想得到皇帝的赏识与重用，其唯唯诺诺之情溢于言表。

在《拟元日早朝应制》一诗中，洪昇这样表达当时的心境：

万国车书会，千官拜舞同。青阳回玉历，紫气绕璇宫。
凤阙开云际，龙旗出雾中。葇花沾宿雨，御柳恋春风。日月
瞻皇极，乾坤仰圣功。微尘霑惠泽，抽笔颂年丰。

恭维、渴望、颂赞之语油然而生，这表明此时 24 岁年轻的学子洪昇是多么乞望着那个出头时刻的到来。

在盼望与等待中，皇帝终于露面了。

以"衍圣公"孔毓圻、祭酒李仙根等高官为首，在国子监内外整整齐齐跪了两排，迎接銮驾到来。

孔毓圻（1657—1723）仅有 12 岁，但官位极高。因他是孔子第 67 代嫡长孙，在 10 岁的时候就已经世袭了"衍圣公"的尊位。"衍圣公"是历代帝王对孔子后人赋予的特殊爵位，是正一品高官，列于所有文官之首。孔毓圻自幼显现出才华，在诗文、书法、绘画等多方面都有出色表现。

一个令人玩味的现象是，此时的康熙皇帝也仅有 14 岁（康熙生于 1654 年 5 月 4 日，卒于 1722 年 12 月 20 日）。12 岁的"衍圣公"孔毓圻带着一班大大小小的文人跪在 14 岁康熙皇帝脚下山呼"万岁"，大概是只有专制的封建时代才会有的怪象吧。

跪在一边的洪昇自然激动万分。在庄严肃穆的气氛中，康熙帝在大成殿前下了銮驾，登上紫阶。殿内灯火通明，丹霄幄帐高悬。在钟鼓齐鸣声中，皇帝一拜行礼，再拜焚香，三拜敬酒，仪式庄严而隆重。

王公大臣们也依次行礼如仪，接着由史官宣读祭词。随后，便是敬献牺牲，童子舞佾，联袂献诗。

作为国子监的一名普通监生，洪昇显然是无法接近皇帝的，更别提"赏识""重用"之类。他根本没有机会向帝王展现自己的才华，甚至连精心准备的那些颂赞诗篇都不可能献上，只能留给自己把玩。这多少让他很失落。

不过，正当洪昇落寞扫兴、心灰意冷之际，他却又得到了一次见皇帝的机会。"衍圣公"孔毓圻要带一些人进宫谢皇恩，而洪昇作为监生代表也在其列。

他依然渴望，依然觉得这是一次难得的机会。心情激动，挥毫泼墨，写下了"日月瞻皇极，乾坤仰圣功。微臣霑惠泽，抽笔颂年丰"诗句，表达他此时的亢奋。

但是，即使进了皇宫，见了康熙大帝，洪昇却也不可能有向皇帝进言献诗的机会。他与同去的祭酒、司业、学官、五经博士等人员，只能跪在地上，连头都不让抬。恭恭敬敬地进宫，悄然失望地归来。

这就是封建时代文人的命运。

在谈到洪昇的《长生殿》时，有些学者认为，从李隆基与杨贵妃的关系及其剧作的故事中可以看到洪昇是有"反清"意识的，而且是以明朝遗民的思想来反对清朝统治的。但至少洪昇第一次在国子监作为监生的经历，却是看不出他有任何"反清""反封建"意思的，相反，他甚至愿意去为清朝政权出力，并且极力去靠近、讨好这个政权的，只是他没有得到满足而已。

所以，如果说《长生殿》隐含着什么"反清"的意识，最多不过是创作时的下意识冲动而已。从本性上来说，洪昇对于新的封建政权完全是屈从而又顺服的。从洪昇的一生经历来看，他内心充满了合作的欲望，愿意为清政府出力。只是，他一生也没有得到清政府的青睐而已。他的"不满"大抵上也是出于对命运不济的不满。

在京城读书的收获，更宝贵的却是这种失意和落寞所带来的，这促成了洪昇文学创作的内驱力。恰恰是这样的沮丧和失望的情感体验为他日后的创作提供了充足的心理基础。此后，无论他的诗作，还是他的传奇创作，都是以种种不得志和苦闷忧郁为基础，除一些节日、生日的赠诗之外，表达内心情感的作品，大都深受这种经历的影响，这也体现了他深刻的人生感悟。

第 06 章　落寞归来

洪昇在短时间内经历了较大的情感波动，从激动到消沉，从希望到失望。这第一段国子监生活并没让他得到期待中的满足和愉悦，相反，他非常沮丧与失落。

他此时除了与朋友互有书信、诗词往来，基本是闭门不出。他给外公黄机写有一首《黄大司农御前作字歌》，与好友毛先舒、孙仲楷、沈谦等人互赠诗词，基本都是情绪低落，落落寡欢。

洪昇将自己与外界的喧嚣隔绝。他与朋友间的书信、诗词往来，成为他情感的出口，但那些作品中的情绪，无一不透露出他的失落与孤寂。他的诗词，如《黄大司农御前作字歌》，虽然表面上是赞美之作，却也隐藏着内心的哀愁和对现实的不满。

洪昇与好友毛先舒、孙仲楷、沈谦等人的诗词交流，虽然在一定程度上缓解了他的孤独，但那些诗词所传达的，依然是他内心的落寞与寡欢。这些诗词，如同一面镜子，映照出他内心的挣扎与无奈。洪昇的这段经历，不仅反映了他个人的情感波动，也折射出当时文人的普遍心境，他们在追求理想的同时，也面临着现实的沉重与无奈。

1669 年 7 月 1 日，洪昇一人在孤独中过 25 岁生日。这与在家乡时的情景有较大反差。在北京原本是有亲友的，洪昇的外公黄机和舅父，以及一些从浙江来的读书人，如果他想，还是能够招集一些人庆生的，但因为失意和挫败感他已经没有任何热闹的愿望了。他决定一个人过这个 25 岁生日。

他写了一首怀念母亲的诗《燕京客居生日怀母作》，诗中大叹："男儿读书亦何补，皂帽羊裘困尘土。编荆织荻能几时，倏然今年二十五。"可见他是多么的落寞。

1669 年深秋，洪昇带着失意和抑郁，与同样在京求学的同乡洪云来结伴踏上了归乡路途。

回乡之路，犹如一场心灵的长征。每一步都仿佛踩在内心深处那份难以言喻的苦闷之上。从繁华的北京出发，回归宁静的故乡，这段旅程，有时是车轮的滚动，有时是马蹄的敲击，有时是船桨的划动，而更多的时候，则是双脚的行走。这样的旅程，往往需要一个多月的时间才能抵达那片熟悉而又陌生的土地。

回想起初次离乡，同样遥远的旅程，虽然辛苦，但心中充满了对未来的憧憬和期待。那时，每一步都充满了活力和希望。然而，这回乡的路途，却显得格外沉重。或许是岁月的风霜，或许是心灵的疲惫，让归途变得步履蹒跚，多走了十多天的时间。

归途中，洪昇的灵感喷发，创作了一批诗作。行经督亢坡、琉璃河、涿州等地时，触景生情，留下了《督亢坡》《琉璃河》《涿州》等佳作，这些诗作不仅记录了他的旅途见闻，也体现了他对各地风土人情的深刻感悟。

在郑家口，洪昇想起母亲，写下了《忆母》一诗："客行已逾旬，始及郑家口。霜风吹寒星，一夜落疏柳。归心惨不舒，灯前忆父母。飘忽辞家门，经年事奔走。伤哉游子衣，尽出慈母手。"诗中表达了这一年在京城的飘零感和对母亲的深切思念，在经历了京城和旅途的种种波折之际，内心深处的柔软和温情被触动。这些作品，无疑是他旅途中的心灵寄托，也是对故乡和亲人的深情告白。

途经武陵时，洪昇又创作了《武陵》诗，通过对武陵自然风光的描绘，表达了他对旅途所见美景的赞叹和对世外桃源般生活的向往。

此外，洪昇还在《归舟作》一诗中感叹："孤舟南方去，萧瑟秋正残。衣单且莫问，伤哉行路难。"既是对时节的描写，也是此时南下时的心境。

旅途中，洪昇怀念家人，怀念朋友，不忘与友人分享他的创作。他给毛玉斯、沈丰垣、张台柱、吴仪一、陈蕴亭、俞士彪、张云锦等友人寄去了诗作。在《泊临淮寄沈通声、张砥中、吴璨符、陈调士、俞季琭、张景龙诸子》诗中写道："把臂寻常事，何曾便道佳？自从经远别，始觉慕同侪。沙渚群鱼唼，霜空数雁排。寄言孤棹客，今夜泊临淮。"

在北方即将迎来初冬之时，洪昇回到了故乡杭州。

到达杭州后，洪昇得知好友吴仪一年仅 31 岁的哥哥吴元符去世，悲伤地写下了《吴元符进士游仙诗》："辟谷徒虚语，餐霞亦浪言。神仙无异术，忠孝即真源。云里瞻亲舍，凫边识帝阍。吴公灵即降，清盥拜惊轩。"

吴元符是康熙年间的"二甲进士"，也是个才子，与洪昇从小一起在钱塘长大。年幼时，洪昇兄弟与吴元符和他的弟弟吴仪一经常在一起赋诗作对，友情深厚。对这样一位好友的突然去世，洪昇颇为惋惜。

一连几个身边的熟人去世，让洪昇的心里更是阴霾重重，本已因不得意的北京之行而低落的情绪更加阴沉。这似乎是上天有意而为，越需要好事冲淡坏心境的时候，却越偏要噩耗连连。

好在，回到西溪的洪园后，热闹很快就到来了。

洪昇的归来就像一阵旋风，迅速掀起了一波波涟漪。久未谋面的兄弟姐妹、亲戚好友、儿时的伙伴、旧日的邻居，都前来探望。洪园瞬间变得热闹非凡，仿佛一场盛大的节日庆典。酒席畅饮，问长问短，互道离别之思。

特别是同辈们聚在一起，诗词互赠，仿佛又回到了从前。但是，许多人都注意到此次回来的洪昇发生了一些细微的变化，变得不那么无拘无束，也没有那么随心所欲了，大家都感觉到洪昇身上有一种难言的苦闷感。实际上，洪昇也确实没有从无奈与失落的情绪中完全走出，他只顾闷声与大家举杯畅饮，那个快言快语、情绪亢奋的少年才子仿佛一下子成熟沉稳了，这让大家有些茫然。

很快，喧嚣逐渐退去，生活回归日常。

1670年正月，洪昇忽闻恩师柴绍炳离世的噩耗，心中极度悲痛欲绝，挥泪写下《拜柴虎臣先生墓》："严冷千秋志，清癯五尺身。遗羹能锡类，灭灶耻因人。藏用功偏大，明心学愈醇。白杨荒草路，一恸晋遗民。"字字珠玑，句句含泪，不仅表达了对恩师的深切怀念，更是对柴绍炳高风亮节、博学笃行的颂扬。

柴绍炳（1616—1670），字虎臣，号省轩，浙江仁和（今杭州）

人，去世时 54 岁，是著名的"西泠十子"中最知名的人物。他从小就博闻强记，能诗擅文，风格独特，有"西陵体"美称。作《西湖赋》，有《省轩文钞》10 卷、《诗钞》20 卷、《白石轩杂稿》8 卷等著作流传。是位大学者，对洪昇的影响也很大。

2 月，又传来了好友沈谦离世的消息，洪昇悲痛不已，提笔为沈谦之子沈圣姬撰写了《先府君行状》。

两位知己师友相继离世，洪昇的心情越发沉重，心中充满了苦楚与孤独。

春天一到，洪昇就走出洪园去出游了。这时的洪昇也沉寂下来，没有了往日的欢笑和温暖，他或自己或与朋友相约到周边游历了。

明代文人董其昌在《画诀》里说："画家六法，一曰'气韵生动'。'气韵'不可学，此生而知之，自然天授。然亦有学得处，读万卷书，行万里路，胸中脱去尘浊，自然丘壑内营立成鄞鄂，随手写出，皆为山水传神矣。"

实际上，古代文人早有"读万卷书，行万里路"的习俗，只要条件允许，大都会在一定的时期漫游"天下"。

春天来了，微风轻拂，绿意盎然，洪昇约上好友沈绍姬踏上了行游之路。

沈绍姬，字香岩，是钱塘不得志的文人。一生不顺，郁郁寡欢，结交了许多好友，洪昇就是其一。沈绍姬在文学上有一定的成就，12 岁写诗，为写诗经常顾不上吃饭，被称为"吟痴"，有《寒石诗钞》12 卷等作品，诗作思想深刻，寓意辽远。沈绍姬的境遇与此时的洪昇有些相似，因此两人便一起上路了。

在春意盎然的季节里，他们的旅程充满了诗意与深思。沿途，他们欣赏着大自然的美景，品味着不同地域的风土人情，心灵深处涌动着对生活的热爱与对未来的憧憬。

洪昇的这次旅行，是一场穿越历史与文化的深度之旅。他选择了恩县、大名、长垣、滑县、淇县这些历史悠久的地方作为他的探索目的地，每个地方都有其独特的故事和深厚的文化底蕴。在这段旅程中，洪昇不仅仅是一个过客，更是一位文化的探索者和诗意的记录者。

洪昇还邀约了好友徐汾和吴钦一同踏上这段旅程，这样的友情让这次旅行增添了更多的乐趣和深度。他们一起探索古迹，一起体验当地的风俗习惯，一起在自然与文化的交融中寻找灵感的火花。

在这段旅程中，洪昇创作了《魏州杂诗八首》，其中有"岁暮仍为客，途穷耻谤人。风沙变须鬓，霜雪换冬春。跋涉黄河道，淹留白马津。他乡明月色，独夜倍相亲"的诗句，充盈着对岁月流逝和身为游子的那种异乡、异人之感。

这些诗作不仅是个人情感的抒发，更是对历史兴衰的反思。在洪昇的诗中，我们可以感受到一种对岁月流转和人生无常的感慨。

这次旅行用了几个月的时间，回到杭州的时候已然是夏天了。

杭州的夏日多湿热，烈日炎炎，骄阳似火。空气中弥漫着热浪，仿佛连呼吸都变得困难。草木葱茏，绿意盎然，却抵挡不住那股逼人的热气。但洪昇似乎依然没有停歇下来的意思，在闷热与烈日炎炎中继续着他的行吟。

此时，洪昇的弟弟洪昌动身去北京，他也想见识一下大都市的世面，拓宽视野。送别之际，洪昇满怀感慨，目送弟弟的身影渐行渐远。内心的波澜难以平复，提笔写了一首《忆殷仲弟》诗。字里行间，流露出对弟弟的深切思念和祝福，同时也透露出对未来的期待与憧憬。

就这样，洪昇虽身在杭州，却一直不停地行走与漫游。整个夏日就是旅途与杭州之间来回进出，仿佛内心充满了不安与躁动。

秋天来临之时，洪昇约上好友陆进、沈丰垣、张台柱到已然离世的沈谦旧居瞻仰。睹物思人，泪流满面，提笔写下了《同陆荩思、沈通声、张砥中宿东江草堂哭沈去矜先生二首》，并在当晚与三位好友住在沈谦的"东江草堂"，感受好友的音容笑貌。

与好友们告别后，洪昇又开始脚步不停，一路向北行走了。抵达天雄后，写下了《北游天雄》等诗篇。又到达济宁，拜会了李白当年流浪之所，及石门山上与杜甫挥别之地，作诗写文。忽然，又想起父亲来，写下了《次济宁忆父》诗，倾诉着游子对家的牵挂。继续北上，写下《晓渡黄河》诗。

就在这时，长女出生了。这才让洪昇暂时停下了脚步。

如果对这一时期洪昇的创作与状况做一个梳理的话，我们会发现，从第一次去北京到回杭州之后，他的诗文和行踪发生了一些明显的变化。

其一，诗歌中充满了忧伤、苦闷和压抑。无论是其思亲之作、祭奠之文，还是其行游诗文，都充满着一种低沉而又苦涩之味，几乎见不到洪园读书时的那种快乐与无忧的语句。即使稍有放纵之作，也都能从字里行间看到一种无形的阴郁和惆怅。

这种低落的情绪自然与在国子监生活时没有得到欣赏和重用有关。但是诗句里似乎隐藏着更为复杂的内容。

其二，怀念、思乡之作较多。如《忆殷仲弟》（1670年）、《次济宁忆父》（1670年）、《送钱石臣北上，忆殷仲弟》（1672年）、《重阳忆弟》（1672年）、《忆大梁客夜寄舍弟殷仲》（1672年）等诗作都是对亲人和家园的怀念。还有一些寄赠、送行诗也都充满了思乡之情。

其三，此时的洪昇创作激增，许多被朋友和老师所称赞的诗作，都是在行走与出游的过程中所作，以五言诗居多。收在《啸月楼集》里的很多作品也出自这个时段前后。

可能是不得志，或未如愿导致了洪昇以诗为宣泄对象，数量增加。也可能是因家事所累，或亲情导致的抑郁使其创作数量大增。

同时，他诗中也充斥着焦虑和不安，以及对家园的思念之情。

北京的不得志、不得意遭遇自然是其心境不好的原因之一，但除此之外，恐怕还有一些内情，使这时的洪昇内心焦虑不安、行为浮躁。

第07章　天伦之变

洪昇的不断出游，不断回归，与其家庭变故有着重大关系，即王士祯所说的"家难"。

据清代大诗人王士祯在《香祖笔记》卷九里记载：洪昇"遭家难，流寓困穷，备极坎壈。"金埴也在《不下带编杂缀兼诗话》卷一中说："渔洋山人云昉思遭天伦之变，怫郁坎壈缠其身。"

王士祯和金埴两人都是洪昇的好友，特别是王士祯还是洪昇师长辈，走得更近，对洪昇很是赏识，他们是无话不谈的好友。两个人都说到了洪昇的"家难"和"天伦之变"的事件，这是影响到洪昇此后相当长的一段生活的事件。也可以说"家难""天伦之变"是洪昇人生中特别重要的一个事件。

但是，在洪昇自己的文字中却不见这个"家难"的详细记载，记录洪昇生平事迹的文字也都没有给出详情。究竟在洪昇家中发生了什么事，似乎成了一个谜，但谈到洪昇的历史时，这又是不可能躲开的事件。

所谓"天伦之变"，或称"家难"就是父母成仇，兄弟反目，家人离散的意思。就洪昇这一时期的诗作和其他一些若有若无的文字看，洪昇和他的弟弟洪昌是被赶出家门的。而后，兄弟两个在一起生活了一段时间，又分开，各奔东西。由此可以看出，"天伦之变"不是发生在兄弟之间，而是父母与孩子之间的"家难"，是父母将其驱逐出洪家的事件。

是父亲还是母亲？是因为什么严重的事情而撕破亲情，将儿子逐出家门的？

洪昇兄弟三人，二弟洪昌，三弟洪中令，还有两个妹妹，再加上钱夫人、黄氏及父亲，这是一个八口之家。在这样的一个大家庭里，矛盾是避免不了的，但究竟是什么样的冲突让他们不得不离开这个温暖的大家庭？

本来，一家人是非常融洽和谐的，洪昇深受师长辈和父母的影响，以孝子自勉，也是以孝子而行事。王蓍就说洪昇"取古孝子以自勉"，他对父母极为孝敬恭谨。

同时，从洪昇写的大量诗作中，我们又可以看到洪昇与弟弟、妹妹之间关系极好，感情笃厚。在后来所写的许多诗作中他都表达出了对两个弟弟和两个妹妹的特别思念之情，其中《己卯冬日代嗣子之益营葬仲弟昌及弟妇孙，事竣述哀四首》"其一"中饱含深情地写道："同父三昆弟，伤哉仲已殂。二人留治命，一气续遗孤。妇亲移西郭，夫棺返北都。卅年生死别，重会此山隅。"诗作的"其三"更是写道："哭弟悲无已，重经两妹亡。糜躯归烈焰，暴骨在他乡。降罚天昏醉，招魂地渺茫。为兄年老大，稠叠遇悲伤。"这充分表达出对弟弟、妹妹们的深厚感情。

关于"家难"较早有两种猜测，其一，认为所谓"家难"是一种泛指，也就是说指洪氏家族从"满清"时代被清军索要财物、在战乱中洪起鲛带着黄氏逃亡，到家庭逐步由盛而衰的事实。其二，认为"家难"是指洪昇的父亲洪起鲛被诬陷而后差点被流放到宁古塔之事。

但这两种猜测理由似乎都不充分。洪氏家族的衰落不是一天两天造成的，这与时代和时间有着较大关联。即使家族衰败了，也不至于把自己的孩子逐出家门。其次，洪昇的父亲被流放是康熙十四年的事，也就是发生在 1675 年，而"谪戍"到东北更是再四年后的事了，可"家难"是发生在 1671 年前后，与"天伦之变"事件无关。因此，这个猜测也是站不住脚的。

学者土默热在文章《断臂维纳斯更美丽——论〈石头记〉作品的结构性缺陷及其成因》推断洪昇的"家难"有三次：

第一次"家难"是"天伦之变"，发生时间在康熙十年前后。洪昇家庭兄弟三人，姐妹两人，属同父异母关系。由于家族内部矛盾重重，特别是嫡庶矛盾十分尖锐，在继母和父妾的联手挑唆下，洪昇和二弟洪昌被严厉的父亲痛打后赶出了家庭，整个下半生过着颠沛潦倒的困苦生活。二弟洪昌在漂泊中不幸病死，两个妹妹也在出嫁后双双青年夭亡。

第二次"家难"是"抄家发配"之难，发生时间在康熙十八年前后。洪昇兄弟逃离家庭后，由于受"三藩之乱"牵累，洪昇之父洪起鲛（字卫武，一说武卫）被官府械入京师，关押在一个萧寺中，旋被释放。康熙十八年，父亲和继母钱氏再次被朝廷械捕发配宁古塔，家庭被官府查抄。经洪昇多方营救，发配之事被赦免，但是家庭却从此彻底败落了。

第三次"家难"是"斥革下狱"之难，发生的时间在康熙二十八年。洪昇逃离家庭后，一直在北京国子监求学。康熙二十七年，他的代表作《长生殿》经过十几年创作、三易其稿后终于杀青，在京师演出一炮走红。康熙二十八年秋，朋友们为祝贺洪昇创作成功，聚会演出《长生殿》。时值佟皇后"国丧"尚未除服，结果被人告发，朝廷将洪昇逮捕下狱，革去国子监生籍。康熙二十九年春虽被释放，但旋即被遣送回故乡"奉敕填词"，从此永远失去了追求仕途功名、恢复家族盛世的可能。

这个观点虽有一定的依据，但却有些武断，更缺乏必要的材料支撑。特别是"家难"发生的时间是对不上的。家难发生在1671年前后，而上述文章提到了"抄家发配""斥革下狱"都是"家难"事件发生多年之后的事情，不符合时间逻辑，也不足为信。

也有学者推测，洪家其实是长期不和的。父亲洪起鲛性格古板暴躁，兄弟们常常受到严厉责罚，钱夫人虽表面慈爱，内心却有偏向。在洪昇的诗作中，常常出现对"施檗者"即挑拨离间者的怨恨。这直接导致了1671年前后洪昇家族的"天伦之变"。

我们从清代文人、洪昇父亲的好友王嗣槐的《洪世寿宴·序》中找到了一条线索。在这篇序言中，王嗣槐说："时维八月，旬有五日，为吾友洪武卫及其原配钱夫人四秩初度，称双寿焉。"（《桂山堂文选》卷八）

也就是说，洪昇实际上有两个母亲，一个是生母，一个是"大娘"，或称"大母"。"母亲"，也就是洪昇父亲的二夫人，即黄氏，而"大母"也就是在洪昇母亲前面，父亲还娶过一位钱太太。那么，王嗣槐所说洪昇父亲"其原配钱夫人"导致"家难"的可能性就比较大了。

洪昇在一些诗作中，对生母深情有加，洪昇的启蒙教育就是其母亲自实施的，母慈子孝，母亲也极为喜欢才华横溢的两个儿子。如果偶有矛盾，母亲也不可能将亲骨肉逐出家门的。只有一种可能就是非生母的钱夫人了。

在清代阮元、杨秉初所辑录的《两浙轩录》一书中收录的王蓍《挽洪昉思》序中也的确有这样一段记述："予与昉思交差晚，读其旧稿《幽幽草》，乃知昉思不得于后母，罹家难，客游京师，哀思宛转，发而为诗。"

由此，我们可以推断，洪昇兄弟所遭受的"家难"是得罪了"后母"而导致的。究竟是什么重大事情让钱夫人不高兴，弄得天翻地覆，以至于把洪昇兄弟双双赶出洪园的？

就后来洪昇所写的《行役》诗"一岁四行役，栖栖何太劳，羸躯饱寒暑，薄命试风涛。江晚鸥群乱，秋清雁影高。冥冥避缴者，失侣又哀号"所言，他自比"避缴者"，也即他是因为躲避谗言而离开了家庭。而一般的谗言是不可能导致洪昇的父亲暴怒，而将两个兄弟全部赶出家门的，肯定有一件让父母无法忍受，也不可能被轻易谅解的事件。

那么，能够导致巨大矛盾冲突的谗言就不可能是一般的风凉话，或者不痛不痒的闲言碎语，这种话语的分量一定是触及了根本利益、绝对权力、人格尊严，或者伤及了家庭亲情的特别严重的行为。能让父母都信以为真的进谗言者，肯定也是家庭内部有一定话语权者，不是这样的人是不可能有如此大的破坏力和说服力的。这个人究竟又是谁？

也有另外一种可能，就是本来钱夫人早想将黄氏的两个儿子推出门外，恰好有一位家庭内部人员说了坏话。其谗言也并非全是捏造，那种似是而非、真假难辨、虚虚实实的话，让钱夫人得到了口实，以此鼓动洪起鲛将两个儿子赶出了家门。

在洪昇的另一首诗《客中秋望》里，深切地描绘了"家难"带来的苦痛："非关游于憺望归，南望乡园意总违。三载无家抛骨肉，一身多难远庭闱。"

"非关游于憺望归，南望乡园意总违"透露出洪昇对故乡的无限眷恋，却又感到归途遥不可及。"三载无家抛骨肉，一身多难远庭闱"更是将洪昇因"家难"而被迫远离亲人的无奈与悲哀展现得淋漓尽致。对洪昇而言，"家难"是一个巨大的打击，他热爱家园，热爱亲人，却无奈地离开，这无疑是沉重的一击，深深地影响了他的生活和创作。

洪昇的"家难"发生时，他的生母黄氏依然健在，虽竭尽全力挽留，但她是"侧室"，并没有足够的权力和能量阻挡钱夫人。在无奈与悲伤之中，没能保护好两个儿子，只能眼睁睁地任由丈夫和钱夫人把两个儿子和他们的妻子都赶出了家门。

就目前所掌握的资料可以确认，钱夫人与洪起鲛成婚后，未曾生育。洪起鲛随后纳黄氏为妾，黄氏相继诞下洪昇和洪昌两位公子，从而在家族中的地位显著提升。不久之后，钱夫人也产下一子，名为洪中令。如此一来，三个儿子，两位母亲，家族内部的亲疏关系自然出现了差异。当"家难"爆发之际，洪昇已年届26岁，且已娶妻立室。

按照洪家庞大家业和传统，洪昇与弟弟洪昌在庞大的洪园中生活本应无忧，然而，他们却偏偏在此时被驱逐出家门。

洪园，这座见证了洪家辉煌与衰败的古老园林，此刻显得异常寂静。曾经的热闹与欢笑已被沉重的氛围所取代。洪昇和洪昌，这对曾经无忧无虑的兄弟，如今却面临着前所未有的困境。他们被迫离开这片熟悉的土地，踏上未知的旅程。

洪昇作为家中的长子，一直备受宠爱，享受着家族的荣光。然而，命运却在他最意想不到的时刻，突然给了他沉重的一击。他的眼中充满了困惑和不解，他曾以为自己是家族的骄傲，如今却成了家族的弃子。

"天伦之变"的结果是洪昇夫妻、洪昌夫妻被同时逼出洪园，也可能是洪昇按照"小杖则受，大杖则走"的古训主动逃离了家庭。

逃离家庭后，没有了经济来源，没有了住所。除写诗、填词、写传奇故事之外没有一技之长。又没有职业，也没有体力可以当"劳力"，什么收入也没有，他们的生活立即陷入了困顿之中。

从洪园出来后去哪里？靠什么生存？

逃出洪园之后，第一个落脚地就是距钱塘不远的武康。但在这里生活难以为继，便想到投奔京师，好在那里有黄蕙的爷爷黄机，有许多朋友，机会也多。

他以卖文为生，极为贫困潦倒，经常处在"八口命如丝"的境地。洪昌夫妻与哥哥分手后，辗转流浪，年纪轻轻就客死异乡，可谓"事更哀"了！洪昇是家庭长子，洪昇同父兄弟三人，家中还剩下一个异母兄弟洪中令。

就在这一年的冬天，洪昇在居无定所的流浪中，女儿出生了。

那是一个深邃的夜晚，女儿的啼哭声如同一道曙光，穿透了他心中的阴霾，让他感受到了久违的兴奋与希望。仿佛是上苍在这个冰冷的季节里，赐予他最温暖的礼物。妻子黄蕙满怀喜悦和感激地轻抚着这个脆弱而充满生命力的新生儿，她的眼中有泪光闪烁，那是幸福的泪，是感动的泪。无论他们身处何方，这个孩子都成了他们生命中最珍贵的依托，让他们在艰难的环境中感受到了家的温暖和爱的力量。

从此，他们便带着孩子、带着家在世上继续游走了。

孩子的诞生，如同寒冬中的一束暖阳，照亮了洪昇困顿的生活。尽管日子艰辛，他们却能从简单的生活中找到乐趣，从苦涩中品出甘甜。

女儿聪明伶俐，活泼可爱，喜欢模仿父亲作诗，也乐于学习母亲的裁缝技艺，她的笑容如同一朵盛开的花朵，给他们的生活带来了无尽的欢乐。洪昇在诗中深情地写道："生小偏聪慧，消愁最喜侬。爱拈爷笔墨，闲学母裁缝。乡梦徒然到，泉台不可逢。尚思生汝夕，大雪正严冬。"（《遥哭亡女四首》其三）小儿绕膝，欢声笑语，其乐融融。

在回忆中，洪昇特别深情地写道："三载饥寒苦，孩提累汝尝。甑尘疑禁火，衣破怯经霜。发覆长眉侧，花簪小髻旁。有时还索果，庭下笑牵裳。"（《遥哭亡女四首》其二）女儿的相貌、神态，和那些可爱的动作时时出现在他的脑海中。

但也是因为孩子的出世，给生活增加了更大的压力。朋友们听到消息之后，接济一些银两帮他们渡过难关。也有一些亲属给他们一些资助，在这样的境况下，孩子也逐渐长大了。

从"天伦之变"到"天伦之乐"，命运似乎跟洪昇开了个玩笑。

更大的捉弄却来自女儿 7 岁这一年——可爱的女儿不幸夭折。

这样的残忍与冷酷对尚在动荡生活中挣扎的洪昇是多么大的打击！

1681 年洪昇在极度悲痛中写下了《遥哭亡女四首》诗，"其一"痛哭道："吾女真亡殁，终无见汝期。一身方抱疾，千里复含悲。月黑愁鸱叫，风阴鬼火吹。大江南北断，魂魄梦中疑。""其四"悲鸣："薄棺依浅土，闻在北山隈。白昼吹狐火，清明断纸灰。死生成永别，漂泊未归来。何日埋先垅，还浇酒一杯。"

命运多舛，世事无常。

第 08 章 《沉香亭》

　　女儿出生后，洪昇与妻子黄蕙暂住在孤山脚下一处民房内。家里多了一张嘴自然需要钱。虽然已经离开了洪园，但母亲和亲属们还是给他们提供了一些资助，让他们渡过这个难关。黄蕙也经常回娘家，从自己的家里获得一些支持。

　　洪昇的母亲黄氏听到孙女出生的消息，已经是两个月以后的事了。在仆人的陪伴下她来到了洪昇暂住地。一见面就热泪盈眶，一方面是为孙女的出世而高兴，另一方面也是因为看到洪昇落魄的生活而难过。与孙女亲热了一会儿后，母亲劝两个人回家。但洪昇知道父亲和"大母"都是不希望自己再回洪园的，而且自己已经接近而立之年，也该独立生活，承担一个男人该承担的责任了。母亲给他们放下一些银两之后，哭着走了。

　　他们离开洪园时虽然带了一些生活必需品，但远远不够，还得依靠亲戚好友的接济帮助。洪昇认为还是要到外面寻找可能，决定暂时离开妻子和女儿北上。

有了女儿，心情也不一样了，途经瓠子口作一首《瓠子口》诗："策马披裘晓渡河，万行垂柳郁婆娑。龙鳞隐见春冰里，风雨时吟瓠子歌。"可以想见，在初春的季节里，处处荡漾着回暖迹象的时候，骑在马上蹚过河水，想着美眷爱女，甜蜜之意油然而生。

此次旅程对洪昇而言，与往昔的游历大相径庭。过去，他以文人的心态，悠然"行万里路"，随心所欲地游历四方，笔随心动，记录下所见所感，随兴饮酒欢乐，潇洒无忌。然而，这一次，心中却充满了对未来的渴望，期盼着自己的才华得到世人的认可，寻找着成就一番事业的机会。与此同时，他的内心深处，对刚刚降临人世的女儿的思念如影随形，这份牵挂如同一根无形的线，牵引着他的心。

当洪昇行至天雄一带，那股强烈的思乡之情涌上心头，他再也无法抑制对妻女的想念。于是，毅然拨转马头，放弃了继续北上的念头，踏上了回杭州的路。做这个决定，洪昇的内心经历了复杂的挣扎，但最终，对家庭的责任和对爱的执着战胜了一切。

在享受了与妻女短暂而宝贵的时光后，洪昇的心再次蠢蠢欲动，对远方的向往如同不羁的风，吹拂着他不安的灵魂。他与好友陈奕喜一同踏上旅途，穿越南阳湖，继续向北进发。

随后，洪昇独自一人，从严州出发，穿越越中，抵达郑州。这段旅程对他而言，是一场心灵的孤独之旅，也是一次自我反思之旅。他的每一步，都如同刻印一般，深深地烙印在他的心中。

洪昇在当涂停留了一段时间。这里的风景和氛围，让他想起了唐代诗人李白。他深感自己的经历与李白当年的流浪生涯有着惊人的相似之处，当年李白也是流浪天涯，游历名山大川，结交天下豪杰，挥洒着自己的才华和激情。于是，在当涂，洪昇提笔写下了《李太白酒楼》一诗，诗中感叹："一片寒云接素秋，几行疏树覆城头。海风吹上东山月，独依天边太白楼。"

一路寻来，虽偶有所获，但机会无几，依然两手空空。一段时间过后，他只能踏上返回杭州的路。这个曾经给予他温暖和希望的城市，如今却成了他失意时的避风港。在归途中，他的心情如同秋日的落叶，飘摇不定，既有对未来的迷茫，也有对过去的怀念。而杭州，这个熟悉的地方，是否能再次成为他重新出发的起点，只有时间能给出答案。

洪昇知道，这样的漂泊不定，并非生活的正途。他所能依靠的，不过是那微不足道的技艺——为人书写字画，或是撰写碑文、墓志铭，以换取些许铜板。然而，即便这样的差事，也常常难以寻觅。有时，生活的重压甚至让他陷入无米之炊的困境。如此下去，他不仅无法支撑起整个家庭，就连自己的生活也难以为继。

这时，洪昇去拜访朋友严曾榘。严曾榘的家族是个大户人家，在杭州清泰门一带有个"皋园"，两个人就坐在皋园的亭子间边饮茶边谈古论今。

严曾榘提到唐代大诗人李白在天宝年间得宠又失宠的事感慨万千。洪昇在出游中也多次以李白自喻，因此两个人谈了很多。特别是天宝年间唐玄宗李隆基、杨贵妃、李白三人间的关系，以及李白在天宝二年（743 年）所作的三首《清平调》。

洪昇说："李白进皇宫时已经是 44 岁了，却能写出《清平调》那样的好诗。"

严曾榘突然问道："若是李白的故事作成一篇传奇可好？"

洪昇很是赞同，天宝年间的这段故事的确是一个传奇的好材料。

况且，现在的戏班最缺的就是传奇了，写出来，肯定会受到欢迎。

李白的故事让洪昇兴奋不已，他回到住处便开始创作《沉香亭》传奇。这便是《长生殿》的第一个版本。《沉香亭》创作于1673年。

《长生殿》有三个版本，第一个就是《沉香亭》。写成《沉香亭》到北京给好友毛玉斯看过后，谈自己的感觉说《沉香亭》"排场近熟"。于是，几年后洪昇便"因去李白，入李泌辅肃宗中兴"，将其改名为《舞霓裳》，这是《长生殿》的第二个版本。在经历十余年的演出流传之后，洪昇"后又念情之所钟，在帝王家罕有，马嵬之变，已违凤誓，而唐人有玉妃归蓬莱仙院、明皇游月宫之说，因合用之"。再次修改，并将其剧名改为《长生殿》，"盖经十余年，三易其稿而始成，予可谓乐此不疲矣"。最终形成了第三稿《长生殿》。

故事中的"沉香亭"建于唐代，因亭子是用上好的沉香木所造而得名。沉香亭在长安城兴庆宫龙池东北角，亭子常年散发着淡淡香气，唐明皇和杨贵妃经常在此听音乐、赏歌舞，饮酒作乐，是个奢靡娱乐之所。如果不当皇帝，李隆基可能是个很好的艺术家，不只是诗写得好，而且在音乐方面造诣也很深厚。如果不当贵妃，杨玉环也可能是个出色的伶人，她不仅貌美，且多才多艺，精通音律，会弹奏多种乐器，擅长唱歌和跳舞。

天宝二年（743年）春天，一个温暖的下午，一觉醒来的唐明皇提议去沉香亭赏牡丹。这恰是牡丹花开的季节，满园春色，嫩草鲜花，让人蠢蠢欲动。然后，召人请杨贵妃一起赏花沉香亭。

《太真妃传》记载："上皇登沉香亭，召太真妃子。妃子时卯醉未醒，命力士从侍儿扶掖而至。妃子醉颜残妆，鬓乱钗横，不能再拜。上笑曰：'岂是妃子醉，真海棠睡未足耳。'"

杨贵妃心情很好，陪着唐明皇来到了沉香亭内悠然赏花，四周弥漫着牡丹的芬芳。宫廷乐师李龟年指挥着乐手们演奏，还有歌姬在伴唱。熟悉的旋律，熟悉的曲子对于耳熟能详的皇帝和贵妃来说，已渐渐失去了新鲜感。

李隆基不禁心生厌倦，对乐师李龟年说："旧词老调，听起来有些乏味了。能不能谱些新曲、作些新词？老调重弹，来点新鲜的。"

一边的杨贵妃灵机一动，提出了一个建议："既然陛下想听新曲新词，何不邀请大诗人李白来作词呢？他的诗才横溢，举世闻名，定能写出令人耳目一新的词句。"李隆基闻言，觉得这个主意甚好，于是下令李龟年前去寻找李白。

此时，李白正沉醉于酒楼之上。李龟年找到他时，他已是酩酊大醉，神志不清。李龟年传达皇帝诏令，李白根本听不明白。在众人搀扶下，他才被扶上马车，缓缓驶向沉香亭。

李龟年心中忧虑，恐皇帝与贵妃降罪，遂先行奏报：李白酩酊大醉，此刻恐怕无力创作新词。李隆基闻言却展颜一笑，挥挥手道："'李白斗酒诗百篇'天下皆知，他醉意醺醺，正是笔墨淋漓尽致之时，要的就是这个火候。传他进来，正可趁醉挥毫。"

李白被搀扶到沉香亭上，坐下后，就让旁边的大臣脱鞋，说要松快一下。皇帝对一旁的高力士说，你给他把靴子脱了。然后，皇帝命李白写新诗，李白似梦似醒，挥笔而就。这就是后来天下闻名的《清平调》，共三篇：

其一

云想衣裳花想容，春风拂槛露华浓。若非群玉山头见，会向瑶台月下逢。

其二

一枝红艳露凝香，云雨巫山枉断肠。借问汉宫谁得似，
可怜飞燕倚新妆。

其三

名花倾国两相欢，长得君王带笑看。解释春风无限恨，
沉香亭北倚阑干。

三首诗一写完，四座皆喜。其一，以牡丹花比杨贵妃的美艳；其
二，分别以云雨和嫦娥来比喻杨贵妃的受宠与美艳，把她的美貌置于
云雨之中，嫦娥之旁；其三，说见到杨贵妃这样的美女，天子都醉了。
全诗构思精巧，辞藻艳丽，将花与人浑融在一起写，描绘出人花交映、
迷离恍惚的景象。

李隆基大悦，举酒杯让大家痛饮。李龟年稍调琴瑟，一支优美的
新曲配上李白的新诗，动听的《清平调》便流淌出来。沉香亭掌声响
起，兴之所至，唐明皇也拿起玉笛伴奏，李龟年边弹边唱，贵妃也在
沉醉中翩翩起舞。

李白得到了唐明皇的赏识，随即"供奉翰林"，主要任务是给皇
上写诗文娱乐，陪侍皇帝左右。唐玄宗每逢开宴或郊游，李白便侍从。
此后，他一直在皇宫内陪伴，也因此得到了无数赞誉。在宫廷陪王伴
驾一年多，突然，李白失宠了。

李白失宠，原因很复杂，但主要还是其豪放性格和无拘无束、不

拘小节的行为造成的。一方面他豪饮成性，放浪不羁，酒不离口，饮酒作诗，提笔成文。酒一喝便没有规矩，口不择言。皇帝贵妃起初喜欢李白的原因，大体上是出于对其才华的认可。还有一部分原因是出于好奇，觉得醉酒的李白好玩。在皇帝面前没有人像李白这样不分尊卑大小，敢作敢为。这样的行为在短期内可能还有新鲜感，但是时间一长，却令人厌烦。特别是杨贵妃后来对李白更是嫌弃，因此，在唐明皇面前就不会有好听的。

另一方面，李白又直来直去，敢说敢做，也确实得罪了一些人。有些人，如唐明皇的心腹高力士等人，本就讨厌这样的人，碍于皇帝的宠幸，只是隐忍着，一旦有机会便会奏上一本。高力士说话的机会远比李白多，而且他的话在皇帝面前的分量也是李白无法比拟的，稍恶一点，就可以杀人。不只是一个高力士，还有许多皇帝身边的人都看不惯李白的做派。这些人都位尊权重，官员大臣之间的关系非常复杂，互相都充满了防备之心，可李白却简单直接，有话直说，有意见便提，不属于任何一帮一派，他自诩"遭逢圣明主，敢进兴亡言""长揖蒙垂国士恩，壮心剖出酬知己"，这让李白成了权贵的共同敌人，一起绞杀，断然是没有好下场的。在被排斥、冷淡之后，李白才意识到："君王虽爱蛾眉好，无奈宫中妒杀人。"

此时的李白已经人到中年，四十四五岁，被逐出皇宫。但他依然本性不改，饮酒、作诗，行走天下，广结朋友。

李白不得志、不如意的现状恰似洪昇被逐出洪园后的处境。在多次出游中，洪昇都是以李白自居，以李白自勉。李白一生，壮志未酬，抱负难展，洪昇则鲜有顺遂之时。李白晚年，落魄潦倒，与洪昇被逐出洪园后的凄凉相似。跨越千年，洪昇对李白的不幸遭遇感同身受，共鸣之情油然而生。

所以，当严曾燊建议洪昇把李白的事写成传奇的时候，洪昇怦然心动。他仿佛看到了李白孤独的身影，在月光下徘徊，吟咏着悲凉的诗句。洪昇能够真切地感受到李白内心的苦闷和无奈，那种怀才不遇的痛苦，让他倍感熟悉。

于是，1673 年的冬天，洪昇写出了《沉香亭》。

在洪昇的《沉香亭》创作之前，已有关于李白的传奇，即明代戏剧家屠隆（1542—1605）所写的《彩毫记》。《彩毫记》写于明万历二十六年（1598 年）。全剧共 42 出，是根据《旧唐书·李白传》中的记载而创作的。"彩毫"之说，源自李白在被放逐到夜郎告别妻儿时的一句话"思量一生，都被这管彩毫作祸"而得名。

《彩毫记》的故事是围绕着李白坎坷曲折的人生遭遇而演绎的。李白因绝佳的文采诗才远近闻名，被唐明皇李隆基召入宫中，陪王伴驾，得宠于皇帝、贵妃。但在沉香亭酒醉写《清平调》时，非要内侍高力士为他脱靴，而得罪了高力士。于是，高力士拨弄是非，在皇帝和贵妃面前频进谗言，使李白失宠被逐出宫廷内院。而后，李隆基的儿子永王李璘反叛作乱，李白因为写过恭维李璘的诗《东巡歌》，被牵扯进来，遭流放夜郎处置。

在屠隆所写的传奇作品中，基本都是把自己的经历写进剧作，作品中的人物和事件仅仅是一个附着物，他的主要目标是"借题发挥"，写自身。尤其是这部《彩毫记》被认为："屠长卿作《彩毫记》，以李太白自命。"（焦循《剧说》）屠隆是以李白的故事为由头，写的是自己。虽说，剧中的李白是正生，李白夫人许氏为正旦，但实际上，真正的主角却是他自己。也就是说，屠隆的主要关注点在个人的命运与经历，将自己的一生融入了李白的坎坷命运中去写。

洪昇在创作《沉香亭》时，仔细地研读了屠隆的剧作，虽然有些事件避开了《彩毫记》的影响，但把个人的命运融入剧作中的创作方法却对洪昇产生了影响。因此，《沉香亭》中的李白便在某种程度上附着了洪昇自己的境况与感受。

《沉香亭》是以李白在沉香亭里为李隆基和杨玉环作《清平调》三首的故事为起点，写他被逐出宫廷后的坎坷命运。

由《沉香亭》传奇可以看出，洪昇剧作中涉及了唐明皇李隆基和贵妃杨玉环，但叙事焦点却在李白，写的是李白的经历。

其次，写李白，本质上也是在写洪昇自己。李白的坎坷命运，特别是失宠后的经历，与洪昇长期不得志的遭遇有着相似之处。在《沉香亭》中所展现的李白形象，是一个孤独的灵魂在茫茫人海中的漂泊，这与洪昇多年来的行走与在各处的遭遇感同身受。特别是洪昇从京城落寞回家，又被父母从洪园赶出家门后不知所措的处境，与李白的迷茫失落，有着显而易见的相通之处。剧作中那种对未来的不确定感，其实正是洪昇自我命运的一种表露。

他准确地捕捉到了李白的心境，那种失意迷茫、不得志的哀伤。从李白身上，他看到的是自己的影子。写李白的痛苦和无奈，也是在写自己对命运的无力感。因此，《沉香亭》虽然是个一千年前的唐朝故事，却也是千年后的洪昇命运。

写《沉香亭》时洪昇是很畅快的，几乎是一气呵成。他无须过多地揣摩李白的心态与思想，从某种意义上说，洪昇自己与李白精神上是相通的。"照着自己写人物"是这部传奇的最大特点。千年后的才子写千年前的才子，失意文人写失宠诗人。

洪昇在完成《沉香亭》后，满怀期待地拿给朋友们欣赏。这部作品以其独特的艺术魅力和深刻的思想内涵，特别是李白失宠落魄一段写得极为感人，作品迅速赢得了朋友们的赞扬。他们不仅被剧情所吸引，更是对洪昇在戏曲创作上的才华赞叹不已。

随着作品的传播，不久之后，就有戏班开始排演《沉香亭》。看《沉香亭》成为许多人的热门选择。《沉香亭》在钱塘一带的上演，无疑为洪昇带来了更多的关注和认可。一时间，无论是文人雅士还是普通百姓，都对这部作品充满了兴趣，纷纷走进戏楼观看。

《沉香亭》的成功不仅为洪昇带来了名声，也给他带来了实质的收入。这份收入对洪昇来说，不仅改善了他的生活条件，更是对他艺术创作的极大鼓励。在获得物质支持的同时，洪昇也感受到了社会对他的认可，这无疑激发了他继续在戏曲创作道路上前行的决心和勇气。

洪昇心情大好。他是好饮之人，约上几个好友，经常在一起聚饮，谈诗论文。一段时间里，《沉香亭》成为大家谈论的焦点。这时，洪昇与沈丰垣、徐逢吉以词相唱和，表达出此时的他已经部分走出了心里的阴霾。

他写的几首词作都颇为精彩，《南乡子·薄倖》："听得管弦声，阵阵春风出画屏。残睡薷腾梳洗懒，多情暗里娇波转不停。别后隔重城，夜夜红窗一点灯。待握彩云飞又去，无成，错被人呼薄倖名。"

《忆难忘·有赠》云："月黑灯红，怪春云一片，闪出花丛。衣香吹不散，步履响无踪。舒玉手，捧金钟，有多少从容。最怕他，挑人眼色，笑里歌中。珠帘花雾濛濛，惹贪欢鹦鹉。藏钩中宛曲，避酒惯玲珑。珠露冷，滴新桐。愁夜寂筵空。愿化成，留仙裙带，早趁东风。"

这时，洪昇与好友汪鹤孙通信比较多，汪鹤孙此时被选为"庶吉士"之职进京，洪昇与其互赠诗词、互通书信。自然也将自己心里的苦闷和家难之事委婉与之倾诉。但显然，他的心情已经比较平静了，因而有《喜汪文远授太史，兼述近状，却寄，三十二韵》等佳作问世。

就在这一年，洪昇又迎来了另一个喜事，二女儿之则出生了。这个孩子的出世让洪昇兴奋了好一阵子，29 岁得此女，29 岁完成了《沉香亭》，这差不多是个双喜临门吧。

四处奔波的劳碌，世态炎凉的磨难，经济的困顿，因喜事的到来而暂且搁置。

外公黄机正忙于迁葬之事，穿梭在杭州的烟雨之中。黄机对洪昇的才华赞赏有加，但他也看到了现实生活的重压。随着两个曾外孙女的降临，生活的负担越发沉重，黄机觉得，或许带着洪昇一家北上，前往天子脚下的都城——北京，会是更好的选择。毕竟，在都城，机会总是多一些。

《沉香亭》的热潮渐渐退去，洪昇也清醒地认识到，随着热度的消散，新的生活负担也随之而来。他一个人好办，可现在却是四口之家，靠他菲薄的、朝不保夕的收入是不可能养活一家人的。他心中也萌生了北上的念头。

洪昇深思熟虑之后，决定再次携家眷北上京城。那里有外公黄机、舅父及其他亲友，还有众多故交。重返京城，意味着他可以重回国子监，继续监生的生涯。监生这一身份，能为他带来八块银圆的津贴，虽不足以完全解决吃饭问题，却不至于饿殍于市。这对于他来说，无疑是一种诱惑。

在杭州的最后一个夜晚，洪昇独自一人漫步在西湖边。月光洒在湖面上，波光粼粼，如梦如幻。他想起了《沉香亭》中的李白，心中涌起一股难以言说的情感。

第二天，洪昇带着家人，踏上了前往北京的路。

船只缓缓启动，窗外的风景逐渐变得模糊。他心中充满了期待。他不知道，重返北京，将是什么样的生活。

第 09 章　享誉京城

1673 年的初冬，洪昇携家眷自杭州启程，踏上了通往北方的漫漫长路。

随着逐渐远离温润的江南，寒意渐渐侵蚀了每一寸肌肤。这一路上，他们或是乘舟穿行于江河之上，或是驾车颠簸于崎岖小径，或是骑马慢行于广袤原野。走走停停，历经近三个月的艰辛，终于抵达了北京。彼时，这座古老的城市已悄然迎来了初春的曙光，万物复苏，生机盎然。

1674 年的京城初春，寒风与暖阳交织。春天的花朵已然绽放，然而天气变幻莫测，时而寒冷，时而温暖。干燥的空气中，尘土时常随风起舞，像是在为这个古老的城市增添一分独特的韵味。

抵达北京后，洪昇的妻子黄蕙带着两个年幼的女儿前往外公黄机家居住。此时，黄蕙的父亲也在京城任职，经常到黄机家探望，黄蕙和孩子们的到来，也算是黄家的团聚了。孩子和妻子衣食无忧，洪昇也就放心了。

稍作休整之后，洪昇便前往国子监，希望能回到国子监重拾监生身份。跑前跑后，总算征得了祭酒的同意，又做回监生。

洪昇重返国子监，身份恢复，但内心依然无依无靠，忧郁无助。走在熟悉的走廊上，每一步都显得如此沉重。他试图让自己融入这个曾经熟悉的环境，但内心的孤独和迷茫却像一道无形的墙，将他隔离在人群之外。

看着周围那些或忙于读书，或时常出入官府内外的监生们，他并不感到有多么热闹。这些前途无量的富家子弟们似乎都有着自己的目标和方向。而他自己，却仿佛迷失在人生的十字路口，不知道该往哪个方向去。

显然，回到国子监只是找个暂时的落脚点，他的目的并非在此。

天伦之变，如同狂风暴雨，让他失去了家园，亲人在洪昇的生命中有着至关重要的地位，失去他们就像抽空了他的底气。他像一个弃儿，没有了家，就没有了依靠，走到哪里都是空落落的，得不到抚慰与温暖。

现实生活让往日的豪情壮志遭受到了挫败。在这个前途难料、未来无望的时候，能够让他提起精神的就是有人多给他提供一些生计。他仿佛置身于茫茫大海中的孤舟，漂泊无依。如同重重迷雾，将他困于其中，让他感到心如死灰，情绪跌入了深不见底的低谷。

北京的朋友们还在，能够真正帮上忙的人却不多。他把自己的诗作、传奇拿给大家读，一方面是交流，另一方面他渴望通过自己的作品打通一条被认可的通道。

或许命运在这个时刻转了一个弯，让洪昇也转运了——他结识了李天馥。

李天馥，生于 1635 年，比洪昇大 10 岁。号容斋，字湘北，原籍庐州（今合肥）。清顺治十四年（1657 年）考取举人，次年成为进士。历任庶吉士、检讨、少詹事、工部尚书、刑部尚书、兵部尚书以及吏部尚书等要职，以其清廉和才学著称。后于康熙三十一年（1692 年），被授予武英殿大学士。李天馥学问和品行都口碑极佳，著有《容斋千首诗》《容斋诗馀》等著作。

李天馥看到洪昇的诗极为欣赏，大赞道："武陵洪昇文大奇，穷年著书人不知。久工长句徒自负，持出每为悠悠嗤。一朝携之游上国，寂寞无异乡居时。我得把读急叫绝，以示新城相惊疑。此子竟做尔馨态，得未曾有开宝遗？立格动辄讲复古，无怪不合今时宜。杜门风雅恣扬扢，昔之市隐非君谁？"（《容斋千首诗·送洪昉思归里》）

李天馥真心喜欢洪昇的诗词，赏识其才华。他把洪昇请到家里畅谈良久，越谈越觉得洪昇是个奇才，没有被发现是个巨大的损失。

李天馥问洪昇在做什么，洪昇长叹一声，把自己的家难在外，未遇机会落难之事和盘托出。李天馥很是意外，以洪昇的才华应当有更大的作为，如何这样落魄？便对洪昇说，如果不嫌弃，就在我这里住下，我们也可以常谈诗文。

洪昇后来在自己的《稗畦集·旅次述怀呈学士李容斋先生》中对这段生活有过深切的怀念：

儒生不可为，伤哉吾道否。伏处淹衡茅，客行困泥滓。茫茫六合间，眷顾谁知己？朝有贤公卿，庐州李夫子。殷然吐握怀，愿尽天下士。昇也入长安，栖遑靡所依。投公一编诗，览罢辗然喜。揄扬多过情，光价顿增美。情专爱无倦，高馆延我住。出则后车载，食则四簋具。往往坐宵分，篝灯论词赋。恩遇日以深，漂蓬忘流寓。只缘脱略性，苦被时俗妒。赖公砥中流，直道屡周护。回思谒公时，数语真绸缪。谓子富诗卷，令名足千秋。何需博世容，区区为身谋？誓当佩名训，努力励前修。三复长叹息，感激涕泗流。

从这段文字中，我们可以看出洪昇感触最深的几件事，就是李天馥真诚的识才、荐才、护才。

李天馥有意把洪昇引荐到京城的文人圈子里，经常在众人面前对洪昇大加赞扬，推介洪昇的诗词，让更多的人认真阅读洪昇的作品。洪昇的名声一时大噪。很快，洪昇在京城的文人圈子里焕发出耀眼的光泽，成了一颗闪亮的新星。

李天馥还多次在自己的家宅里组织聚会，京城的达官贵人和文章名流都应邀而至，气氛热烈而庄重。每每这时，李天馥都要请洪昇现场赋诗、作词。显然，李天馥的用意是把焦点转向洪昇，有意向"名士半东南，触目皆琳琅"的宾客们推介洪昇。

洪昇也常常会诗兴大发，当场赋诗。他是率性之辈，饮酒过后，常常诗性萌动，灵感勃发。诗句如行云流水，意境深远。特别是洪昇的五言诗、七言诗让人耳目一新，他的才华和独特的风格在临场之时表现杰出。李天馥常在这时略作点评，便让大家啧啧称奇，大加赞赏。

自然，洪昇的才华也引来了忌妒、排斥，甚至是诋毁和攻击。正如洪昇在诗中所言"只缘脱略性，苦被时俗妒"。在这点上，洪昇的确与李白有相似之处，他说话直截了当，对自己的才华也毫不掩饰，得意时纵酒赋诗，豪放不羁。这不仅会得罪一些人，同时也让另一些人感到不舒服。因此，诽谤、嘲讽、造谣者皆有。

重阳节时，李天馥城南举行宴会。酒酣耳热之际，洪昇突然落帽长啸，声音洪亮，震撼了在场的每一个人。四座之人被洪昇的举动弄得莫名其妙，目瞪口呆，不知道该如何应对。这其实是很失礼的一件事，也是很疏狂的行为，但李天馥却并不介意。他依然面带微笑，频频敬酒，替洪昇遮掩过去。

事后，李天馥为了平息一些人对洪昇的非议，做了不少解释工作。他处处表现出对洪昇的回护之意，认为洪昇的豪放不羁正是他独特的魅力所在，也是他诗词创作的灵感来源。李天馥的回护和支持，让洪昇感到温暖和安慰。

然而，洪昇逐渐发现，他的疏狂行为并不是招来非议的唯一原因。在他的身上，还有更加不合时宜的东西，那就是他的性格和思想。他的性格直爽豪放，思想独立自由，与世俗的人际关系和习惯不同。这其实与洪昇从小养成的超然物外的性格和特立独行的思想有关，这让他在文人圈子中显得与众不同，也让他成了一些人的攻击目标。

在洪昇最困难最苦闷的时候，李天馥接纳了他，觉得他是一个才华横溢的文人，不仅赞赏他，还给在困顿中的洪昇提供了住所。在李天馥的家里，不仅满足了洪昇的吃有食、出有车马、穿有衣的物质需求，还在精神上得到了抚慰与交流。

李天馥鼓励洪昇面对挫折勇敢追求，明确指出，追求的并非世俗的功名利禄，而是文章才学的卓越。他告诫洪昇，应该致力于丰富自己的诗卷，追求足以流传千秋的美名，而非仅仅为了个人的世俗荣耀。

这些真诚的话语让迷茫中的洪昇清醒过来，他意识到自己一直在孜孜以求的入仕为官、功名利禄都是没有意义的，只有才学与精神的富足才是应当追求的。李天馥的鼓励让洪昇感到自己得到了一位知己。真挚的友谊，驱散了他心中的孤独感。

李天馥对洪昇的赞赏和推崇，不仅源于洪昇的才华，更因为他看到了洪昇身上的独特品质。认为洪昇在繁华的都市中，却能保持一颗隐士般宁静淡泊的心，这种品质在纷繁复杂的世界中显得尤为珍贵，他称赞洪昇为"市隐"者。他称赞洪昇的诗词作品，认为洪昇真正领悟了杜甫诗歌的精髓，他的作品既有杜甫的忧国忧民之情，又有自己独特的艺术风格和思想深度。

李天馥的辩护和推崇，对洪昇来说是一种巨大的支持和鼓励。在他的帮助下，洪昇得以在京城的文人圈子中立足，并一时名声大噪。李天馥的赞誉让洪昇深感温暖，他有时"三复长叹息，感激涕泗流"。

李天馥还把他推荐给大诗人王士禛。王士禛读到洪昇的作品很惊喜，赞叹不已。认为他的作品有着独特的书写方式和特立独行的风格，这在诗坛上比较少见。李天馥趁机向王士禛推荐洪昇，请他收洪昇为学生。王士禛高兴地应允。从此，王士禛与洪昇以师生相称，经常在一起谈论诗词，在王士禛的指导下，洪昇的诗歌创作水平得到了更进一步的提升和发展。

王士禛（1634—1711），世称王渔洋，山东新城人，是清初诗坛领袖级人物。王士禛学养深厚，是诗歌大家，在诗歌创作与诗歌理论方面都有很大的成就。一生著述达 500 余种，诗作 4000 余首，有《渔洋山人精华录》《蚕尾集》《池北偶谈》《香祖笔记》《五代诗话》《精华录训纂》等数十种著作传世。

洪昇结识王士禛时，王士禛任户部郎中，位高权重，是清廷的重臣。这对洪昇多少也是一个帮助。

在王士祯的学生中，他比较得意的有两位，一位是吴雯，一位就是洪昇。他认为这两个学生最为突出。而洪昇所展现出的谦虚好学，又不盲目追随，独立思考的精神更得王士祯的喜欢。王士祯不只是洪昇的老师，他们还有超越师生关系的友谊。

洪昇在北京的收获很大，除了结交了众多好友，得到了李天馥的帮助，拜了王士祯这样的大家为师，另一个收获就是在杭州完成的传奇《沉香亭》也被京城的戏班演出了。这对他来说也是一件大事。

演出那天，洪昇邀请了众多朋友前来观看。这既是一次演出，也是一次聚会，更重要的是，洪昇希望朋友们给这部剧作提出修改的意见。自然，朋友们对这部传奇赞扬有加，也有提出一些有价值的意见，促使洪昇最终重新修改的人是他的好友毛玉斯。

毛玉斯看过洪昇的剧作文本，也看了演出，提出了《沉香亭》"排场近熟"的意见。

这主要来自三点，一是大多数人都熟悉李白的经历，诗歌天下第一，狂放性格也是天下第一，行为不拘小节，得宠又失宠，纵情天下。二是从洪昇《沉香亭》中可以感受到作品深受屠隆《彩毫记》的影响，围绕着李白写宫廷，其剧作情节与人物有《彩毫记》的影子。第三点也是来自屠隆的影响，就是洪昇把自己的经历与自我感受过多地加进了作品中，使得观者不只是看到了《彩毫记》的影子，熟悉洪昇的人还在作品里看到了洪昇的影子。

也就是说，《沉香亭》过多地表现了自我。而更重要的是，作者一旦过多地参与到作品中来，就会失去客观性，主观的意愿常常让客观现实变得扭曲而不真实，这其实是艺术创作比较忌讳的东西。同时，《沉香亭》过多地参考《彩毫记》的内容与回目，也让人觉得似曾相识。因此，这个剧作并不完美。

这个意见说到了点子上。《沉香亭》写李白的个人遭遇很生动，但不大气。或者说，视野并不开阔。从唐明皇这个时期的唐代社会的状况看，李白的境遇应当放在更大的社会现实中去表现。与李白个人的坎坷经历相比，此时的唐代宫廷帝王与妃子的糜烂生活，权力斗争，以及官员的腐败，安史之乱的社会动荡，国家与个人命运的纠葛，都比过于自我的叙事分量更重，也就具有更为普遍的社会意义与价值。李白作为一个文人，如果仅是因为其行为的狷狂而造成命运的不济，那也仅仅是个人悲剧，没有超出自我的天地。如果故事的背景或重点放在广阔的社会层面去表现，就会超越个人狭小的命运叙事，而具有了更高的认识。

这个意见让洪昇豁然开朗。长期以来，洪昇都在个人前途的自怨自艾与现实的重压下生活，他的目光和思考也是围绕着个人命运在转。此前，为了生存，洪昇写过许多传奇作品，但每一部都没有产生过大的影响，只是在小范围内有演出，基本也都是围绕个人的坎坷曲折的经历来写，而作品中多为洪昇自己的经历和家族中其他人的一些故事。这些故事深究起来，也都是围绕着自我感受来写，没有更开阔的思路和更高度的思考。因此，作品总是没有太大的普遍意义。

所以，毛玉斯的这个醍醐灌顶的意见给洪昇打开了一扇窗，让他一下看到了《沉香亭》以及此前许多作品的真正问题。

于是，洪昇决定重写《沉香亭》："因去李白，入李泌辅肃宗中兴，更名《舞霓裳》。"(《长生殿·例言》)去掉李白的故事，专写唐明皇与杨玉环的故事，通过写李、杨爱情来写唐代宫廷的权势斗争，写安史之乱下的命运。这就是《长生殿》的第二个版本《舞霓裳》的来历。

第10章　父亲出仕

洪昇在京城声名鹊起，生活有了一些起色的时候，杭州的洪家也发生了一些变化。最明显的变化就是洪昇的父亲洪起鲛决定为清朝政府做事了。

洪起鲛一直抱定"明臣不做清官"的信念，不与清廷合作，亡国之民不能为新朝之子。这个信念他很长时间都坚定固执地信守着，从没放弃过。不与清朝合作的底气来自洪家祖祖辈辈积累下的殷实家业，家大业大，不愁吃穿用度。祖上之所以能够清高是因为有稳定的收入，有历朝历代官府的照料与特殊的政策对洪氏家族的荫护。

但是，当洪起鲛决定不与清朝合作的时候，改朝换代后的"满清"政权对历史上的明臣贤相的照顾与相应的政策也都随之发生了根本性的改变。不仅如此，不去朝廷做事，也就没有收入，仅靠原有的田产和家业积累是维持不了那么庞大的一个家庭支出的。坐吃山空，渐渐地，洪家的日常开销就紧张起来，洪起鲛已经感受到了家庭经济的压力。

自宋朝起，洪氏家族就以其功勋和学识闻名于世，被清朝政府视为名门望族。在清朝的政策中，洪家享有"以例授官"的特权，这意味着这个家族可以有一人直接被授予官职，而不必经过科举考试的烦琐程序。这种特殊的待遇是对洪家历代功绩的肯定，也是对他们在社会和文化上的重要贡献的认可。

可是，尽管清政府多次邀请洪起鲛出仕，希望他能进入朝廷任职，洪起鲛却始终不从。

洪起鲛不入仕当官，一方面是因为要坚守民族气节，明朝人不做清朝事，另一方面，他向往的是陶渊明那样的隐士生活，要超凡脱俗，要隐入民间，过自给自足的日子。洪起鲛在钱塘一带也是赫赫有名的"才绝时人，文倾流辈"名士，他"乐与竹林为友，有时莲社同群"。他有才华，愿意洒脱地生活在诗友与同好之间。他追求的状态不是高官厚禄、权倾一时的生活，而是逍遥自在。

但洪起鲛的处世哲学遇到了严重挑战。一方面，他身边的好友和经常往来的世家子弟们通过各种途径纷纷投入了清朝的官场，很多人都"变节"了，这对洪起鲛产生了一定的冲击。另一方面，他的不合作态度也被世人所厌烦和讥笑。如果清朝建立初期，社会不稳定，弄不清明朝会不会反扑，一切都不明确的时候，不合作可能是一种观望和坚持。但在清朝政权已经稳固，明廷已经彻底消亡的情况下，依然故我地坚守，可能就是不合时宜。最重要的是，洪家整体状况在大大衰落，各方面的实力每况愈下，已经大不如从前。在如此情况下，洪起鲛开始动摇了。

起较大作用的是洪起鲛的岳父黄机。1673年黄机回杭州迁葬之时，与洪起鲛有过一次谈话，也是动员他到朝廷里做事。那时，黄机在清廷任江右提都学政，并兼摄驿传事，有一定的建议权和话语权，这么多年在官场做官也有一些朋友和关系可以帮助洪起鲛寻觅一个合适的职位。

那一日，洪起鲛带着一些礼物，陪着妻子黄氏去看望岳父。黄机问了一些洪家的情况后，叹气说：

"洪家的家业已经大不如从前了，一大家子人都需要养活，可是进项却在减少。再加上众多的仆人杂役，偌大的洪园，开销都很大，而祖上遗留下来的产业也一点点地减少。没有天灾兵祸还勉强维持，可是，一旦有个风吹草动，就感到吃力。坐吃山空啊。"

洪起鲛沉默不说话，黄机就接着说：

"你这样也不是长久之计呀。现在昇儿在外面一直也没有机会走上仕途，还不知道什么时候是个出头之日。你们那些地、生意也没有太多的收入。我看你还是考虑到朝廷里谋个一官半职吧。别人求都求不得这样的机会，而你是人家请就是不去。以前你可以靠着祖上的积业，可是现在都快被掏空了。你得考虑这一家子人的生计啊。"

洪起鲛只是低着头，没有吱声。黄机又说：

"你到朝廷里任个职，就有了固定的收入，最起码可以贴补一下家用。孩子们一天一天长大，也都要成家立业，你得给他们做个样子。改朝换代是再正常不过的事了，朝代更迭是常情常理。《梁书·侯景传》不也说'假使日往月来，时移世易，门无强荫，家有幼孤，犹加璧不遗，分宅相济，无忘先德，以恤后人'吗？"

洪起鲛叹口气，突然说："岳父大人，这些我都明晓，这些年来一直也没有想通。现在我也想开一些了，不出去做事，养家糊口确实吃力了。这回听您的，我干了。"

黄机一听眉开眼笑地说："哎，这就对喽！读书人，为什么要读书？不就是要出仕为官，为朝廷干事吗？好好好，想通了就好！"

"可我，不想走太远，想在钱塘附近一带找个事做。"

黄机摇着头："既然要做事了，那就干好、干大，出门就要走得远一些。你看，现在我跟兰次的父亲彦博都在北京做事，兰次跟着我们爷两个，而洪昇现在也要在北京留下来，洪昌跟着也要去。我看，你干脆也到北京，咱们两家就都到北京会合了，互相还有个照顾，挺好的嘛。"

洪起鲛犹豫："这个……我是想，离家近一些，还可以照顾一下钱塘这边的家业。"

黄机说："这也确实是个问题，这么大的一个家业需要照顾。这样吧，先不要定，我回京后，跟吏部打听一下，看有没有空缺，有没有合适的地方。你随后就先过去，一有空缺就补上，先干着，再找机会调整。钱塘这边的事，不是不能解决的，把大太太和二太太都留下，先管着，你稳定下来了，再说。你时常回来一下，也不是不行。"

洪起鲛点点头。黄机很高兴地说："你想开了，我心里也就豁亮了。我心情也就大好，来咱们喝上两杯！"

一家人为洪起鲛能出仕为官都很高兴。不过，多年没有远行，洪起鲛临行前还是有些依依不舍的。以前洪起鲛虽时有外出，但都在钱塘或福建一带，通常不会走太远。这次到北京是长途，一方面他对家有些不舍，另一方面，对入仕当官之事虽有把握，但在未确定之前，仍是忐忑不安。前程不明，未来模糊。不知此行终将以什么样的结局示人。

那时，洪昇带着妻女正准备回杭州探亲，他并不知道父亲已经决定进京候缺。洪起鲛带着最小的儿子洪中令启程去北京的时候，洪昇恰好从北京启程，父子擦肩而过。

洪昇回杭州的原因是江浙一带突然大乱，他担心父母的安危，决定返乡去探望。

江浙大乱的原因是发生了"三藩之乱"。1673 年发生的"三藩之乱"是清朝影响巨大的历史事件，这次叛乱持续了 8 年之久，特别是叛乱初期造成的危害很大，许多无辜者受难，一些家庭受到冲击。

所谓"三藩"是指清朝的三个藩镇王，即平西王吴三桂、平南王尚可喜和靖南王耿精忠。这三个藩镇王原本是明朝的将领，后来在清朝建立后归顺清朝，并被封为藩王，负责镇守边疆。这三个藩王之所以会叛乱，原因是三藩的势力越来越大，控制的范围也越来越广。康熙皇帝担心这三个藩王的权力过大，威胁到中央政府的统治，决定削减藩镇的权力和势力范围。这引起了三个藩镇王的不满，吴三桂首先发难，宣布反清，其他两个藩镇王也相继响应。

"三藩之乱"期间叛军一度占领了大片土地，对清朝的统治构成了严重威胁。然而，清朝最终成功地平定了这场叛乱。吴三桂在战争中被杀，尚可喜和耿精忠也被击败。这场叛乱标志着清朝对边疆藩镇的进一步集权，也显示了清朝中央政府对地方势力的强大控制力。

特别是靖南王耿精忠的叛军，在福建、浙江一带的破坏性很大。战乱严重地影响到了百姓的生命和日常生活，而钱塘一带所遭受的灾难更大。洪昇得到的消息非常可怕，他担心父母家人们的安全，所以，在靖南王耿精忠起义以后，他迅速地返回杭州去探望父母。

父亲洪起鲛带着三弟洪中令从杭州去北京的时候，洪昇正急急忙忙从北京返回杭州，这样他们并未见上面。

回到杭州后，洪昇得知父亲带着弟弟已经去京城候补官职，见家里一切如常也就稍稍平静一些。不过，因为家难的影响还在，他没有在洪园住下，而是在外面找了一处暂住地。

此时，恰逢洪昇二弟洪昌（殷仲）过28周岁生日。因为洪昌与妻子和洪昇是在家难发生时一起被赶出家门的，所以，兄弟两个同病相怜，都有些怆惶凄然之感。兄弟聚到一起，让洪昇也想起了跟随父亲去北京的小弟洪中令，三兄弟本是相亲相爱在一起，但现在却不能相聚，让洪昇有些怅然。提笔写下了《念奴娇·殷仲弟初度，兼怀季弟在燕》一词：

露浓霜冷，叶纷飞，楼外寒蝉将歇。况是菊花堪酿酒，哪用长征桃核？健笔凌霄，高怀拨雾，年少真才杰。一声鸾啸，海天惊破秋月。回忆昨岁河桥，骊驹初唱，执手难轻别。纵有茱萸谁待插？不记登高时节。两地都愁，三人各瘦，鸿雁应能说。何当欢聚，乘秋共醉瑶阙。（收在蒋景祁《瑶华集》卷12）

在杭州的这段时间，洪昇见到了好友王晫，与他谈起在京城幸遇李天馥，得李天馥的赏识，由此结识了京城更多的文人墨客，让洪昇感慨万千。这时另外两位好友毛际可、方象瑛也因为躲避战乱在杭州隐居，几个人聚在一起饮酒、写诗、谈文，很是快乐。

朋友们提议洪昇把自己所写的五言诗、七言诗集结起来刊刻成书，以便流传。洪昇常年勤于写作，所积累的诗、词，还有传奇，数量庞大，需要精选，而他自己这时正在构思传奇《舞霓裳》，便有些犹豫。就说，等闲下来时再说吧。可是李式瑚、聂鼎元等人却说，这件事由他们代劳，不需洪昇自己来选，只要把原始稿提供给他们即可。这让洪昇感动不已。就在这个暮春时节，朋友们便开始编辑洪昇的诗集了，这便是他的第一本诗集《啸月楼集》。

1675年5月，洪昇的诗集《啸月楼集》编定，书中注明是由李式瑚、聂鼎元、汪鹤孙、柴震、沈士薰、张云锦、沈慧垣7人为其校对选编。

巧的是，此时已任清朝政府吏部尚书的外公黄机因有事，也在杭州。洪昇把选定的诗稿拿给黄机看。黄机用了几天的时间把全集看完，大为感慨，啧啧称赞，特别喜欢。于是，亲自为这本《啸月楼集》写了一篇序言，高度评价了洪昇诗歌的价值、蕴涵，对洪昇之才颇为欣赏。

黄机在给洪昇的《啸月楼集》所写的序中说："诗之为道，有关于世者也，岂仅写风云月露之文，为燕游酬唱之具哉。士君子读书稽古，有志斯世，无不宜致力于诗。穷而在下，则览山川歌谣风俗，以备辎轩之采；达而在上，则入朝奏雅，入庙奏颂，以黼黻太平之治；甚钜事也。世之作者，徒视为具文，其于兴观群怨之旨，温柔敦厚之意何居焉？余孙婿洪昉思，少负英绝之材，性耽吟咏，于古近体靡不精究；悲凉感慨之中，有冠冕堂皇之气。决其非久于贫贱者。自此海宇清晏，歌咏功德，非昉思孰任之？独念余备位有年，而材质薄劣，无以赞颂皇猷，退又无名山之藏。讽览斯编，不觉兴感，勉旃昉思，其无负学诗之训矣夫。"

黄机是清朝的高官，他一方面对洪昇的才学给予高度的评价，同时他又鼓励洪昇为清政府歌功颂德，要服务于清朝统治，把自己的才华用在维护颂扬清政权上。这个思想对洪昇此后的创作有很大影响。

虽然，靖南王耿精忠的叛军不时地骚扰，还有清军经过杭州时的不断惊吓，但在杭州的这段日子里，洪昇依然感到前所未有的轻松与愉悦。如诗如画的湖光山色自不必说，诗集《啸月楼集》编纂工作的完成，让他心中的一块大石终于落地。多年来，他一直梦想着能将自己的诗作结集成册，如今这个愿望终于实现了。更重要的是，在杭州的这段时间里，他的传奇创作也有了很大的突破。

利用这段时间，洪昇开始着手修改《沉香亭》。这次修改，对他来说，是一次巨大的自我挑战。他几乎是将整个故事推翻重来，进行了大幅度的删改。原本以唐代大诗人李白的故事为核心，现在被他巧妙地转变为以"帝妃爱情"为主线。

在修改过程中，洪昇多次陷入沉思。他思考着如何将这段帝妃之间的爱情故事描绘得更加深刻动人。他想象着宫廷的繁华与权谋，帝妃之间的情感纠葛，以及他们如何在历史的洪流中坚守爱情。这些思考，让他笔下的故事更加丰富，人物更加立体。修改工作虽然艰辛，但洪昇却乐在其中。

秋天到了，嫩绿的草木开始变得无精打采，伤感的时节也让洪昇想念起了兄弟。此次回杭州，见到了生母黄氏，也见到了"大母"钱夫人，但是却没有与父亲和三弟中令一晤，这是个很大的遗憾。

洪昇而立，二弟洪昌28岁，三弟洪中令25岁，三兄弟从小在一起读书、游戏、作诗，都是少小就有超出常人的文采。他们感情深厚，秋天愁绪，洪昇思念兄弟，便写下了《念奴娇·秋暮怀弟》：

　　　　金风驱雁，正重阳初过，篱开黄菊。回忆清秋征棹去，烟际晓江澄绿。不敢凝眸，强拚掩面，吞吐愁千斛。临岐挥涕，翻无一语相嘱。谁料北去燕台，经年契阔，难把归期下。自分有情多恨别，何况天涯骨肉。月白芦洲，霜丹枫岸，秋影飞孤鹜，关山迢递，梦魂谁伴幽独？

洪昇决定返回京城。

1675年秋天，洪昇启程了。继续他的国子监监生的生活。

他并没有急着赶路，而是走走停停。一路上他看到了因战乱而导致的民间疾苦，随处可见的苍凉之状，让他感叹不已："海内半青犊，梦中双白头。江城起衰角，风雨宿危楼。新鬼哭逾痛，老乌啼不休。国殇与家难，一夜百端忧。"(《一夜》)

随后，他经历了民间反清义军与清军的对峙和厮杀，尘烟不断，死伤无数，尸横遍野，他惊惧不已："家室仍多故，江山未罢兵。一舟悉旅泊，千里怯长征。鼙鼓连秦急，烽烟照楚明。北南形胜地，铁瓮此坚城。"(《过京口作》)

不过，此时的洪昇已经完全站在清政府的立场，对民间的反清运动持否定态度。他认为，所有的惨象均是由反清抵抗所引起的，并觉得这些斗争没有任何价值，反而为清朝政府的统治而担惊受怕。

第 11 章 冤情未了

在洪昇离开北京之后不久，候缺的洪起鲛便得到了一个职位。很快就带着洪中令去福建任职。

洪起鲛到福建担任的是什么职务，史料并没有记载。根据洪昇所写的诗作来推论，洪起鲛似乎任的是"学政""粮道"之类的"主事"衔官职。重要的是，洪起鲛任职的福建与江浙相邻，这满足了他经常回钱塘照顾家业的要求。即使他自己不方便回钱塘，儿子洪中令也可以经常两边跑跑，也就解决了后顾之忧。

但是，福建却是"三藩之乱"的重灾区，虽然洪起鲛最终还是到清廷补缺任职，但因为曾有过坚决不做清朝官的经历，所以，到福建没多久，就被叛军所关注，想拉其入伙造反。洪起鲛也是一个有原则的人，他哪里肯参与叛乱？可是，因为有人看到了叛军与其接触的事实，就奏上一本。

洪昇刚回到北京，父亲洪起鲛参与三藩之乱的坏消息便传来。让洪昇大为震惊。

洪起鲛被人密报，勾结叛军，为江南叛乱势力出谋划策，意图倾覆大清统治。这是在各地反清势力纷纷起事的情况下，清政府最为敏感的事情。洪起鲛被紧急召回京城，由吏部、刑部等多个官署联手审理。

在洪昇的弟弟洪昌的陪同下，洪起鲛踏上了前往北京的路途。一路上担惊受怕，战战兢兢，到达北京后，寄居在一座寺庙中，等待未知的命运。

洪昇在得知这一晴天霹雳后，心急如焚地赶到了父亲身边。父子三人相拥而泣，谁也没有料到，他们的重逢会是在如此悲剧的场景下实现。

与父亲的相见，恍若隔世。自家难以来，洪昇如同断线的风筝，再未归返洪园的怀抱，但对父母的思念，却如细水长流，绵绵不绝。此次重逢，以泪洗面，百感交集，心如刀绞。

他深知父亲是被人陷害的。在人际关系复杂、利益冲突不断的官场，不与某些人为伍，不跟从任何帮派势力，就是敌人。洪起鲛就这样不明不白地成了无辜的罪人，被人以莫须有的名堂告到官府，把他与江浙一带的叛军活动，尤其是与靖南王耿精忠联系起来，诬告他参与"三藩之乱"。

洪起鲛又百口莫辩。因为叛乱者的确找过他，劝他为他们出力，但洪起鲛拒绝了。不只是如此，叛乱者还强迫洪起鲛到军营见头目，虽然他依旧坚决不从，但又说不清，道不明。

在"满清"政府的眼中，与叛乱者勾结是十恶不赦的大罪。一旦罪名成立，轻则流放边疆，重则人头落地。"满清"政府的底线是，不合作可以宽恕，不担任清朝官职亦可以不计较，但反清复明、图谋倾覆政权则是绝对不能容忍的。一旦证据确凿，便是罪不容诛。

洪昇的心中充满了痛苦和无奈，他看着父亲，眼中充满了泪水，却无法改变命运的安排。他只能默默地祈祷，希望父亲能够平安无事，度过这场风波。

安抚了父亲的情绪之后，洪昇四处向朋友们求助。洪昇在京城多年，尽管未曾涉足官场，却广结善缘，尤其是与那些在官场上颇有影响力的文人墨客建立了深厚的友谊。他们常与洪昇诗词唱和，书画交流，情谊非同一般。此刻唯有借助这些朋友的力量，才有可能为父亲洗清冤屈。

洪昇穿梭于京城的大街小巷，拜访一位又一位官员，恳求他们施以援手。为了父亲，洪昇已经没有了往日那种傲狂之气，言辞中多了几分无奈与哀求，同时流露出对被诬的父亲的极度担心。

除了自己的关系，还有外公黄机，他已官至吏部尚书，在官场也有许多人脉。不过，不巧的是，此时的黄机不在北京，顾及不到。洪昇便以外公的名义四处找寻能够帮上忙的人。

经过不断奔赴、努力，他见到了负责这类案件的兵部侍郎李之芳。

李之芳（1622—1694）是山东武定人。他清正廉洁，为人直爽，颇得康熙的信任。各地反清势力风起时，康熙将其从吏部侍郎转命为兵部侍郎，委以重任，派往杭州"总督浙江军务"。在平定南方各地反清势力的过程中，李之芳立下了大功。1673 年，李之芳亲率大兵平定了耿精忠之乱。他对江南叛军的情况很熟悉，朝廷便把洪起鲛被人告发勾结叛军的案件交由李之芳来处置。

李之芳虽已经53岁，却依然精神矍铄，面色红润，声音洪亮。看上去就是个快意豪爽之人。他问洪昇："洪起鲛是你的父亲？"洪昇连忙说："是，是家父。"

"你要跟我说实话到底是个什么情况，不能遮遮掩掩的。有人告他与耿精忠的人聚会，谋划叛乱，这可是杀头的罪过。"

洪昇说："大人，就我对家父的了解，他万万是不会做反叛之事的。他在大清王朝建立之初确实是不愿意出仕为官的。他本是明朝的遗民，有这样的想法也是正常的。不只是他一人这样，许多人都是如此。但是，后来他想通了，就应承了官府的招募，到地方上任职……"

"这个我都知道，不用你说。我是问，他到底与叛军有没有过密会之事。"

"……这个，实话说，家父确实有过接触，但不是他主动去的，而是叛军派人找到家父，劝其为他们卖命。可是，家父没有答应啊。他是读书人，从小就教育我们'忠君报国'之道，他绝对不会做出违背良知的事。洪家历代都在朝廷为官，懂得'一马不鞴双鞍，忠臣不事二主'的为官之道，家父既然已经是清廷的地方官，效忠于我大清皇帝，断然不可能跟着叛军走的。我以头颅担保，他绝对不可能与叛军搅和在一起。这个气节他还是有的。家父虽没有与叛军直接翻脸，可是，也是明确表示决不参与反叛之事的意思的……"

李之芳盯着洪昇看了一会儿，怀疑地问："不对吧？要是那样，状告你父的人怎么说得有鼻子有眼？什么时间，什么地点，说了什么话，人家可是说得清清楚楚。而且，你父亲不只是这一次与叛军见面，他还去过叛军的军营，有这回事吗？"

洪昇吃了一惊，想不到诬告者这么阴险。不过，他事先已经问清楚了经过，很有把握地说："那是叛军强迫我父去军营的。去叛军军营就是想让他看看他们的声势，要说服家父跟从他们起事。"

"这谁说得清楚？你又不是你父亲，你怎么知道他是怎么想的？"

李之芳端杯做出送客的示意："等调查清楚了再说吧。"

这句话，让洪昇忐忑不安，他不能确定李之芳能不能同情父亲，但目前也只能等待时间的裁决了。

寒冬的脚步伴随着凛冽的北风悄然降临，而洪起鲛的案件却依旧悬而未决。如同悬挂在半空中的利剑，随时可能落下。他们被告知，在事情最终了断之前，洪起鲛不得离开京城，更不能随意走动，只能在住处等待。

弟弟洪昌陪伴父亲左右，寒冷的寺庙仿佛成了一座孤岛。父亲仿佛也对生活失去了热情，成了一尊沉默的雕像，低头无语。

除夕之夜，洪昇带着酒菜来到父亲身边，陪伴他度过这个特别的时刻。尽管他们三人身处异乡，周围弥漫着凄凉与寂寥，但因为亲人的互相陪伴，这个寒冷的夜晚也平添了几分暖意。在这孤独的寺庙中，他们用亲情的温暖，驱散了严寒，共同迎接新的一年。

一觉醒来，洪昇写下了一首《丙辰除夕》诗："昨岁逢除夕，他乡忘苦辛。班衣同弱弟，柏酒奉严亲。一送南天棹，孤羁北地尘。今宵家万里，灯下信伤神。"

春节一过，外公黄机便从杭州返回到了京城。他对洪起鲛的遭遇早已有所耳闻，春回大地之时，他也开始四处奔走，为女婿的事积极求情。他拜访了所有可能提供帮助的人，做了所有能做的事情。虽然案件一直悬而未决，没有任何明确的进展，但这本身也暗示着，这个案子或许并没有想象中的严重。

对洪起鲛来说，唯一不利之处在于，他必须继续幽禁于寺庙之中，无法外出，不能与朋友相聚，只能在孤独与寂寞中度日。这座寺庙，虽然为他提供了庇护，却也成为他的牢笼。

一直到第二年的秋天才有了一个清楚的意见：洪起鲛的案子暂不审理，回原籍等待处理。依然不是个结论性的结果，但至少可以走动了，也可以回家了。从1675年秋天，到1676年秋天，洪起鲛被迫在这个空旷而又寂寞的佛寺里挨过了一年多，虽有两个儿子的照顾，但精神的折磨无以言表。现在终于自由了，他立即就想返乡。

一得到消息，弟弟洪昌就急匆匆地找到洪昇，告诉他他们即将返回杭州，说父亲一天都不想在北京待下去了。洪昇赶到寺庙，对父亲说，他也想陪同他们一同南下，但父亲表示，案件尚未有结果，留一个人在京城可以多探听些消息。洪昇想回故乡，一方面是想一路上可以陪伴照顾父亲，可以缓和与父亲的关系，另一方面，他已经有一年多没见妻子了，也想回去探望一下。但是想到父亲的案件尚没有完全结束，放心不下，也觉得留在京城比回家乡作用会更大，就决定继续留在北京了。

洪昇将父亲送至运河码头，心中的悲伤如潮水般汹涌，难以自抑。他目送着船只缓缓驶向远方，直至成为天际一线，终忍不住双膝跪地，朝着父亲远去的方向，深深地磕头告别。此刻的他，泪流满面，心如刀绞，远去的船只，带走了他的牵挂与不舍，留下的只有无尽的思念与祈愿。

事后他写下了《送父六首》，其一："清秋八九月，天气凄以凉。

担囊送我父，扁舟归故乡。故乡三千里，道路阻且长。欲去不能留，怆然神内伤。叮咛告仲弟，汝行善扶将。父年就衰老，鬓发日苍苍。江湖有小涛，晓夜多风霜。劝父加餐饭，时复进衣裳。汝今幸同归，我滞天一方。忍泪不能语，思心转彷徨。"

凄然而悲伤。

第 12 章 《回龙记》

在经历了父亲洪起鲛被诬陷的事件之后，洪昇深深地感受到了命运的沉重与无常。他意识到，自己应当以笔为剑，创作一部现实题材的作品，以此来彰显洪家对大清王朝的忠诚与坚定。他希望通过文字的力量，传达出家族的清白和对国家的忠诚，让世人了解洪家的忠贞与坚韧。

就在洪昇构思这部作品的时候，一个人物意外地闯入了他的视野，这就是韩原睿。

韩原睿是福建建宁的六品通判，行使兵民、钱谷、户口、赋役、监督、狱讼听断等职责。他为官清廉、勤勉、忠诚，为人正直、善良。耿精忠叛乱时，福建是叛军的主要活动区域，韩原睿的全家都被困在闽中的战火之中。在这危急关头，他孤身一人逃出福建去搬救兵。他历经千辛万苦，抵达江浙一带。在那里，韩原睿四处奔走，联络各方力量，最终成功组织起一支平叛大军。他随同清军一同平定了叛乱，解除了福建危机，立下了赫赫战功。叛军被击败之后，韩原睿因对平叛有重大贡献，被清政府提拔为绍兴"从四品"知府。韩原睿的故事流传很广，其忠诚、勇敢和智慧，成了一段精彩的传奇。

这为洪昇的创作提供了新的灵感。洪昇决定将韩原睿的形象融入作品中，通过他的故事，展现出一个忠臣义士的形象，以此来表达洪家对大清王朝的忠贞不贰。

洪昇创作的这部传奇叫《回龙记》。"回龙记"之名源于韩原睿欲投水捐躯时被人救起的地方"回龙村"，也因"其子又于卧龙阁遇亲。故名回龙记也"。（董康《曲海总目提要》）

《回龙记》写于 1676 年 10 月。故事比较曲折复杂。讲述的是楚州文人韩原睿擅长诗词、书法，但家境贫寒。韩原睿的妻子姓季，性格温柔娴静，膝下有一子，名叫韩敬敷。

重阳节时，年过六旬的父亲韩至善、母亲易氏招集亲属们在韩家团圆、赏菊。正在大家亲亲热热，一派祥和地过节之时，韩原睿的表叔柳权突然来访。一家人热情招待柳权，柳权也不客气，上来就喝酒猜令。平时，这位柳权叔非常不孝，自己整日吃喝嫖赌，对年老多病的母亲不管不顾。一边喝酒，韩至善就一边直言不讳地批评柳权，你母亲生了你养了你，你不能置母亲于不顾啊。你不是没有能力照顾她，你是不愿意管，这可不对。柳权听了韩至善的话，非常生气，他反驳韩至善，多管闲事。随后骂骂咧咧地走了。

过了几天，柳权突然带着两个死党胡群和苟党来到韩家，二话不说，就将韩至善打了一顿，然后扬长而去。韩原睿体弱，父母怕这个可恶的柳权会再次报复，就让韩原睿出去躲躲。恰好这时正赶上科举考试，韩原睿便听从了父母的话，离开家乡去京城参加考试。但在途中生病，暂居在圣慈禅寺里休养。僧人半偈见韩原睿是个秀才，就请求韩原睿为方丈的"悟石轩"题字。韩原睿爽快地写了三个字。

恰巧，节度使张丕文被派往福建地区任职，路过圣慈禅寺，在此休息。方丈便在寺庙里为张丕文饯行。张丕文一眼看到了牌匾上清劲有力的三个大字"悟石轩"，非常喜欢。便问，这是谁写的？方丈答曰，是个赶考的秀才在此养病，请他写的。张丕文一听很高兴，请方丈将韩原睿请出来，一起饮酒。

张丕文是个识才的人，见韩原睿虽书生样，却气度不凡。就请他落座，两个人交谈起来，张丕文提议韩原睿即兴作诗。韩原睿也不客气，随即吟出一首："蛮方千骑拥高牙，把酒青门御柳斜。此去武夷山下路，春风开遍荔枝花。"

张丕文非常高兴，问了韩原睿家里的情况，就提议何不跟随自己去福建任职？可以留在官署中给自己当个助手。韩原睿感激不尽，立即答应。于是跟随张丕文重回故里。

一到建宁，韩原睿便急急忙忙地回家，向父母问安。把自己的经历一说，父母高兴得合不拢嘴，没想到儿子因祸得福。那位坏蛋表叔柳权听到消息，也厚着脸皮向韩原睿一家请罪，说自己错了。韩原睿只是笑了一笑，也并没有计较。随后，便带着妻子、儿子一起赴任了。

此时，闽中都督是虞自用。他专横跋扈，依仗兵权，残虐良善，为非作歹，残忍地对待当地百姓。张丕文刚到福建时就看到虞自用的参军贾多智随意践踏庄稼，便把贾多智叫到面前，十分严厉地教训了一顿。并让贾多智告诉虞自用，要整顿军纪，管束好手下，不要再做祸害一方的坏蛋。

然而，虞自用并不悔改，反而对张丕文十分忌恨，招兵买马，扩大自己的势力，意图反叛。韩原睿了解到情况后立即向张丕文报告。一见韩原睿，张丕文就说，我正要找你呢，有要事跟你商量。目前军费不足，给养欠缺，地方又贪占腐败，这样也不是个长久之法，我想裁减兵力，减少军饷，想听听你的意见。韩原睿认为，这样也不能从根本上解决问题，兵力减少，就会被已经图谋不轨的虞自用占了上风，会助长其恶势力的膨胀。张丕文却说，我已经下定决心一定要解决军费不足的问题，我给皇上写了一封密折，你亲自跑一趟京城，当面呈送给皇上。韩原睿立即动身前往北京。

这时，张丕文下令将虞自用的兵力和军饷都要减少一半。虞自用自然阳奉阴违，不听张丕文的命令，还假惺惺地请张丕文吃饭。在宴会上虞自用露出险恶嘴脸，一声令下将张丕文绑了起来，逼迫他投降一起反叛朝廷，拥兵自治。但张丕文哪里肯从，结果虞自用将张丕文全家抓起来，全部杀害。

虞自用派部将冯彪驻守仙霞岭，派张虎防守温台一带。韩原睿的妻子季氏听到这个消息后，非常惊慌，她写信给丈夫，告诫他不要自己送入虎口。此时，贾多智已经率兵包围了官署。韩原睿在回龙村接到家书后，决定尽忠，便投水自尽，但被吏役救起。韩原睿悄悄离开浦城，来到仙霞岭，遇到了冯彪，冯彪逼迫他投降归顺。韩原睿以死相胁，坚决不从，又劝冯彪不要跟着虞自用走上邪路，没有前途。虽然冯彪并没有听从韩原睿的劝告，却被他对朝廷的忠诚所打动，放他过关。韩原睿一走，冯彪也不干了，但他又觉得自己要是向清军投降也不会有什么好结果，就离开部队，逃走隐姓埋名了。

韩原睿的儿子韩敬敷在省试中取得了好成绩，正准备回家。听说父亲遭遇了困境，便告别爷爷奶奶，前往闽中地区寻找父母。这时，韩原睿已经到达了京城，先拜见了丞相宋皇巩，诉说了福建虞自用反叛图谋，以及节度使张丕文的遇难，请求宋皇巩迅速出兵剿灭叛军。宋皇巩立即上奏皇帝，朝廷派遣大将军郁通为统帅，韩原睿担任副帅，出兵福建。

韩敬敷寻找父母路过仙霞岭时被巡逻的叛军士兵抓获，带到虞自用面前审问。韩敬敷谎称自己名叫韦文方，只是路过此地。虞自用刚要释放韩敬敷，却遇到投奔虞自用到军中的柳权。柳权指认韩敬敷就是韩原睿的儿子。虞自用大怒，立即下令将韩敬敷处斩。一边的贾多智却建议不如放他回去见母亲，逼迫他写家书劝韩原睿投降。韩敬敷见到母亲后，悲痛地诉说了自己的遭遇，然后在夜间放了一把火，将房子点燃，带着一家人悄悄逃出了城。

贾多智率兵抵达榕城后，脱下盔甲与歌姬畅饮，醉倒在地。韩原睿的军队突然到来，大败叛军，将贾多智擒获，同时也将在军营的柳权抓住。韩原睿向将军郁通献计，把柳权放了，让他前去说服虞自用投降。大军包围了虞自用，在柳权的劝说下，虞自用不得不投降。

因平叛有功，皇上特别下旨，提拔韩原睿为绍兴太守。韩原睿上任三天后，前往卧龙岗的卧龙阁上香，恰巧妻子季氏和儿子韩敬敷也来许愿。全家人相见，悲喜交加。

朝廷为了表彰他们的功绩，召他们进京赐宴。韩敬敷在科举考试中获得了探花的成绩，韩原睿再次升任兵部侍郎，季氏被封为二品夫人。韩原睿的父亲韩至善被追封为与儿子同等级的官职，母亲易氏也被追封为二品夫人，儿子韩敬敷被任命为翰林编修。

这部《回龙记》一波三折，情节复杂，故事生动。有意味的是，作品中的一些反面人物使用了颇有所指的谐音，如叛军首领虞自用，即"愚自用"，贾多智即"假多智"，胡群即"狐群"，苟党即"狗党"。用这样的谐音是对叛军人物的嘲讽，同时，也表明了洪昇自己对反清势力的态度。

《回龙记》是一部表现现实生活的作品。此时，靖南王耿精忠已经被清军打败，耿精忠被活捉，许多被占领的土地获得解放，福建一带的叛乱基本平息。所以，洪昇的《回龙记》是以文学的方式反映这场平叛斗争过程的作品，人物虽然有些是虚构，但基本事实大体如此。

但由于其明确向清廷表忠心的意图，使得这部作品有着鲜明的政治倾向，与《沉香亭》《舞霓裳》《长生殿》等作品比较起来，功利目的就比较明显了。

第 13 章　天悲地恸

创作《回龙记》的时候，虽然靖南王耿精忠已经投降，但由耿精忠叛军引发的一些反清组织的活动却没有停止。

"三藩之乱"的余波尚未平息，甚至有一些地方还很严重。在民间存在着一些"反清复明"义士，不断举旗造反，声浪时起时落。许多原本暗地里活动的反清组织，这时也纷纷公开举起反清旗帜。反清抗清的斗争如潮水般汹涌，各地的义军雨后春笋般地涌现。

各地的动荡与烽烟让洪昇对父亲与弟弟牵挂不已。他担心他们归程的安全，担心路上出现什么差错。去年在返京途中，他就目睹了叛军给无辜百姓带来的深重灾难，战乱、杀戮、死亡在他眼前时常出现。

洪昇就是在这样的战乱中出生的，他的青春岁月，也在不断的叛乱和动荡中度过。这些经历，让他的内心经受了复杂的变迁。最初，受到祖辈和父辈的影响，他坚定地站在了与清政府对立的一方，怀揣着"反清复明"的理想，期盼着大明王朝的回归与重建。在那个时代，许多明朝的遗民都支持明军的进攻，希望恢复往日的荣光，洪昇最初也是这样想的，他坚决站在了明军一边。

然而，随着年岁的增长，尤其是当他开始尝试通过入仕参政来实现自己的人生目标时，他的态度发生了微妙的变化。他开始反思，开始从不同的角度去看待这场战争，以及战争双方。他的内心经历了痛苦的挣扎和转变，最终，他的立场发生了反转。

一方面，洪昇对战争的痛恨日益加深。即使是明军试图推翻清朝政府的进攻，他也坚决反对。他深刻地意识到，战争带来的不仅仅是荣耀和胜利，更有无数的痛苦和毁灭。他的心中充满了对战争的深刻反思，对和平的强烈渴望。这种内心的转变，让他的作品更加深刻，更加充满人性的光辉。在他的笔下，战争不再是英雄的赞歌，而是对人性的拷问，对生命的尊重。他感叹"万里妖云气，千家野哭声。朝来羽书下，主将又征兵"（《征兵》）的现状已经是民不聊生，渴望着战乱的早日结束。

另一方面，面对无法避免的反清斗争，洪昇对清朝政府的态度也发生了巨大的转变。原本坚定支持明军的他，现在完全倒向了清政府。这种转变，对他来说，是艰难的，也是必然的。周围的文人们都已经融入清朝政府的体制之内，包括他的外公黄机这样的知名文人在内，不仅认同了清朝的统治，而且在清政府内已经担任了要职。他认识到，大明王朝已经过去了，改朝换代是历史的必然。作为一个文人，"学而优则仕"正是他一生所努力的目标。不与新朝代合作就是与自己的命运抗衡，这完全不是洪昇自己想要的。

换一个角度，虽然各地依然不断有着反清斗争，但对于大局已定的清朝政权来说，稳定、秩序与发展也是必然的。他没有理由违背这样的时代潮流。

事实上，洪昇是渴望着能够有朝一日在清政府里谋得出路，他只是没有得到认可和起用而已。哪里还有"反清"之思？

渴望被赏识，也渴望着才华被发现，或许是每个文人都存在的梦想。但是，正如唐韩愈在《马说》里说的那样"千里马常有，而伯乐不常有"。洪昇多年来从南到北，漫无目的地云游，渴望得到清廷任用的愿望一直没能够实现。

从杭州回到北京后，洪昇没有再去李天馥家住。好友沈宜民非常欣赏洪昇，并喜欢他的诗，便邀请他到自己家吃住，洪昇欣然前往。沈宜民非常敬重洪昇，与其相处甚欢。不料，沈宜民突然去世，家人不得不将沈宜民遗体送回南方。洪昇扶灵痛哭，悲伤无限。一直陪送到潞河，眼望着沈家人坐上运河船启程。

或许是因为回京后仍旧是入仕无望而心情压抑，或许是因为不断地在京城、杭州之间反复奔走，他身体十分疲惫。从杭州回到北京之后，洪昇的身体一直欠佳，以至于后来病倒了，一病不起，心情更为沮丧。

病中收到了好友汪煜的来信，他说，他与顾永年、张孝友、汤又曾等几人到北京了。他们是到京城应试的，他们一起住在长椿寺，大家整日饮酒赋诗，好不快乐，希望洪昇兄也一起来。

读到汪煜的信，洪昇很是羡慕。病榻之上，他仿佛能听到窗外长椿寺的钟声，带着几分凄凉，像是在诉说着他此刻的心情。他想象着朋友们此刻可能正围坐在一起，饮酒作乐，欢声笑语。他们的笑声，像是一阵阵春风，吹过他的心头。他羡慕他们，渴望加入他们，但却无法动弹，无法离开这张病榻。

他在病床上，给几位好友写去一封诗简，诉说自己的病痛："谁言北地寒，毒热逾炎方。緊余抱沉痾，偃仰卧匡床。曲室无轻飔，流汗纷沾裳。苦遭蝇蚋聒，枕侧时飞扬。尘尾拂仍来，营营不可当。因思素心友，避暑楼禅房。应念尘中客，蕴隆毒肝肠。"（《夏日简张齐中、顾九恒、汪寓昭、汤西崖诸子》）

诗简充满了苦涩和无奈，也含着几分调侃。

在洪昇饱受病痛折磨，卧床不起之际，命运似乎并未因此而对他展现丝毫怜悯。就在这个艰难时刻，一场突如其来的悲剧，如同暴风骤雨般猛烈地袭击了他——他那仅仅 7 岁的大女儿，一朵还未完全绽放的花朵，一个生命之火刚刚燃起的孩子，竟然突然间被病魔夺去了生命。

消息从杭州传到北京，洪昇的心仿佛被无形的利刃狠狠地割开，悲痛欲绝。他放声大哭，泪水如决堤的洪水般汹涌而出："吾女真亡殁，终无见汝期。一身方抱疾，千里复含悲。""死生成永别，漂泊未归来。"他的声音充满了无尽的哀伤和绝望，每一个字都像是一把锋利的刀，割裂着他那已经破碎不堪的心。

那个总是笑眯眯地围绕在他身边的小女孩，那个被他视为掌上明珠的孩子，就这样永远离开了他。洪昇的大女儿，从小就聪明伶俐，活泼可爱。她总是能带给洪昇无尽的欢乐和安慰。每当洪昇疲惫不堪的时候，只要看到女儿的笑脸，所有的疲惫都会烟消云散。洪昇曾经以为，他会一直这样幸福下去，他会看着女儿长大成人，看着她嫁为人妇，看着她拥有自己的幸福。

洪昇的悲痛，不仅仅是因为失去了心爱的女儿，更是因为这场突如其来的悲剧，让原本已经脆弱的他，更加感受到了生命的无常和命运的残酷。他的心中充满了疑问和困惑，为什么命运要对他如此残忍，为什么他心爱的女儿要这么早离开人世。

然而，无论他如何哭泣，如何哀求，都无法改变这个冰冷的事实。他的女儿已经离开了这个世界，永远不会再回来。洪昇的心，如同被撕裂一般，疼痛得无法呼吸。泪水如同无尽的河流，流淌在他的脸颊上，滴落在地上，形成了一片悲伤的海洋。

在这个黑暗时刻，洪昇感到了前所未有的孤独和无助。命运以最残忍的方式夺走了女儿，同时也夺走了他的希望和未来。在这场突如其来的悲剧面前，绝望与荒芜完全吞没了他。他躺在病床上，双眼无神地望着天花板，心中一片死灰。他的世界仿佛在这一刻停止了转动，时间也仿佛在这一刻凝固。他的心中充满了对女儿的思念，对生活的疑问，对未来的迷茫。

老友魏坤注意到洪昇："杏殇也为赋招魂，夜剪青灯湿袖痕。消得天涯几行泪，断肠人老隔香园。"（魏坤《倚晴阁诗钞·赠洪昉思》）被悲痛击垮的身影在凄凉的夜色中如此痛苦无奈。

眼神空洞，心如死灰，仿佛已经失去了对生活的所有期待，仿佛已经无法再感受到任何的情感。身体虽然还躺在病床上，但灵魂却仿佛已经被这场悲剧彻底摧毁。他不知道自己还能不能从这个打击中恢复过来，他甚至不知道自己是否还有恢复的勇气和力量。

洪昇想立即回到杭州，最后看一眼女儿。但他病得很严重，无法下床，更不用说回杭州路途遥远，最快也得一月有余才能抵达，他能坚持多久很难说，只好作罢。

在洪昇的生命中，不幸似乎总是紧随其后，如同一个无法摆脱的阴影。就在他尚未从失去女儿的悲痛中恢复过来时，一封来自好友的信件又给了他重重一击。信中带来了关于他弟弟洪中令被困福建的消息，福建战事混乱，中令生死未卜。

洪中令原本是随父亲洪起鲛前往福建任职的。幸运的是，父亲因事离开，得以免受被困之苦。然而，洪中令却因为一些意外情况而无法脱身，被困在了那里。洪昇已经很久没有收到弟弟的消息了，这次突然收到朋友的信，让他心中充满了不安和恐惧。

病卧床榻，不幸接踵而至，洪昇心如刀绞，病况加重。心急如焚的洪昇感到无比的焦虑和痛苦。他在诗中写道："有客传吾弟，驱驰到七闽。三年饥冻泪，九死乱离身。月白乌号骨，霜寒草聚燐。存亡浑未卜，南望鼻酸辛。"（《得中令弟消息》）他痛苦无助。

福建之乱，根源在于靖南王耿精忠的叛乱以及清军的强力镇压。耿精忠的势力庞大，清军一时难以将其攻克，双方在福建地区展开了长时间的激烈厮杀。由于战事的持续，交通已经完全中断，无论是从内部逃出来，还是从外部进入，都变得异常困难。

洪昇所得到的消息，至少是发生在一个月之前的事情。如今，关于洪中令的生死状况，更是成了一个无法解开的谜团。在这样混乱的战局中，生死往往只在一线之间，而消息的滞后让洪昇心中的焦虑和不安越发强烈。

他无法得知弟弟是否还在这世上，也无法得知弟弟是否正在遭受苦难。这种不确定性，让洪昇的心情如同坐过山车一般，起伏不定。他只能默默地祈祷，希望弟弟能够在这场战乱中幸存下来，早日与他团聚。然而，现实却是残酷的，他无法预知未来，只能等待，等待那个可能永远不会到来的好消息。

洪昇在给二弟殷仲的信中倾诉了他的忧虑与悲苦："吾愁八口计，汝倦四方游。旅雁三千里，鲦鱼十五秋。泪应无可堕，命复向谁尤。昨日传予季，羁孤瘴海头。"（《寄殷仲弟兼忆中令弟》）他的话语透露出生活的重负和心灵的疲惫，仿佛一片乌云遮蔽了他的世界，使之陷入黑暗。

他的世界，仿佛被一层阴霾笼罩，看不到一丝光亮。

一直坚持到北京的冬天到来时，洪昇的病才稍有好转，便决定回杭州。朋友、家人都劝他再养一段时间，路上要消耗一个多月，身体会吃不消的。洪昇又落下了眼泪，他说自己不再等了，一定要回去。

向老师王士禛告别的时候，王士禛见洪昇去意已决，便不再劝留，只是担心地问："回到钱塘住在哪里？"

洪昇说："卧床这些日子，我想了很多，我整日在外面漂泊，错过了与家人共度时光。我也不想再跑来跑去了，就想在武康定居下来了，与妻女和殷仲弟一家在一起。现在她们在武康由郑兰谷照顾着，虽日子过得紧，可是，还能过得去。回去之后，我还要在那里再建房子，让中令弟一家也一起住。不能再骨肉分离了。"

王士禛听后，眼中闪过一丝安慰的光芒。他知道洪昇的决定是经过深思熟虑的，尽管心中仍有不舍，但他尊重洪昇的选择。

王士禛叹息一声："也好，在武康，一家人总可以团聚在一起，有了郑教谕的关照，也错不了。"

临行时，王士禛、方象瑛、杨瑄、曹贞吉等众友相送，洪昇洒泪而别。王士禛写有《送洪昉思由大梁之武康》，方象瑛写有《送洪昉思游梁兼寄毛祥符会侯》，杨瑄也写有《送洪昉思游大梁》等诗作，曹贞吉则以词作《珂雪词·贺新凉·送洪昉思归吴兴》相赠。

王士禛在诗中鼓励洪昇要振作起来，隐居山村是一时之计，一生之计还可以有更大的作为："名高身隐恐难得，丈夫三十非蹉跎。朝廷正须雅颂手，待汝清朝庚猗那。"方象瑛也说："几年游子泪，千里故人思。且下南州榻，还吟囹狱诗。归还应未得，期尔早春时。"杨瑄非常留恋与洪昇在北京的交往，他深情地写道："握手道起居，樽酒情无极。余也抱微愿，五岳思攀陟。临风羡壮游，恨不随衔勒。君行登首山，嵯峨天可接。骋目望京华，漠漠塞云黑。"

曹贞吉的词也颇为深切："年少愁如许，欢羁栖，京华倦客，雄文难遇。广汉寒风吹鬓篸，弹铗歌声太苦。且白眼看他词赋，单绞岑牟直入座，拼酒酣挝碎渔阳鼓。欹帽影，掉头去。湖山罨画迎人住，溯空江白云红叶，一枝柔橹。归矣家园烧笋熟，五岳胸中平否？学闭户，读书怀古。舟过吴门烦问讯，是伯鸾德耀佣春处，魂若在，定相语。"

洪昇骑马经由大梁奔武康而去。这一路，他遇到了许多义军与清军，战火依然，纷乱照旧。虽行路艰难，却归心似箭。

第14章　不舍亲情

心有余而力不足，大病初愈的洪昇拖着虚弱的身体，虚汗不断，走得很慢。到达杭州花了他一个多月的时间。

他的心中充满了对家的思念，对妻女的渴望。在杭州略事休整之后，迫不及待地继续前行，目的地是武康，那里有他朝思暮想的家人。

"家难"发生后，洪昇不得不离开熟悉的洪园，开始了漂泊生活。他们在不同的地方暂居过，经历了无数的风雨之后，最终在武康找到了一个可以称之为家的地方。在离开杭州之后，洪昇和他的家人一直居住在这里。这是一处只有百十户人家的小县城，风景秀丽，安逸舒适。他们在这里虽然依旧贫穷艰难，但在朋友亲戚的帮助下却可以勉强过得去。

洪昇赴京谋生谋职时，他的妻子便带着两个女儿继续在武康的民居中生活。邻居郑兰谷与洪昇一家来往密切，经常照顾他们的生活。郑兰谷是个读书人，又是当地的学官，知道洪昇的才气与经历。他同情洪昇的遭遇，更为能在武康这样的小地方结识洪昇这样一个在江南有影响的文人而庆幸。洪昇在武康的时候，两个人就经常在一起交流诗文、饮酒聚会，有兄弟之感。

郑兰谷在武康县任"教谕"，也就是管理教育的学官。其人性格温和，慷慨大方。巧的是，郑兰谷一家也有两个与洪昇的女儿差不多年龄的女孩。洪昇的大女儿病逝前，四个女孩子经常在一起读书、嬉戏，形影不离，宛如亲姐妹，彼此陪伴，共同成长。平日里，两家人住在一起，互相照应，其乐融融。洪昇的大女儿突然离去，给两个家庭都蒙上了阴影，三个女孩少了一个快乐的伙伴，都很悲伤。

康熙十六年（1677 年）冬天，洪昇回到了山清水秀的武康。

看到风尘仆仆站在门口的洪昇，二女儿洪之则激动地奔向他，洪昇搂着女儿顿时两眼泪流不止，黄蕙听到动静走出来，有些惊喜地走到了他们面前，一家人紧紧地抱在一起痛哭。本来是四个人的团聚，如今变成了三个人拥抱，那个曾经活泼可爱聪明漂亮的大女儿宛若云彩一样飘走了，一块心头肉啊。

郑兰谷一家人听到动静也跑出来，看到洪昇回来了，都有些悲伤地站在那里望着这一家人团圆。

洪昇的回归让武康这个小县城骚动了一下。洪氏家族自古都是江南一带的名门望族，在江浙有很大的影响，如今洪昇在当地也已是知名的文人，其诗词歌赋与传奇创作在钱塘一带有很大的影响。一些文人听说洪昇归来，纷纷前来慰问、拜访、邀约相聚。

武康县令韩逢庥也亲自来到洪家，向洪昇表示慰问。他对洪家遭遇的不幸深表同情，同时也非常关心洪昇今后的去向。洪昇作为一位知名文人，他的存在无疑给武康县城增添了一分荣耀。他自然希望洪昇一直在武康停留下去，在这里他们的生活会得到保障。洪昇十分感激。

心境逐渐平复之后，洪昇写下了《赠武康令》等诗表达谢意。他们在武康期间的生活确实得到了地方官员的照顾，使他们不至于挨饿。

洪昇把生活理顺之后，也将一直漂泊不定的弟弟洪昌和弟媳孙氏一家接到了武康，在他们的房子旁边租下了另一套民居，与他们住在一起。这也算是颠沛流离后的一次团聚。洪昌一家到达后，也非常满意，总算有了个安稳之所。

作为洪家长子，洪昇期待着把家人们聚在一起。幸福无忧，相安无事，一直以来只能是个梦想。三弟被困福建，再无消息，让洪昇非常担忧。因家难之故，他不能回西溪洪园，看望父母妹妹们，这让他十分挂念。他不愿意去招惹长辈不快，只能给父母写了一封家书，报告现在的情况，希望他们一切安好。

当夜深人静之时，他总会想起洪园。在那里他有过快乐幸福的时光，读书、作诗、会友，最快乐的日子都是在那里度过的，如今却成为回忆。虽然从武康到西溪只有80多里的路程，却感觉有千万里之遥。尽管心中充满了无奈和遗憾，但他知道，现在唯一能做的就是给他们写一封家书，告诉他们自己现在的处境，并祈愿他们一切顺遂。

在武康有郑兰谷的特殊照顾，洪昇与洪昌两家人的生活勉强维持，两家人聚在一起，总算可以安心度日。

武康住所外有的是土地，可惜，洪昇兄弟和妻女们以前都是富家子弟，没有种地种菜的知识，他们甚至没有意识到自己可以在门前的空地上种上一些菜蔬瓜果之类，稍稍填补一下生活。与他们相邻的郑兰谷家在门前种了一大片的蔬菜，他们经常从自己菜地采摘满满的一大筐各种菜果送给洪昇，这让洪昇感到格外温暖和感动。

趁送菜的机会，郑兰谷与洪昇畅聊吟诗，十分开心。为此，洪昇还写过《郑广文惠菜》诗："广文官舍侧，小圃最溥幽。种得嘉蔬熟，盈筐屡见投。露深青叶嫩，沙暖碧芽抽。从此加餐饭，吟诗解百忧。"（《稗畦集》）

郑兰谷是由清朝"拔贡"生提拔上来的小官。"拔贡"是明清时期的一种选拔人才的制度，是由地方政府选拔出来的优秀学子，被作为"贡生"推荐到北京，参加殿试。"拔贡"必须是取得了秀才身份之后的人才可以获得。清朝政府为了从已经取得了秀才身份而没有进一步参与科举程序的人中选拔出一些优秀人才，便实行了拔贡生的制度。

地方政府通过考试选拔出优秀的"秀才"，推荐到北京作为贡生直接参与殿试，如果通过了就有机会可以获得相应的身份或官职。拔贡生经殿试合格者分三等，一等被分配任七品京官，二等任知县，三等任教职。郑兰谷属于三等，便被安排到武康任"教谕"之职。

在艰难的日子里，洪昇与郑兰谷结下了深厚的友谊。郑兰谷在武康当了三年的"教谕"之后，便被提拔到凤县当县令。洪昇写过四首《送郑在宜令县》诗，其中就写道："忆昔前溪上，携家偶卜居。羹稀分苜蓿，地隙乞林於。儿女时更抱，溪山日共渔。别来松际月，清夜馥何如？"两人的关系犹如兄弟。

幸亏有善良的邻居接济洪昇一家，有朋友不断给予他们资助，否则，这么苦难的日子是很难挨过的。

邻居、朋友们的关照，不仅仅是物质上的，更是一种精神上的慰藉。他们在洪昇一家最需要的时候伸出援手，给予了他们继续前行的力量。这让洪昇深感温暖。

失去女儿的悲伤过后，生活似乎又回到了平静中。更多的朋友们来探望他，邀约去饮酒作诗。洪昇偶尔也会外出，好友韦人凤、康靖、陈之群、潘汝奇、徐时望、郑尚游、胡思皇等人经常陪伴洪昇左右，吟诗作文。

忽然有一天，洪昇的母亲黄氏从杭州来看望他们了。见洪昇一家屈居于民宅内，生活简陋，眼泪便忍不住流下来。她没想到从洪家出来之后，洪昇过得如此落魄寒酸，没有一点大宅门家公子的样子。

洪昇安慰母亲，这不过是暂时的困难，一切都会好起来的，等自己有机会去朝廷做事了都会正常起来的。母亲唉声叹气，她多么希望自己的儿子能够重新回到洪园，与大家一起生活啊。洪昇还告诉母亲，妻子又怀孕了几个月，家里会再添一个成员的。母亲听后高兴地点着头，这样就好了。

不过，母亲带来一个坏消息，告诉洪昇，诬告父亲私通叛军、参与叛乱的案子又重提了，朝廷命父亲在家里等待处置，哪都不能去。

洪昇很是吃惊，看来，还是有人抓住这件事不放，这让他又愁苦起来。

此时，洪昇收到老师王士禛的信，提到朝廷启动了"博学鸿儒"选拔考试，希望他能参加。这次选拔比较简单，只以诗词为考核内容。这对于洪昇来说是手到擒来的事，他希望洪昇立即返京参加这次难得的入仕为官、获取俸禄的机会。按照王士禛的消息，这次考试特别向江南一带的文人倾斜，而且录取人数也会很多，所以这是天降良机。

按照洪昇在江南一带诗坛的影响力和实力，他当然属于"博学鸿儒"。王士禛的消息让他心动。他也知道，对他来说，或许这是最后一次机会了。但此时，妻子黄蕙怀孕待产，这让他左右为难。在这样的时刻，他是不能匆匆离开妻子的，正如以前错过的许多关键时刻一样。况且，他刚刚回到武康还没有待上几个月，又要赶回北京，这实在是有些不妥。

洪昇把这件事跟妻子讲过后，黄蕙便劝洪昇回京参加，她说："即使你在我身边也做不了什么，还不如去北京考试，说不定就会考中。这不也是你一直梦寐以求的吗？"

洪昇却说："我总是不在你和女儿身边，在很多关键的时候都不在，一想起来我就后悔。这次考试如果错过了，以后还是可以遇到的。可是，错过了孩子出生，却会让我遗憾一生。我是不能离开的。"

听洪昇这样说，黄蕙也就不再说什么，她知道洪昇是一个很固执的人，他的主意很难改变。

这样，在犹豫中，洪昇陪着妻子、女儿、弟弟一家过了一段时间。

就在已经把"博学鸿儒"考试的事快忘记的时候，却从北京传来好消息——"博学鸿儒"考试推迟了。这让洪昇一家人大喜过望。

"博学鸿儒"的昭谕是 1678 年 1 月发布的，计划是 5 月考。但参加考试的人有许多都年纪比较大，体弱多病，5 月天热，便决定推迟到次年 3 月进行。

这样，时间就允许洪昇参与考试了。于是他决定带着妻女一起去京城候考。他可以不用赶路，从容地行走，随时可以停下来休息，家人可以不必受苦。于是，他们收拾好行李，雇上一辆马车，告别武康便上路了。

一路上，每到一处，都有朋友相迎、接待，他们便在路上，走走停停，顺利抵达了京城。到北京后，他把妻女们安排在外公黄机家，自己也可以安心地参加考试了。

对于洪昇来说，"博学鸿儒"考试是一次极为难得的机会，无论被不被录取，只要被推举为"博学鸿儒"，都将获得"鸿儒"之名。如果被录取会获取高官厚禄，有不菲的稳定收入，这可以将他从生活的困境中解救出来。如果不被录取，在京期间也会获得相应的物质照顾，而回到地方，其"鸿儒"身份也将会带来一定的好处。

此时，从各地来到北京的"鸿儒"欢聚京城，宴饮聚会，好不热闹。洪昇与新朋老友相会也颇感愉悦，他自信凭借自己多年来积累下来的成就和影响力，通过这样的考试几乎没有任何悬念。

第 15 章　博学鸿儒

"博学鸿儒"考试与科举考试截然不同。科举考试是每三年固定举行的制度化的考试，错过了一次等三年，考中一级才有资格考第二级，是一种长期有效的考试制度。但"博学鸿儒"考试却不是一种长期的考试制度，而是一种临时动议的特别考试。在清朝历史上只进行过两次，一次是康熙年间，一次是乾隆年间。

博学鸿儒考试也并非清朝独创，唐宋时期这种考试就已经存在。但，每个朝代的考试目的不一样。唐宋时期的"博学鸿儒"考试是一种在科举之外进行的，以发现特殊人才为目的的考试。主要是"拾遗"，把那些有才华，却没有通过科举进入官场的、确实有才能的人通过这种特殊的考试方式招揽进来。当然，这也有统治者表明重视人才、公平选才的政治目的。但总的来说，确实是一种发现、任用特殊人才的手段。

但是，康熙年间的这次"博学鸿儒"却是在"三藩之乱"的背景

121

下进行的，有着其特殊的目的。

由北方少数民族满族建立的清朝政权，自 1616 年或 1644 年起，至 1911 年结束，统治了中国近 300 年。在这漫长的岁月里，"反清复明"的斗争如同一条潜伏的河流，从未真正平息。可以说，清朝的历史，就是一波接一波的"反清"历史，时而平静，时而汹涌，风雨雷电中延续着清政权的存在。以至于到了清末，孙中山打出了"驱除鞑虏，恢复中华"的口号，最终推翻了"满清"的统治，建立起由汉族掌权的新政府。孙中山所说的"鞑虏"指的就是"满清"。

对于多数明朝遗民来说，反清几乎就成了一种"信仰"，他们随时都可能举起义旗，推翻这个少数民族政权。而对于清朝政府来说，反清力量的存在始终是他们的噩梦，不敢轻视，更不能稍有放松。

反清的主要人员是明朝的"遗民"，特别是那些知识分子，以及过往朝代的上层人士，他们心中或多或少都怀有一种反清情结。这种情结的根源，在于清朝政权是以武力方式，侵入并夺取了以汉族文化为核心的明政权。对于以汉文明为核心的天朝来说，这无疑是一种屈辱。因此，尽管清朝的统治者在一定程度上采取了融合汉族文化的政策，但这种心理上的隔阂和受辱感始终未能完全消除。

尤其那些具有号召力的明朝遗将与那些坚决为大明王朝"守节"的遗老遗少们，这些人虽然是少数，却具有极大的破坏力。仅一个南明政权（1644—1662）就存在了 18 年之久，而此后的反清斗争更是不断。一些知名人士都鼎力加入，如史可法、郑成功、陈子龙、路振飞、张煌言、熊汝霖、张名振、李定国、顾炎武、秦良玉、黄宗羲等。其中既有知名的武将，也有文人大儒。这还不算清朝末年的洪秀全、孙中山、杨衢云、苗沛霖等。可以说，清朝是在武力侵略的基础之上建立政权，又是在反对声中统治的，以至于又是在"革命"呼喊声中被推翻的。

"三藩之乱"就是在这样的背景下，打着"反清复明"的旗号发动的。三个藩王的势力本来就很大，而"反清复明"的口号又让他们获得了更多百姓的支持。藩王之乱在庞大的清朝军力重压下本掀不起多大风浪，但是，让清政府没有想到的是，由平西王吴三桂、平南王尚可喜、靖南王耿精忠三位叛乱者发起的叛乱，却有多地响应。叛军得到了许多民众的支持，使得这场叛乱居然持续了 8 年（1673—1681）之久。

这不得不让清政府反思，除了武力镇压，必须有一个更为妥善的办法，那就是要收买人心。如果三位藩王没有得到百姓的支持，他们很难坚持这么久。如果人心向我，再大的动荡也会自然平复的。因此，实施怀柔政策，软化民心，拉拢人才是长久之计。

让清朝政府恐惧的是，在这场持久的反清斗争中，许多知名人士参与，特别是那些同情反叛者的博学文人大儒。他们的影响力巨大，从根本上动摇了犹豫中的明朝遗民，这触及了清朝政权的稳定。虽然，可以以武力镇压，但是民心不服，早晚会出现大的动荡。

康熙年间的这次考试，正是在平叛的同时展开的。一方面在武力镇压反清力量已经出现成效的时候，从文化与精神上实行怀柔拉拢的政策，收买人心。另一方面，也试图通过这样的考试来展现清朝政府对待明朝遗民的宽容态度。

因此，康熙的"博学鸿儒"考试的主要目的就是笼络人心，收买明朝遗民，特别是那些明代不愿意与清政府合作的有影响力的文人。这是在"三藩之乱"平叛中进行的"收心"战术。

　　1678 年，康熙下令各地举荐"鸿儒"，并对被举荐的"博学鸿儒"考生们进行了特殊的照顾。首先就是对进京参加考试的人，沿途各地方政府必须为这些人提供必要的方便，车马驿馆，食宿用度都要细心关照。其次，"鸿儒"们一到北京，政府就会提供"廪饩"，也就是为他们发津贴、提供饮食。

　　事实上，这种收买人心的政策确实起到了很大的作用，至少分化了明朝遗民中的那些反清知识分子。虽然，一部分知识分子继续坚定地不与清廷合作，不参与所谓的"博学鸿儒"的计划，如顾炎武、黄宗羲等。而另一部分知识分子却看到了希望，积极参与，如李澄中、傅山等人，也包括洪昇这样的历经坎坷而没有达到为官一方目的的才子。

　　明朝遗民中的精英分子便这样分成了两类。而那些坚定的反清者，也似乎被软化了，对这样的考试表示了赞许态度。如黄宗羲虽然没有参与，却在文章中称康熙是"圣天子"。"博学鸿儒"计划的确为康熙赢得了一个重视人才，别具一格使用人才的声望。

　　"博学鸿儒"考试便是在这样的背景下产生的。表面是为了"揽才"，实质是为了"揽心"，通过给遗民中的"鸿儒"们以真正的好处，来收买人心。

　　根据《清史稿》的记载，康熙十七年（1678 年）1 月，康熙帝颁布谕旨昭告天下："自古一代之兴，必有博学鸿儒，备顾问著作之选。我朝定鼎以来，崇儒重道，培养人才。四海之广，岂无奇才硕彦、学问渊通、文藻瑰丽、追踪前哲者？凡有学行兼优、文词卓越之人，不论已仕、未仕，在京三品以上及科、道官，在外督、抚、布、按，各举所知，朕亲试录用。其内、外各官，果有真知灼见，在内开送吏部，

124

在外开报督、抚，代为题荐。"（《清史稿》109卷）正式启动"博学鸿儒"科的考试。

既然是以收买人心为目的，那么，政策执行起来也就会宽松而又随性。虽然，按照清政府发布的诏谕规定，有推荐资格的人是："在京三品以上及各科道官，在外督抚布按。"也就是所有"博学鸿儒"都必须由省级官员推荐才可以进京参加考试。而省级官员是根据自己所辖区内的下一级官员们的举荐定夺人选。所以，只要在地方或政府已经任职的人有一定的声望和名气，就会被推举。是不是要参与，就看被推荐者是否愿意与清政府合作。

被推荐的对象大都是"学行兼优、文词卓绝之人"，而且"不论已仕、未仕"都可以，这就是说，只要有相应的官员推荐，并且有真才实学都是可以的。

在推荐的过程中，也的确有很多人不愿意加入清朝的政权中去，为清廷做事。有的人逃避、拒绝，甚至以死相威胁，坚决不从。所以，举荐"博学鸿儒"的过程并不顺利。

于是，朝廷又对推荐人的资格降低了标准，即使是"杂流卑官亦许呈荐"，对推荐者的官职、品级和是不是推荐本地区的人都不再做要求，只要是"人才"尽管推荐。

后来，对于推荐参与"博学鸿儒"考试更是采取了强制措施。地方官必须加以督促，这是作为一件重大的政治任务来完成的，"地方有司对名登荐牍者，催逼敦促"。对于被推举人何时启程，走到了什么地方，遇到了什么人，干了什么事，都要求随时报告给清廷："则封疆大吏报其起程之日，其解骖则部臣奏其抵京之日。"且嘱咐地方官们，要好好地对待被推荐者，命令他们给予特殊的照顾："荐举优异，以使其无衣食饥寒之虞。"政府要按时给他们发放路费、衣食费、柴炭银、俸银及银米等。

清政府如此隆重地对待"博学鸿儒"考试，真正的目的是在彰显其对汉族文人的高度重视，向世人表明清政府的鲜明姿态，让天下人看到清政府的真心。

架势拉得很大，亮相漂亮，至于到底有多少人能够响应到京城来应试，那是另一回事。而被推荐者到底能不能被使用，那也得看皇帝的好恶。

天下文人芸芸，民间大儒无数，而实际上真正到京来参加考试的人并不多。

按照大诗人王士禛在《池北偶谈》中的记载："康熙十七年，内阁奉上谕求博学鸿词之儒以备顾问著作，时阁部以下内外应举者186人。"（王士禛《池北偶谈》，清文渊阁四库全书）这个说法可能是一个预估，或者是乐观的记述。有些人最初是答应了，但后来又不想来了，以身体有病，或者其他理由而拒绝考试。根据《清史稿》记载，最终实际参与考试的人只有143人。

据《清史稿》记载："与其选者，山林隐逸之数，多于缙绅。"普通的文人自然是想借此机会而走上仕途，但是，这却不是清政权所需要的，他们更想把那些隐于山林中的文化名人们请出山，为政府服务。

特别是在明代已经有着重要影响力的著名的顾炎武、黄宗羲、李颙、王弘撰、魏禧、徐夜等人。此前，清政府多次请他们出山参政，而且表现出了迫切和诚意。《清圣祖实录》就说，对这些大文人"当时法律之宽，圣心爱贤之笃"，采取了特殊政策。但他们都躲避起来，找到他们后，他们也是态度坚决，有人以身体不好为由而"行催不到"，有的人虽然到达了北京却也"称疾不与试"。

从清朝政府的这种态度中，我们可以看出，清廷招纳"博学鸿儒"并非一视同仁，而是有所偏向的。偏向的重点有两个，一个是如顾炎武、黄宗羲这样的"大儒"，一个是重点吸纳江浙一带的知名文人。

劝说"大儒"名家参与到清朝政权中来好理解，因为这个考试本就是打着"博学鸿儒"的旗号。天下有名气的"大儒"本身就有号召力，也具有明显的示范作用，影响大。大学者都投奔了清政府，那些小文人也会被软化。大学者都有弟子学生，大学者会带去一批文人服务于统治者。但招募大儒的计划遭到了挫败。

重点推荐江浙一带之才，则是另有原因。相比这一计划却是成功的。参考的 143 个人最终被录取的 50 人中，居然有 38 人都是江浙人，占了绝大多数名额。

重点招录江浙文人的原因，除江南一带确实是一处文化深厚之地，地杰人灵，人才辈出外，更重要的是江浙一带是"三藩之乱"的重灾区，聚集在这里的明朝遗民文人多。他们有很强的号召力，经济实力雄厚，许多人都是富贵世家，又多是明朝政权中的重臣出身。而相当一部分人在清朝建立政权之后，采取的是不与清朝合作的态度。清政府多次以各种方式邀请这些明朝遗臣到清政府任职，甚至以强迫的手段威逼这些明朝遗民到清廷任职，但都遭到各种理由拒绝。清朝政府想尽一切办法试图把这些明朝臣民收纳在政权之下，主要也是为了稳定与和谐。

江浙一带的文人，表面看似乎是性情之愿，甘心深居民间，沉入田园，喜欢过与世无争的生活。但骨子里却是对清政权抵触，甚至有些人一生都在暗地里组织、参与反清复明的活动。这是一股非常大的势力。靖南王耿精忠在浙江、福建一带叛乱，也是利用了这些"民意"。他甚至一呼百应，许多人都愿意为恢复大明王朝而战。这些人对清廷的威胁很大。同时，南明政权也在江南一带存在相当长的时间，这里的反清民众基础很厚，如果不从根本上解决这些不稳定因素，江南一带早晚还会出现社会动荡。

这是清政权在"博学鸿儒"考试中以江浙一带的文人为主的重要原因。

考试前，康熙皇帝亲自设宴招待 143 个应试考生。客客气气，尊重有加，让应试人员感到温暖和清廷的真心实意。招待宴十分隆重，且规格颇高，"设高桌五十张，每张设四高椅，设馔十二簋，皆大碗高攒"。陪同出席宴会的人都是朝廷大员："陪宴者大学士、掌院学士各二员。"（《清史稿》）

这些举动也确实将一些尚有怀疑之心的文人打动了，他们看到的是一个真诚对待他们，真心想起用他们的皇帝。因此，这些人无论最终是否被录用，对清廷的感情拉近了。康熙的这一举措的确争取了人心，这成为清朝兴旺稳定的重要因素。

不只如此，临近考试，政府官员细心地注意到，按照原计划的考试时间，南方的"鸿儒"们到京后会感觉天气不适，要调整时间。《清史稿》说："膺荐人员已经陆续到部，欲行考试，因天寒晷短，恐其难于属文，弗获展厥蕴抱。"于是推迟了原定的考试时间。

正式考试的时间由 1678 年的 5 月推迟到了康熙十八年（1679 年）的 3 月进行。

在考试进行中，表面上程序严谨，都是按照规矩进行，但整个考试、阅卷过程却相当宽松、简单，甚至是随意的。

康熙十八年（1679年）3月1日，康熙帝亲自在保和殿主持。考试的内容很简单，就是按照题目写诗。考试结束后，吏部将试卷收取至翰林院进行封卷，再交由康熙本人亲自阅卷。

而康熙阅卷时的方法很简单宽松，他只在考生所作诗词中看看形式是否合辙押韵，内容上是否有违禁忌，有没有错误即可。其实，即使在考卷中出现了一些小问题，康熙也不会计较。考生严绳孙或许是有意为之，在整个考试过程中只作一首诗，试卷也没有写完，康熙居然以"文词可取"而录用了他。

一场考试下来，143个考生，最终居然有50个人被录取，录取率超过了三分之一。这在科举考试中是无法想象的，但是"博学鸿儒"考试竟做到了。这是一次多么大的机会？《清史录》盛赞："取士最宽，而最为后世所传述。"

被录取的50人大体上分为两等：一等20人，彭孙遹、倪灿、张烈、汪霦、乔莱、王顼龄、李因笃、秦松龄、周清原、陈维崧、徐嘉炎、陆棻、冯勖、钱中谐、汪楫、袁佑、朱彝尊、汤斌、汪琬、邱象随。二等30人，李来泰、潘耒、沈珩、施闰章、米汉雯、黄与坚、李铠、徐釚、沈筠、周庆曾、尤侗、范必英、崔如岳、张鸿烈、方象瑛、李澄中、吴元龙、庞垲、毛奇龄、钱金甫、吴任臣、陈鸿绩、曹宜溥、毛升芳、曹禾、黎骞、高咏、龙燮、邵吴远、严绳孙。

被录取的50人参照宋唐时期的"特科"考试结果的安排，分别对其进行了任命："以光禄少卿邵吴远为侍读。道员、郎中汤斌等四人为侍讲。进士出身之主事，中、行、评、博，内阁典籍，知县及未仕之进士彭孙遹等十八人为编修。举、贡出身之推、知，教职，革职之检讨、知县及未仕之举、贡、荫、监、布衣倪灿等二十七人为检讨。俱入史馆，纂修明史。时富平李因笃、长洲冯勖、秀水朱彝尊、吴江潘耒、无锡严绳孙，皆以布衣入选，海内荣之。其年老未与试之杜越、傅山、王方毂等，文学素著，俱授内阁中书，许回籍。"

（《清史稿》）

各得其所，皆大欢喜。

第 16 章　未膺荐举

洪昇满怀期待进京赶考，内心充满了自信，感觉自己的命运即将改变。

很显然，洪昇符合"博学鸿儒"的所有条件，并且还要超越这些条件。他是明朝遗民的后代，是历代在朝为高官的名臣裔嗣。他自身条件优秀，不只在江南一带是诗坛领袖人物，就是在京城也名声在外。他的《沉香亭》等传奇作品在北京也多次上演，有着极好的名声。"博学鸿儒"中的向江南文人倾斜政策也对他有利。如此，他是志在必得。一旦被录取，生活窘态立即改变，他的人生之路也会从此迎来光明时刻。

一到北京，洪昇就去拜访恩师王士祯。他特意从家乡给王士祯带来了一批湖州的茶笋。湖州的茶笋名满天下，是当时最好的茶叶，从唐代开始一直是作为贡品进贡。历代名茶辈出，西湖龙井、信阳毛尖、黄山毛峰、武夷岩茶、祁门红茶、洞庭碧螺春等，但品质最好的茶却是紫笋茶。

特别是湖州顾渚山一带，温度湿度恰当，土质肥厚，有机物质含量高，在这样的特殊环境下生长出的紫笋茶品质也最佳。唐代茶圣陆羽曾一度隐居在湖州写《茶经》，当他第一次品尝到茶笋时，惊讶地发现这种茶优于许多贡品。观茶色茶形，叶嫩色紫，形如竹笋，因此为其取名为"紫笋茶"，并认为"顾渚第一"。

洪昇偏居之所——武康即在湖州地界。临进京前，他特意到顾渚山一带茶园购得最好的紫笋，献给恩师王士祯。

王士祯是懂茶的。见紫笋，便高兴地说："这可是只有皇帝才能喝上的上等好茶呀！"

洪昇却说："刚采下时，鲜嫩可人，可是经过一个多月的颠簸，怕是没那么好喝了。"

王士祯旋即吩咐下人立即泡得一壶，取出珍藏的茶具。那时吴雯也正在王府，王士祯请洪昇、吴雯一起品茗。

王士祯抿一小口细品，大赞："好茶，好茶！"

放下茶杯，王士祯说："'诗魔'白居易一生'四爱'：爱酒、爱茶、爱奇石、爱美人，特别是对茶情有独钟。当年白居易做苏州刺史的时候就喜欢'紫笋'，他写过一诗《夜闻贾常州、崔湖州茶山境会亭欢宴因寄此诗》，就说：'遥闻境会茶山夜，珠翠歌钟俱绕身。盘下中分两州界，灯前合作一家春。青娥递舞应争妙，紫笋齐尝各斗新。自叹花时北窗下，蒲黄酒对病眠人。'这茶果然不俗。"

吴雯也赞道："世上只有皇帝、秀才更懂紫茶吧，好诗佳句都给了这'紫笋'了，果然好茶。"

多年之后，王士祯在《洪昉思送湖州茶笋二绝句》中还念念不忘地提到洪昇所赠"紫笋"茶："爱道前溪似若耶，行胜归去便移家。匆匆未讯溪山好，第一先分顾渚茶。""周妻何肉断根尘，玉版聊堪结净因。赢得武康斑竹笋，从今休笑庾郎贫。"(《渔洋山人续集》)

吴雯也是应"博学鸿儒"之荐而来。王士禛对洪昇和吴雯都很欣赏，觉得他们都能够被录取。洪昇和吴雯都是王士禛的学生，王士禛很了解他们，所以，再谈论"博学鸿儒"之事时，已然是考取之后的话题。

好友毛际可也到北京应试"博学鸿儒"了，住在卢沟桥一带。洪昇约上几个好友，到卢沟桥与毛际可相聚。好友相见，自然饮酒、赋诗，欢声笑语，好不热闹。

在这些人中，倪灿、乔莱、李因笃、陈维崧、徐嘉炎、钱中谐、汪辑、袁佑、朱彝尊、邱象随、施闰章、徐釚、尤侗、张鸿烈、方象瑛、庞垲、毛奇龄、吴任臣、毛升芳、曹禾、王嗣槐、顾豹文、孙枝蔚、王岱、毛际可、宋实颖、陈玉璂、许孙荃、陆次云、陆元辅、吴雯、李良年、阎若璩、冯行贤、罗坤等都是与洪昇交往的朋友，他们互相欣赏，观念相似，都是性情之人，与他们在一起，洪昇有回家之感。

毛际可问洪昇："洪兄拖家带口，一路辛苦。不过有地方官府特殊的关照，还是要比以前好吧？"

洪昇有些惊异地问："毛兄，何出此言？一路并非有地方官出面，并无变化。"

毛际可反问："难道他们没有接到朝廷的诏谕？上面有令，凡进京应博学鸿儒者，地方都要提供方便，照顾饮食，提供路资。"

尤侗更是疑窦丛生地说："莫不是洪兄不在博学鸿儒之列？不然，

第16章 未膺荐举

133

上面的诏谕地方官怎可怠慢？"

毛际可安慰洪昇："那不可能！洪兄大名享誉天下，论学识成就，尽人皆知，还有比洪兄更有资格的大儒吗？"

洪昇听后，一种不祥之感袭上心头，他愣在那里。他可是把未来都寄托在博学鸿儒考试上的，一旦有个闪失，就会前功尽弃，希望破灭的。

很快，洪昇的预感得到了印证。他的确不在"博学鸿儒"的推荐名单之中。这也就说明洪昇到京后并未得到清廷任何关照，也没为他提供任何资助的原因。

得到这个消息，让洪昇极为震惊。他对这次考试抱有巨大的期待，希望能借此改变命运，解决贫穷的生活状态，却不承想自己居然不在被举荐之列。这打击对他来说，可谓极为沉重。

去拜访王士禛的时候，王士禛还为他和吴雯两个人畅想了应试的安排，结果，他连参试名单都没有进入。

这就很奇怪，以洪昇家族在历史上的影响，以洪氏家族成员历朝历代都受到朝廷重视的惯例，洪昇是理所当然被推荐的对象。就现实来说，洪昇的父亲洪起鲛还是"以例授官"，而洪昇自己又是因为祖上的荫萌而得以在国子监以"荫监生"的身份学习。洪昇在江南一带的诗坛及文人圈里有着很大的影响力，他早已是这一带的诗坛领袖，至少是很有影响力的一位诗人。而且，他在北京又有王士禛、李天馥等这样的大文人的推崇，更重要的是，洪昇的外公就是吏部尚书，有权势、有能力关照洪昇。

再退一步说，从最终被录取的 50 名"博学鸿儒"来看，洪昇在这些人中都属于中上等之才，比其中的大多数人都强。可以说无论从哪一个方面说，洪昇都是被推荐为"博学鸿儒"的最佳人选，但是，结果却"未膺荐举"，这真是太让人意外了。

即使没有被地方官员推荐，当得知洪昇不在"博学鸿儒"名单后，洪昇在北京的师友李天馥、王士禛、赵执信等，还有洪昇的外公等在位高官都有资格重新推荐的。按照当时的清廷对江南文人重视的程度，只要有一个人肯出面补荐，洪昇都有进入名单的可能。但是，实际上，所有人都在这时失声了，没有一个站出来推举他，这又是为什么？

那么，不推荐洪昇这样一位有真才实学，又渴望为清廷效力的文人，分析起来，只有一种可能，就是躲避，怕与洪氏家族有牵连而影响到自己。也就是说，洪家此时有重大的政治问题而被人嫌弃、躲避，不愿与这个家族发生一丝牵连。

什么问题致使所有人都不敢推荐呢？那就是洪昇父亲洪起鲛此时被人状告与反清势力有勾结，甚至参与了靖南王耿精忠的藩王之乱。

这可是株连九族，掉脑袋的大事。清朝政府虽然表面上对明朝遗民表现出了极大的怀柔与宽容，但前提是，不再反清，可以不合作，但不能参与推翻清政权的活动。如果一边想着推翻清政府，一边又想在清政府里捞好处，这可是大忌。在"三藩之乱"的背景下，清政府对反清势力的镇压是绝不手软的。不但如此，一旦被认定为反清，是要格杀勿论的。与此势力相关联的人，也会受到惩罚。轻则发配边地，重则杀头。在这样的高压之下，谁还敢触碰与此相关的危险人物？

虽然洪起鲛一案是一桩尚未查清、正在等待朝廷处置的悬案，但没人知道这桩案子最终会是一个什么样的结局，所以，躲避与洪家的关联是最好的处世之道。

这样就可以解释，洪昇这样一个江南才子未被荐举的原因了。

或许是命运的捉弄吧，就这样，对于洪昇来说，在一个极有可能改变其命运的时刻，因一桩诬告事件而丧失了机会。

洪昇这时是可以乞求一些在清廷任职的朋友去推荐的，但是，他想了想，一个人也没有去找。

正如他推测的那样，如果真是因为父亲的官司而没有得到官方推荐，那么，找任何人都是给朋友们添麻烦，而且会为难他们。假如，有朝一日父亲被定案，这些推举他的人也会受到牵连。有推荐资格的人，在清廷都是位居要职，如果为自己的前程而让朋友们牵连进去，他心里也是过意不去的。更何况，如果朝廷要办这件案子，自己又是待判罪人之子，恐怕说情也不会起作用。因此，在这个时候，他是不能找任何人的。

当得知洪昇居然是因"未膺荐举"而不能参加考试，好友陆次云十分惊讶，长叹"可胜沧海遗珠之叹"。

陆次云自己虽然被举荐为"博学鸿儒"考试，但却落选了。他对自己的落选并不太在意，反而对洪昇连参加考试的资格都没有大大惋惜。陆次云在评价洪昇《黄大司农御前作字歌》时说洪昇"此真清庙明堂之作也。有才如此，良足黼黻时，而当右文之际，未膺荐举，可胜沧海遗珠之叹"。

陆次云与洪昇同为"监生"，又都是钱塘故人，两人关系很好。陆次云也是江南才子，虽然落选，但很快他就被派往河南郏县任知县了，后又到江苏江阴县任知县。陆次云在任职期间，是个好官，对人和善，喜欢聚友饮酒，风雅好客，只要有名士路过拜访他，他就会设宴招待。《清诗别裁集》称他的诗："本真性情出之，故语多沈着，而所选诗转在宋、元，以之怡情，不以之为宗法也。"

在洪昇未被举荐而失去参加考试的机会后，陆次云十分惋惜，他很欣赏洪昇的才华，又对才华横溢的洪昇困难的生活处境很同情。因此，洪昇落魄京城，连吃饭都成为问题的时候，他给洪昇提供了一个机会，就是请洪昇参与编选《皇清诗选》，以此来换取微薄收入。

未被推荐就意味着一切都照旧，没有经济来源，没有"正经事"干，只能靠卖文为生，生活窘困。幸好妻女都在外公家居住，才得以平安。而洪昇自己却朝不保夕，虽依然恃才傲物，还保持着文人的那份清高、傲骨，但苦闷的心境总也挥之不去。

1679年正月初一那天，洪昇行走在已经春意萌动的京城街头，忧伤落寞之感油然而生。他吟道："大地春回日，羁人泪尽时。七年身泛梗，八口命如丝。览镜知颜改，闻钟觉岁移。空怀拊髀恨，终愧弱男儿。"（《己未元日》）

初一这天，洪昇随同王士祯、施闰章、梅庚、吴雯四人去拜访来京的孙枝蔚。

孙枝蔚（1620—1687），陕西三原人，是个传奇人物，也是著名诗人，在文坛有着较高的声誉。他本不愿意参与"博学鸿儒"考试，但官府一再推荐，最终甚至强迫进京，他不得不到北京应试。孙枝蔚品格高尚，与王士祯是莫逆之交。在"博学鸿儒"开试之前，他以自己年届60岁为由，坚决不参加考试，最终如愿。

几个人一起到北京郊野踏青赋诗，谈诗论文。洪昇与施闰章谈得很开心，他向施闰章请教作诗之法。洪昇先将王士祯的作诗之术大概讲述一遍，再请教施闰章的看法。施闰章坦言：

"作诗方法因人而异，你的老师所言作诗之法如同华严楼阁，只需轻轻一弹指，便在眼前显现，宏伟而庄严。所作诗句，仿佛是仙人居住的五城十二楼，缥缈虚幻，似乎只存在于天际，让人无法触及。但，作诗对于我来说，并不是这样。我以为，写诗如同建造一座房屋，需要一砖一瓦，一木一石，脚踏实地，从平地开始，一点一滴地筑起。"

施闰章（1618—1683）比王士祯大 16 岁，也比孙枝蔚大两岁，在文坛上有很高的名望。他的诗与同一时期的知名诗人宋琬齐名，有"南施北宋"之誉。

施闰章说："《尚书·舜典》说'诗言志，歌永言'，诗歌是要表达思想观念的。不只是要'言志'，还要'有本''有物'，不能空洞无物，要有依据，也不能为抒情而空叹。诗歌的表层背后一定要有'理'，要'合圣贤之方'，更要载道，表达现实。"

洪昇点头赞同。施闰章又说：

"写诗并不是一件轻松的事情。它需要用心去感受生活，用情感体验世界。每一个字，每一个词，都需要我们精心挑选，用心打磨。就像建造一座房屋，我们需要挑选合适的材料，设计合理的结构，才能让它稳固地站立在地面上。更需要有足够的耐心和毅力。有时候，会遇到困难和挫折，但只要坚持不懈，就会成功。就像建造房屋一样，需要一点一滴地积累，一步一步地前进，才能最终建成一座美丽的房屋。"

施闰章还认为："写诗不只是苦差事，也是一件有趣的事情。它能够让人表达情感，展现才华，更能让诗人排解郁闷。用美丽的语言，搭建起恢宏的世界。这正像建造房屋一样，诗人需要用心设计，用心建造，一砖一瓦，一石一木，最终就会形成牢固的居所。"

洪昇悟道："这是禅宗顿渐二义啊！"施闰章微笑着点头。

洪昇问："当今诗人，哪个是最好的？"

施闰章反问："你认为呢？"

洪昇脱口而出："我喜欢汪楫的诗，他可推为今日天下第一诗人啊。"

汪楫（1626—1699）小施闰章8岁，又是同乡，施闰章便笑着说："不会是因为我们是乡党你才这样说的吧？"

洪昇连连摇头说："汪楫的诗确实好，就拿《悔斋》和《山闻》两部诗集来说，我多次拜读，越读越觉得汪楫吸纳了杜甫的精髓，更得王维之神，别有一番情致。他的诗疏荡不群，如轻鸿踏云，如飞星过水。当今诗坛少有出其右者。"

施闰章很认可洪昇的说法，但依然笑着说："是不是因为汪公与你经历有些相似，而特别关注？"

汪楫早年参加科举考试，虽才学过人，但屡试不第，经历曲折。这次进京也是应"博学鸿儒"考试而来。后来，被录取，授翰林院检讨，参与馆修《明史》。其才华得到了认可。

洪昇答道："有此原因，更因他的诗确实好。"

一边听的王士禛也很投入，后来在其《渔洋诗话》中记载了这次谈话："洪昇昉思问诗法于施愚山，先述余凤昔言诗大指。愚山曰：子师言诗，如华严楼阁，弹指即现；又如仙人五城十二楼，缥缈俱在天际。余即不然，譬作室者，瓴甓木石，一一须就平地筑起。洪曰：此禅宗顿渐二义也。"

与高手交往让洪昇受益匪浅，也使不能参与"博学鸿儒"考试的不快暂缓。

139

当天晚上，王泽弘之子王材任到京。他也是来参加"博学鸿儒"考试的，洪昇便参加了给王材任接风的聚会。朋友再次相聚，又是作诗吟诵，但心头依然忧愁淡淡。

吴雯参加了考试，落选了，陆次云参与了，也落选了，毛际可也没能录用。

毛际可落选后自然落寞失意，便画了一幅《戴笠持杆图》画像。画中是一位清瘦的戴笠老翁在一艘船上垂钓，形象颇为怆然。毛际可把画像拿给洪昇，请他题写一首诗。洪昇提笔写下了一首七言诗，其中有："人生行乐无百岁，区区禄利何为乎？游宦略成须止足，故乡归隐携妻挐。好寻古墓吊皋羽，或登危石呼狂奴。浮家泛宅住所适，此乐真与天与徒。慎勿白头望令仆，空写戴笠持杆图。"

这既是给毛际可的安慰、劝解，也是对自己处境的一种自解。

包括吴雯、毛际可、陆次云等人在内，生活无忧，且大多有官职待任，这与洪昇完全不同。吴雯（1644—1704）是清代知名诗人，奉天辽阳人，其不被录取，大概与他并非江南人有关吧。但他家境殷实，"博学鸿儒"考试失利后，便游走天下，纵情山水。而陆次云则被派往河南郏县任知县。毛际可本是进士，又是河南祥符县知县，未被录取回任上继续当知县也就可以了。

但洪昇则不是，没有收入，生活艰难。在被录取的 50 位"博学鸿儒"中，绝大部分都是洪昇的熟人好友，与这些被录取者相比，可以说，洪昇是最优秀的，可他却连参加考试的资格都没有。这对知识渊博、创造力极强、一身本事的洪昇来说无疑是个重大的打击。洪昇不想通过科举之路得到认可，而是想在科举这一正途之外，寻找一条出仕之路，却似乎很难行得通。反过来说，如果洪昇走科举之路，按部就班地一级级地从秀才举人开始考试，就他的个性和能力来看，似乎也未必能行得通。这是不是命里注定了他的坎坷而传奇的一生？

好友王泽弘安慰洪昇："守拙人不厌，周旋事每疏。自得安命理，心志日以舒。君才自绝俗，奚用惊凡愚。早岁多蹭蹬，逆境圣所居。文采本枝叶，名位亦须臾。学道自信久，此身等太虚。非独物我忘，亦且视听除。万境虽屡迁，吾道终自如。"(《鹤岭山人诗集·赠洪昉思》)

从到北京后，洪昇就处于时常断炊状态。朋友们偶尔接济一下，他有时给人写写祭文、碑帖，代笔写写信，总算勉强度日。

冬天来临之际，友人王元弼召集了陆元辅、毛行九、陈子厚、冯冒闻、躬暨、沈洪生、路湘武、沈中立、陈健夫、陆抑存、张予先等人聚集在"槐青堂"分韵赋诗，也请洪昇参加。与这些朋友在一起，至少是有饭吃有酒喝了。

进京后，对洪昇最大的安慰是，儿子之震出生了。儿子的出生虽然是在艰难的岁月中出现的一点点亮色，但同时也让他的生存压力更加沉重。

第 17 章　《舞霓裳》

1679 年，在遭受种种失利、失望之后，为了生计，洪昇决定把已经在京城上演多年的传奇《沉香亭》进行修改完善，以新的面貌重新创作。

从《沉香亭》至此时，有关唐明皇与杨贵妃的传奇演出已经有 6 年之久。在演出中，朋友们提出了许多意见，特别是毛玉斯的"排场近熟"的意见，一直装在洪昇的心里。其实，他一直都在思考修改《沉香亭》传奇，只是迫于各种事情，迎来送往，饮酒作诗，不断的失利、挫折，一直也没有机会沉静下来进行创作。

在李天馥府上金斗班首次演出《沉香亭》时，毛玉斯观后便有"排场近熟"的意见，洪昇觉得这个看法非常到位。这次便决定将原《沉香亭》中以李白为核心的故事，改为以李泌辅佐唐肃宗李亨开创唐朝复兴为基本架构，称为《舞霓裳》。

唐肃宗李亨（711—762）是唐明皇李隆基的第三个儿子。安史之乱发生后，唐明皇在仓促中逃离长安，而太子李亨则率两千禁军北上平叛，被拥立为皇帝。两年后，肃宗李亨收复长安、洛阳，迎回玄宗。李泌（722—789）是唐朝中期政治家、谋臣、学者，自幼聪颖，深得唐玄宗李隆基的赏识，一直被安排在太子李亨的身边，但遭宰相杨国忠忌恨。在安史之乱前，不得不归隐。安史之乱发生后，肃宗李亨即位，立即将李泌召回，任命为银青光禄大夫，参与军国大事。在李泌的辅佐下，年轻的唐肃宗平定了安史之乱，使国家政治平稳，经济恢复，逐渐重现唐朝的盛世。

洪昇的传奇《舞霓裳》的前部分，是以唐明皇与杨贵妃的关系为主，讲的是重色轻国的皇帝沉湎于女色，荒废朝政，造成了安史之乱。后面就是肃宗李亨在李泌的辅佐下，平叛兴唐。《舞霓裳》前部分的故事依然采用了《沉香亭》的基本内容，并且参考明代作家吴世美的传奇《惊鸿记》加以充实，使情节更为完整。

吴世美的《惊鸿记》写的是三个主要人物的关系，一是唐明皇李隆基，二是梅妃，三是杨贵妃，而故事的核心是李隆基和梅妃之间的爱情。"惊鸿舞"是梅妃的成名舞蹈，这种舞蹈模仿鸿雁在空中翱翔的优美动作，配上宫廷音乐，跳起来轻盈、飘逸、柔美，加上梅妃曼妙肢体，唐明皇极爱。后来，"惊鸿舞"成为唐朝流行一时的舞蹈。唐明皇对梅妃娇宠无度，当着诸王面夸赞梅妃："吹白玉笛，作《惊鸿舞》，一座光辉。"

唐代诗人刘禹锡在《泰娘歌并引》诗中，描写歌舞伎泰娘所跳"惊鸿舞"："长鬈如云衣似雾，锦茵罗荐承轻步。舞学惊鸿水榭春，歌传上客兰堂暮。"而诗人李群玉（唐）也在《长沙九日登东楼观舞》中描写"南国佳人"所跳"惊鸿舞"："南国有佳人，轻盈绿腰舞。华筵

143

九秋暮，飞袂拂云雨。翩如兰苕翠，婉如游龙举。越艳罢前溪，吴姬停白纻。慢态不能穷，繁姿曲向终。低回莲破浪，凌乱雪萦风。坠珥时流盼，修裾欲溯空。唯愁捉不住，飞去逐惊鸿。"

梅妃才貌绝佳，深得唐明皇的宠爱。《惊鸿记》的故事讲述的是，唐明皇的弟弟薛王李业在宴席上观舞，对梅妃动了色心，试图调戏梅妃。梅妃不从，拂袖而去。李业恼羞成怒，怀恨在心，便与皇帝宠臣高力士和宰相杨国忠等人商议除掉梅妃。于是，造谣说，梅妃与太子有私情，唐明皇大怒，将梅妃打入冷宫。杨国忠等趁机把"回眸一笑百媚生"的杨玉环推给皇帝，以取代梅妃。李隆基被杨玉环"倾国倾城"的美色所吸引，沉迷其中。

被幽禁在冷宫的梅妃对唐明皇一往情深，作一篇《楼东赋》，连同一管白玉笛央求朝臣暗送唐明皇：

玉鉴尘生，凤奁香殄。懒蝉鬓之巧梳，闲缕衣之轻缘。苦寂寞于蕙宫，但凝思乎兰殿。信摽落之梅花，隔长门而不见。况乃花心飏恨，柳眼弄愁。暖风习习，春鸟啾啾。楼上黄昏兮，听风吹而回首；碧云日暮兮，对素月而凝眸。温泉不到，忆拾翠之旧游；长门深闭，嗟青鸾之信修。忆昔太液清波，水光荡浮，笙歌赏宴，陪从宸旒。奏舞鸾之妙曲，乘画鹢之仙舟。

君情缱绻，深叙绸缪。誓山海而常在，似日月而无休。奈何嫉色庸庸，妒气冲冲。夺我之爱幸，斥我乎幽宫。思旧欢之莫得，梦相著乎朦胧。度花朝与月夕，羞懒对乎春风。欲相如之奏赋，奈世才之不工。属愁吟之未尽，已响动乎疏钟。空长叹而掩袂，踌躇步于楼东。

唐明皇读后，久久不能平静，心生愧疚。命人将一串珍珠暗送梅妃，并约定幽会。梅妃激动万分，提笔写下了一首七言绝句《谢赐珍珠》："柳叶双眉久不描，残妆和泪污红绡；长门自是无梳洗，何必珍珠慰寂寥。"（《全唐诗》）

唐明皇见诗，命乐府谱曲，取名《一斛珠》，这也是后来许多词作使用的词牌名。词牌"一斛珠"又叫"醉落魄""怨春风""章台月"等，许多词作家都以此词牌名写过作品，如李煜《一斛珠·晓妆初过》，苏轼写有《一斛珠·洛城春晚》等。

当下，梅妃被召进宫中与唐明皇幽会，却被正在受宠的杨玉环发现。杨玉环醋意大发，不顾皇宫规矩，大吵大闹，被皇帝撵出宫。后因思念心切，又让人将杨贵妃接回。

不久，在杨贵妃的蛊惑下，李隆基重用佞党奸臣，造成了安史之乱。唐明皇带着杨玉环向西逃亡，而梅妃暂避于尼姑庵。逃到马嵬坡的唐明皇遭到将士们哗变，他们杀死杨国忠，逼迫唐明皇赐杨贵妃一死，以绝祸根。万般无奈下，唐明皇赐杨玉环自缢。

在肃宗的努力下，安史之乱平定，迎接明皇回宫。这时，被废黜的梅妃想尽办法也回到了皇宫，与唐明皇相聚，重归于好。

吴世美的《惊鸿记》中含有"女人是祸水"的思想，对梅妃和杨贵妃这两个迷乱朝廷的女人都持否定态度，唱词中就有"看往代荒淫败乱，今朝垂戒词场"之语。因此，作品写两个妃子的得宠、失宠、得幸、失幸，写两个女人间的争风吃醋。

作品特别是对杨贵妃持有否定的态度，写她的嫉妒、荒淫无度。

写杨贵妃本来是唐明皇的儿子寿王李瑁的媳妇，却被纳为父亲的妃子，这是令人不齿的乱伦。身为唐明皇的贵妃，在与皇帝卿卿我我的同时，还暗中与安禄山勾搭成奸。杨贵妃利用被皇帝宠溺之机，把堂兄——那个流氓加赌徒的杨国忠推为都尉宠臣，导致天下大乱。

相对于杨贵妃，《惊鸿记》对梅妃却表现出了同情心。特别是对梅妃被诬遭贬的经历，对这个红颜薄命的女人充满了嗟嘘感叹。因此，皇帝与梅妃间的生离死别、破镜重圆的结局成为故事的核心，最后让梅妃与唐明皇团圆重聚。

整个剧作情节曲折，冲突不断。对唐明皇，作品也给予了一定批判，认为这个昔日的明君，已经堕落成了一个风流好色的昏君。

吴世美的《惊鸿记》是根据宋人小说《梅妃传》(曹邺著)来的，也吸收了许多有关杨贵妃的历史记载及民间传说。主要的意图是写梅妃与唐明皇间的聚散之事。

剧中梅妃作惊鸿舞，故名《惊鸿记》。从中可以看出，杨贵妃不是传奇中的主角，而是配角，主角是梅妃。梅妃真名叫"江采萍"，是福建莆田人，其父是个博学文人，也是一个经验丰富的医生，从小就对这个女儿宠爱。而梅妃也天资聪慧，饱读诗书，琴棋书画舞乐，样样精通。15岁被选入宫中。梅妃带有南方女孩的那种清秀淡雅之气。淡妆素颜，娇俏美丽，柔和善良，纯真专注，多才多艺，才貌双全，与丰腴娇蛮的杨贵妃是截然不同的两类人。

梅妃之得名，与其爱梅如痴有关。从小江采萍就喜欢梅花，宠爱她的父亲遍寻梅树种在堂前。被选入宫中后，得到唐明皇的恩宠，唐明皇也给她搜罗天下梅花，在其寝宫一带种成一片梅林，将江采萍封为"梅妃"。皇帝为其住处题写"梅阁"，还将一座亭子命为"梅亭"。

唐明皇亲自为梅妃演奏《梅花落》，梅妃便舞"惊鸿舞"。每当梅花绽放之季，唐明皇便携爱妃赏梅吟诗，恩爱有加。

洪昇的《舞霓裳》虽然吸收了《惊鸿记》中的一些情节，但主要表现的却是杨贵妃与李隆基的爱情。是以唐明皇李隆基写"霓裳羽衣曲"、杨贵妃跳"霓裳羽衣舞"为线索，核心是表现皇帝和妃子间的爱情享乐，而由此发生的一系列故事。

李隆基身为一朝皇帝，沉浸于霓裳羽衣舞中，有时还亲自为杨玉环弹奏"霓裳羽衣曲"，伴其舞蹈。李隆基与杨贵妃整日沉溺于饮酒享乐，荒废朝政，听任杨贵妃和身边的杨家亲属、奸臣祸国殃民，导致了安史之乱。

《舞霓裳》的后面则引入了李泌辅助肃宗平叛，迎驾回归长安，治国复国的情节。作品的背景更为宏大而壮阔。

从《沉香亭》表现李白一个失意文人的个人经历，到表现大唐王朝由盛而乱，再由乱而治的《舞霓裳》，洪昇的创作走出了个人狭小天地，上升到了表现安史之乱这样重大的政治事件背后的帝妃之间的感情，这是一个进步。作品不只是在写帝妃之间的感情纠葛，也触及了大唐盛世衰败的原因，用故事的方式讲述了"安史之乱"前后，唐代社会风云变幻的现实，也是对统治者治国之道的经验总结。

在《沉香亭》中，洪昇在李白从得宠到失意的人生经历中，找到的是一种与人物之间的通感，从李白身上看到的是自己的坎坷、失意，连连受挫的曲折道路，感受到了自身的落寞与窘迫。表面看是在写李白，而实质上却是在描述洪昇自己，作品里充满了自传成分。从文学书写的角度看，《沉香亭》还没有从狭隘的个人经验中走出来，因而，作品所看到的世界和背后的深层意义也就是有限的，深度挖掘和广度视野都没有打开。

而《舞霓裳》却从个人的经验世界跳出来，把目光放到了更大的唐朝政治、宫廷斗争、皇帝的任性、权力的腐败与无所不为的官场世界，把目光扩大到了国家的大义之情。作品的视野开阔了，使作品具有了思想深度，看到了个人命运与时代和政治历史的关联性。跳出自我，找到了更高的角度看世界，其眼光更为独到。

从自怜自艾到国家大事，作品有了深度和广度，具有了穿透力，因而，也就具有了较大的价值。这是最终完成《长生殿》的最关键的一个版本。

洪昇完成《舞霓裳》后，本想再细细打磨一下，使其更完善。但消息很快传出去，朋友们纷纷表示祝贺，更有朋友提出要分摊银两尽快排演。一些戏班也找上门来，也要剧本演出。《沉香亭》一直在演出着，再加上这个新作《舞霓裳》，一时间，京城再度热闹起来。洪昇的经济状况因此而有一些改变。

第 18 章　侍亲流放

　　在生活的风暴刚刚有所平息，洪昇本以为可以稍作喘息之际，一个沉重的打击如乌云密布，突然降临在他的头顶——父亲洪起鲛的案件，在漫长而折磨人的等待后终于有了残酷的结果：洪起鲛被判处流放到边地宁古塔，而洪昇的母亲黄氏也必须随行。他们将从杭州被"械押"至北京，在那里等待最终的遣送。

　　这个消息对洪昇来说，无疑是一道晴天霹雳，他被这突如其来的打击震撼得痛不欲生。原本以为随着时间的流逝，父亲的案件会逐渐被淡化。尽管当初洪起鲛离开北京时，案件尚未有明确的结论，但实际上，那种"不了了之"的处理方式，在洪昇看来，已经是一种结束。

　　然而，事隔四年，当一切似乎已经归于平静时，清朝政府却在平叛进行到尾声时，对涉"三藩之乱"的人员进行清算。对那些悬而未决，拘而未判，审而搁置的案件全部进行清理，重犯处斩，从犯流放，洪起鲛也被划到莫须有的所谓"参与叛乱"的案件中，被重新提起，重新判决。这样的灾难对他来说，实在是太过意外，太过残酷。

流放之所宁古塔是苦寒、蛮荒之地，不只是冬季漫长而又凛冽酷寒，即使在夏天温度也不高。特别是冬天，非常痛苦。那些被遣送去宁古塔的体弱多病、年老虚弱的犯人基本熬不过冬天就会死在那里。而宣布洪起蛟被流放到宁古塔的时间恰好就是北方最寒冷的严冬时节。对于习惯在温暖的江南生活的人来说，去宁古塔就是"有去无回"，等于判了死刑。差不多不用到达那里，在被押解的途中就可能死亡。

在清朝，被流放到宁古塔的人，基本都是重犯、要犯。最主要的有四类人会被判处这样的刑罚。一类是在科举考试中受贿、舞弊人员，其中一些要犯被砍头，另一些受到株连的涉案人员，就会被流放到宁古塔去。洪起蛟的大太太钱氏的父亲钱开宗就是因在科举考试中受贿，而深陷"江南闱案"被"斩立决"，剩下的50多人都被流放到了宁古塔，而活下来的寥寥无几。

被流放到宁古塔的第二类要犯就是"反清复明"的顽固分子。被捕以后，主犯砍头，凡参与者都会被流放到宁古塔。特别是涉"三藩之乱"案件的人，都要被"械押"到那里受罚。洪昇的父亲洪起蛟就属于"参与"三藩叛乱人员。这个判决是非常严厉的。

还有两类人员也会被流放到宁古塔，一是因文字狱而获罪的文人及其家属子女。第二类是被定罪的侵欺国家钱粮、贪赃枉法的官员，重犯处死，涉案其他人员则流放宁古塔。

被流放到宁古塔的罪犯，都是被判10年以上的重犯，一旦被押送到那里，如果能存活下来，就要经受10年以上的苦役。但这些犯人基本都是文人秀才出身，智力很高，体力却不如普通人，服刑期间会有大量的犯人死亡。对于大多数被流放人员来说，这几乎就是一条不归路。

得知父母即将被流放的消息后，洪昇的心情如同被猛烈的暴风雨无情地摧残，几近崩溃，痛楚深入骨髓。他无法接受这个残酷的现实，焦躁、痛苦让他几乎无法呼吸。在这种绝望的情况下，他抱着微弱的希望四处奔走、求告，向有可能提供帮助的人诉说，试图改变无情的判决。哪怕就在当地受罚，也不要让他们去遥远的宁古塔，让父母免受流放的厄运。

然而，现实却是如此残酷。判决已经公布，消息已经传达到各地，押解人员也已经整装出发。在这种情况下，想要改变流放的结局，根本不可能。

面对这样的境况，许多朋友都纷纷劝洪昇，朝廷已经定罪的案子是不可能改变的。与其这样无望地四处求人，不如接受现实。回到家乡去，在父母即将踏上流放之路的时候，陪伴在他们身边，一同前往京城，这样至少可以在路上照顾他们，服侍他们。

尽管这个建议充满了无奈和悲哀，但对洪昇来说，这可能是他目前唯一能做的事情。

他没有心思饮食、休息，几天下来，洪昇面目变得黑瘦，几乎不成人形。身体因为缺乏营养和休息而变得极度虚弱。朱溶在《长生殿序》中说他"驰走焦苦，面目黧黑，骨柴噬嗑"。

见解救无望，洪昇便急忙奔回杭州，去服侍父母上路。

洪昇日夜兼程，披星戴月，马不停蹄，匆匆赶路。原本从北京到杭州需要一个多月的时间，结果十多天的时间就赶到了。好友朱溶说洪昇："昼夜并行，钱塘去京师三千余里，间从泰岱江河，旬日余即抵家侍其亲北。"（朱溶《稗畦集序》）

自"家难"离开洪园，洪昇已经有七八年的时间没有到过出生长大的洪园了。从西溪坐着渡船，熟悉的景色，却没有了往日的快乐，冬日的风掠过水面和植被显得清冷而寂寥。

上了岸就是洪园，踏进了洪园，环顾四周，那些曾经熟悉的一草一木，如今都显得陌生而凄凉。

洪园的大宅院，曾经是欢笑和温暖的地方，如今却寂静无声。站在凋零的花朵和荒凉的庭院，母亲教他们兄弟读书、与伙伴们嬉闹游戏的场景又浮现在眼前。那时，家人们围坐在一起，共享天伦之乐，如今却荒芜如此。

家仆老董还在，他见到家中来了一位陌生人，站在那里仔细观察了半天，才认出了洪昇。他激动地喊道："大少爷！您终于回来了！"老董握住洪昇的手，眼中流露出既悲伤又喜悦的情绪。他急切地说："太好了，老爷还没有离开，您能见到他一面！"

父亲和母亲一副即将远行的打扮，一见洪昇风尘仆仆地出现在眼前，有些惊讶地望着他。洪昇一下跪到地上："不孝儿回来服侍父母大人！"说着，满脸哀伤和愧疚地叩了头。

"你怎么回来了?!"父亲既惊讶又有些意外。

母亲黄氏惊喜地伸出手，疼爱地抚摸洪昇的脸颊。洪昇站起身，眼中含泪，却努力挤出一个微笑。

出发的时间到了，他们像逃亡一样，带着许多保暖的东西，还有路上吃的、用的。天色灰蒙蒙的，仿佛老天爷也在为这场别离而感到悲伤。

老董把要带的东西装到船上，他们另坐一条船，渡到西溪那一边的码头。上了岸再雇马车，才算正式上路。

冬天向北方，越走越冷，但陪伴在父母身边却心暖如春。他的《除夕泊舟北郭》一诗云："漫道从亲乐，承颜泪暗流。明灯双白发，寒雨一孤舟。故园仍羁客，新年入旧愁。鸡鸣催解缆，从此别杭州。"

悲中有喜，苦中作乐。多年没有在父母身边，这一次虽是奔赴流放之地，前途凶多吉少，却有一种意外的收获。

他们就这样，一路坐船乘马，近两个月后，到达了北京。按照规定，先住进了戍所，等待押解流放地。

戍所的条件简陋，监管严格。虽如此，与前方的苦难相比却是好得多。

终于，押解的日子到来了。一同被遣戍者多为涉"三藩之乱"人员，洪昇决定一路护送到宁古塔。尽管前路漫漫，生死未卜，却也不得不走。

一路上，押解人员还算通情达理，并没有为难犯人们。或许他们也知道，这些犯人将一去不复返，所以，既没有催促快走，也没有恶语相向，相反，却关照有加。原是不准许有家属陪伴的，但有陪伴者，他们也睁一只眼闭一只眼，装作不知情况。洪昇就这样跟着押解队伍，陪着父母一直向恶劣的流放之地前进。

在队伍走走停停，缓慢前进的时候，突然一匹快马跑来，跑到押解头目面前大叫着，"皇上大赦了！皇上大赦了！"这一消息如同一道闪电划破了沉闷的空气，犯人们惊讶地站住了。

头目接过诏令，打开一看，确实是朝廷的诏书，大赦天下。这就意味着这些被流放的罪人不用继续走下去，可以重获自由了。他转向队伍，高声宣布了这个消息。

犯人们先是静默，随即爆发出欢呼声。喜极而泣，相拥庆贺。这是天大的喜讯。洪昇激动地对父母说："老天开眼！老天开眼呀！"愁眉苦脸的洪起鲛更是喜出望外。

洪起鲛意外被赦免源自紫禁城的一场毁灭性的大火。这场大火将紫禁城太和殿一烧而光，这个紫禁城的中心建筑被毁震惊天朝。大火过后，康熙自我反省清朝自入关以来的所作所为，觉得北京 9 月大地震，腊月又着这场毁灭性的大火，把太和殿烧得一干二净。一个是天灾，一个是人祸，这不是偶然，是老天在惩罚他们。于是，率百官去天坛祭天，决定大赦天下，以平息天怒民怨。因此，所有被流放者均被赦免了。

紫禁城的这场大火发生在康熙十八年（1679 年）12 月 3 日。那天，北京大风。深夜，正在乾清宫睡觉的康熙皇帝被惊呼吵嚷声惊醒。太监大呼："太和殿走水了！太和殿走水了！"走水，也就是着火。

康熙已经看到外面的火光，立即下令所有人员救火。众人奋不顾身扑向火场。大火从御膳房烧起，风助火势，火借风力，很快从御膳房蔓延到西配殿，再从西配殿烧到太和殿，再烧到东配殿。大火越烧越旺，直到天亮都没有扑灭。大火一直烧到次日中午才逐渐熄灭。大火过后，太和殿完全被焚毁，只剩下了焦黑的梁架立在那里。

见火灾过后的惨状，康熙心疼不已。太和殿不只是紫禁城最核心的建筑，也是国家权力的中心，甚至可以说是世界的中心。俗称"金銮殿""至尊金殿""金銮宝殿"，是皇权的标志，也是紫禁城最大的殿宇。皇帝在这里发布诏令，处理国家大事。把太和殿烧了，就等于把国家灵魂给毁了，这是天大的事。

康熙帝震怒，命内阁大学士索额图调查起火原因。很快就有了结果，索额图报：太和殿着火是因为西边的御膳房失火了，因为当时风太大，风向又是吹向太和殿，因此风助火力，火借风势，大火越烧越旺，把太和殿烧个精光。御膳房的火是因为 6 位烧火的太监用火不慎，导致起火。火势从御膳房向太和殿方向吹去，太和殿都是木料所建，天气干燥，木料易燃，因而灾祸发生。

紫禁城在明朝时也曾多次起火，最大的一次是明嘉靖三十六年（1557 年）的那场火，殃及太和殿、中和殿、保和殿三大殿，大火沿着东西两廊一直烧到午门。清朝建立以后，皇宫加强防备，在宫中各处设置 300 余口大水缸。为防冬天水缸结冰，还在水缸下烧火，目的就是防止起火。

紫禁城最大的火灾隐患就是御膳房，御膳房每天都要烧掉大量柴炭，一不小心就会起火。为了消除这个火灾隐患，康熙还曾命御膳房搬迁到离太和殿 200 米以外的位置，中间还隔着东西配殿。而御膳房内有严密的防火设置和严格的防火规定。在如此严密的措施下，紫禁城还是起了大火，这不能不让皇帝震怒。

按照《大清律例》规定："失火之人，若延烧宗庙及宫阙者绞监候。"无论如何都要处置的。此前，因 9 月京城大地震，康熙赦免天下，已经没有再开杀戒处死刑，但，这次大火让康熙怒火中烧，喝令："此等人在禁地不小心谨慎，致此火变，虽已遇赦（指当年大赦），不容宽免，仍依议治罪。"6 位烧火太监被判绞刑，过了春节之后执行。

大火过后，重建太和殿时，防火措施更为严密。将太和殿墙体建成"防火墙"，皇宫内除御膳房一律禁止明火。而御膳房也换了地方重建，离太和殿更远。北京常刮西北风，御膳房就坐西朝东，1000 余平方米的御膳房周围绝不许再搭建其他建筑。康熙勒令："凡宫中有火之处，必有人看守，不许一时少人，总管等要不时巡察。"

第 18 章　侍亲流放

155

但过后，康熙又反思这一年发生的种种事件，特别是 9 月发生在北京的 8 级大地震，全国各地风起云涌的叛乱，如今又一把大火把清廷的核心权力之所烧个精光，这是不是"天怒"？

康熙自省自责道："朕躬膺天眷，统御寰区，夙夜祗承，罔敢怠忽，期于阴阳顺序，中外枚宁，共享升平之化。乃于康熙十八年十二月初三日太和殿灾，朕心惶俱，莫究所由，因朕不德之所至欤？抑用人失当而至然欤？兹乃力图修省，挽回天意。"（《清圣祖实录》）

在 9 月的北京大地震时，康熙就在《罪己诏》中反思过："朕缵承鸿绪，十有一年，治效未臻，疆圉多故，水旱叠见，地震屡闻，皆朕不德之所致也。朕以眇躬讬于王公臣庶之上，政教不修，疮痍未复，而内外章奏，辄以'圣'称，是重朕之不德也。朕方内自省抑，大小臣工亦宜恪守职事，共弭灾患。凡章奏文移，不得称'圣'。大赦天下，咸与更始。"

康熙十八年 7 月 28 日（1679 年 9 月 2 日），北京发生 8 级强烈地震。从上午 10 点左右，到下午 6 点，余震不断，烈度极高，房倒屋塌，死伤惨重。据《清实录》记载，大地震发生时"声如雷，势如涛，白昼晦暝。"昏天暗地，天塌地陷。

皇宫内院多处房屋被震倒，皇帝御案龙椅也被震翻。工部尚书王光裕一家 43 口死于震中，内阁学士王敷政、掌春坊右庶子翰林院侍读庄冏生被砸死，大学士勒德洪被砸压致伤，其他文武官员及居民死者甚众。

被惊吓到的康熙躲到景山上避震三天三夜。此后，便生了一场大病。

北京城一片废墟瓦砾，民房倒塌殆尽。顺承（宣武）门、德胜门、海岱（崇文）门、彰义（广安）门等城门倒塌，城墙也大多成了残垣断壁。一座都城几乎完全被毁。

这次大地震的震中在平谷、三河一带，地震波及范围除京城外，还包括周围的河北、山西、陕西、辽宁、山东、河南六省，共计两百余州县。京城震毁城堞、衙署、民房，死伤人民甚众。

如此严重的天灾发生后，康熙皇帝反思大清王朝的所作所为，感觉清朝在建立与维护统治的过程中因为杀人太多，过于残暴而引起天怒人怨。仅清初一个扬州屠城10天就杀了80万人，在剿灭"三藩叛乱"过程中，也死伤无数，滥杀无辜，引发天怒。因此，大地震过后，康熙大赦天下，赈灾救贫，做过许多补救。

但在如此善行之后，不到3个月再次发生了这场大火，重建起来的紫禁城再次被毁得精光，康熙觉得，天怒未平，便再次大赦。

洪起鲛便是得此机会，才免于被流放的厄运。

第18章　侍亲流放

第19章 重返故园

虽然洪起鲛一再拒绝洪昇陪伴回乡，但他还是坚持服侍在父母身边。

获大赦固然是喜事，但是，从冰天雪地的东北回到温暖的杭州，需要经过三个多月的长途跋涉。坐车、骑马、登船，吃饭、住宿、打尖，这一路会遇到许多困难。父母都已经年过半百，身体虚弱，经过这一折腾，更是身心疲惫，洪昇哪里放得下心？洪昇常年在外漂泊云游，对长途行走有一定的经验，有他陪在他们身边会好很多。

洪昇陪伴父母回乡的另一个愿望就是，在这漫长的旅途中，可以软化、疏解由于家难所造成的父子隔阂，弥补多年来的情感缺失。父亲被诬遭流放虽然是件苦难之事，但经过这一场灾难，洪昇与父母间的关系却近了。这段时间以来，他在父母身边跑前跑后，有了更多的机会与他们相处，感情已经拉近了许多。

朝廷的赦免给洪起鲛带来了重获自由的解脱，回乡之路又有妻儿陪伴身边，这本应是一次舒心之旅，但父亲却一路情绪低落。洪昇看在眼里，忧在心头，想尽办法试图与父亲交谈，希望能缓解他的忧郁。然而，无论洪昇如何努力，洪起鲛依旧闷闷不乐，提不起精神。他能够感受得到，被诬流放只是导致父亲心情不好的原因之一，这一生的不得志，出仕后的种种遭际都是父亲不能释怀的根源。

　　洪昇从小在威严的父亲面前就是少语的，但是，见父亲如此沉默，话就多起来，试图转移父亲的注意力，驱散他心中的阴霾。他回忆在洪园读书的场景，那里的宁静环境，清幽的园林，花木扶疏，曲径通幽。还有父亲特别喜欢的亭子，亭子边的清澈小溪，溪上的小桥，潺潺的水流。

　　这其实也是洪昇一直以来怀念的地方。他成长在洪园，那里存放着他最为美好的时光。在洪园里，他跟着父母沉浸在书海中，从《诗经》到《史记》，从《庄子》到《论语》，每一本书都让他受益匪浅。他喜欢在读书之余，沿着小溪散步，思考书中的哲理，感受大自然的美好。还有他与同龄的孩子们组成诗社，在郁郁葱葱的树下对诗、嬉戏。当他们遇到困惑时，父亲总能适时出现，用深邃的智慧和丰富的经验点拨开导，让他豁然开朗。

　　听到洪昇如此谈论洪园，父亲只是深深地叹了口气说："一去不复返喽！"

　　母亲却乐观地说："都在呀，什么都没少，日子还会这样继续下去的。"

　　父亲却只是轻轻地摇了摇头不语。洪起鲛本是个很乐观豁达的人，经过这一折腾之后，那个熟悉的身影似乎已经消失了，留下的只是一副沉默寡言、心事重重的样子。

洪昇看着父亲，心中涌起一股难以言说的痛楚。他知道，父亲心中的苦闷并非仅仅因为被诬流放的经历，更是因为对于洪氏家族命运的忧虑。洪起鲛一生虽为明朝遗民，对大明王朝有些念念不忘，但对如今的清廷并非不忠，却因此而蒙受不白之冤，这份打击对他来说无疑是沉重的。但同时，洪家的未来和洪氏家族的衰落更使洪起鲛忧心忡忡。

在沉闷与落寞中，洪昇陪着父母走了两个多月，终于回到了杭州。

在西溪码头坐上渡船，向着洪园驶去。西溪湿地依然草木浓密，原始而宁静。船在平静的水面上划过，留下一道细长的波纹。两岸的树木郁郁葱葱，不时有几只水鸟从树丛中飞出，掠过水面，又消失在远处的芦苇丛中。

一家人都沉浸在这份宁静中。望着前方家的方向，他们都不由得想念起洪园，想象着回家的场景。

随着渡船的靠近，洪园的细节逐渐清晰起来。高大的牌楼、曲折的回廊、精美的亭台楼阁，每一处都显现着洪氏家族曾经的恢宏与气魄。

走了大约一炷香的工夫，渡船停在了洪园的码头上，洪昇搀扶着二老下了船。洪园门口是冷清的，往日孩子们的欢声笑语已经飘逝而去。穿过洪家大院外的牌楼，他们推开了洪园那扇宽大的红色大门。

家仆小向听到声音跑了出来，他惊喜地望着归来的主人们，快步迎了上去，一边帮忙搀扶着洪昇的父母，一边有些激动地说："老爷、夫人，你们终于回来了！"

洪昇并不认识小向，他所熟悉的是如爷爷一般的"老向"，母亲说："你们还不认识，这是老向的儿子小向。"

洪昇这才明白，拍了拍小向的肩膀问："老向叔还好吗？"

一听这话，小向低了一下头。母亲替小向回答："唉，老向走了好几年了，都没跟你说。你离家之后没有几年老向就没了，留下可怜的小向。"

这个消息让洪昇有些吃惊，刚想问些什么。这时，大太太钱夫人也走了出来，流着眼泪说："我还以为这辈子再也见不到你们了呢。你们回来了？还走吗？"

洪起鲛嗔怪地说："这是什么话?! 这是我的家，怎么能不回来呢？"

洪昇恭恭敬敬地叫了一声："姆妈！"钱夫人瞥了一眼洪昇不回应他的话，却拉起了黄氏的手说："你们受苦了！快进屋里歇着吧。"

黄氏也喜极而泣地说："遇皇上大赦天下，免了我们的刑罚，走到半路了，才得这个信儿。"

这时，洪起鲛对小向说："你扶着太太回房里，我在听雨轩这里坐一会儿。"

钱太太对洪起鲛说："走了这么长时间的路，还是到屋里歇着吧，洗洗脸躺一会儿……"

没等钱夫人说完，洪起鲛就打断了她："你们先进去，我在这里待会儿就进去了。"

听雨轩是洪起鲛最喜欢的地方，木制的亭子顶部装饰着精美的雕刻，柱子上挂着一块匾额，上面写着"听雨轩"。洪起鲛在这里听雨读书，会友饮酒，吟诗作对。幼年时代的洪昇也喜欢这里，正是在这里他听父母给他们兄弟妹妹们上课，也常常在这里读书、诵诗、写大字。

回到了洪园，洪昇却觉得没地方待了。他在园子里转了转，一切似乎都如旧，却多了几分荒凉。依旧宁静安然，小溪潺潺，曲径通幽，却少了一些熟悉的味道。站在花海前，看着玫瑰、向日葵、正在茂盛生长着的紫色薰衣草，很是恓惶。

呆立了半天后，他觉得该离开了。身处日思夜想的洪园，惆怅而伤感，陌生而疏离。完全找不到家的亲切感，这里已经没有他的容身之所。

离开洪园后，洪昇想回北京去了。因为近三个月的长途跋涉，身体劳顿，如果马上动身怕身体撑不住，便决定在杭州稍事休息再启程。

杭州还有许多朋友，他又不想惊动太多的人，就去拜访好友金张。金张是钱塘一带的名诗人，洪昇与他交往多年。

一见面，金张惊讶地问："昉思兄，多日不见，快认不出来了。"

洪昇笑着说："介山兄，你就直说吧，我老了……"

金张打量了一会儿洪昇，有些叹惜地说："昉思兄乃钱塘风流才子，潇洒倜傥，忽见华发初显，岁月弄人呐！"

不怪金张的叹息，洪昇不只白发染鬓，面色也黧黑，与风流少年的洪昇相比，判若两人。后来，金张写了一首诗《洪昉思过寻》感叹道："七年甫得博一见，一见焉知不七年。但使白头长在世，有时重会不须怜。"（《芥老编年诗钞》）

是啊，洪昇虽然才 35 岁，但坎坷抑郁的经历，特别是这一年为父亲被诬判流放的事，奔波操心，求告辩诬，让他一夜间苍老了许多。

金张拉起洪昇就往外走："昉思兄，走，喝两杯去，顺便叫上些朋友，为你接风……"

洪昇连连摆手说："就是不想惊动大家才悄悄见你的，见见介山兄就走了。"

金张说："听着怎么有些凄凉啊？也好，咱们这一聚还不知道什么时候再见面呢。不过，顺便把张吉兄叫上，听说他也病了一些时日，也久未谋面，小酌两杯。"

洪昇说："只咱们三人相聚，不再叨扰他人了。"

"好好好，走。"

两个人相携着向外走去。

这一次钱塘之行，洪昇感触良多。故园不再，只身西溪徒增凄凉，只在与金张、张吉的重逢中感受到了些许情意。

很快，洪昇便启程回京了。

路途漫长遥远而孤独。沿着古道，穿越一个又一个城镇山村。风景变幻，但他的心情却始终难以明朗。

一路上，不紧不慢地走了近三个月，心神不定，情绪不高，到北京时已经是又一个春天了。

回到北京不久就是寒食节。望乍暖还寒的初春，洪昇写下了《寒食》诗："七度逢寒食，何曾扫墓田。他乡长儿女，故国隔山川。明月飞乌鹊，鹤山叫杜鹃。高堂添白发，朝夕泪如泉。"

依然还是荒芜之感，感叹多年的漂泊失意，又写下了《天涯》："八载天涯客，中宵唤奈何。饥寒行役惯，贫贱别离多。狡兔思营窟，枯鱼泣过河。吞声不敢道，总付断肠歌。"

第 20 章　肯綮死生

1680 年秋天，好友吴仪一从奉天来到北京，两人相见十分激动。洪昇一家与吴家是世交，而他与吴仪一又是从小一起长大，经常在一起谈诗论文，都是江南才子，十分投缘，洪昇留吴仪一住在家里。

那时，洪昇只身带着女儿洪之则居住。之则已经 7 岁，跟在洪昇身边读书，她是个聪慧好学的孩子，读经书，也读传奇。

有一天，洪之则举着一本《牡丹亭》让父亲给讲一讲。洪昇就说："要说《牡丹亭》你四叔是最有发言权的，他的两位夫人都作过《牡丹亭》批注，而你吴叔在这个传奇上是下过很大功夫的。"

吴仪一谦虚地说："哪里，哪里，昉思兄的研读更是到位，有许多都是我们这些俗人看不透的。"

洪昇说："不只是你四叔对《牡丹亭》有研究，他的三位太太也是颇有心得的……"

听到洪昇这么说，吴仪一叹了口气道："可惜那两位都不在了，或

164

许我是克妻的。第一位陈同，还没正式结为夫妻，就去世了。第二位谈氏嫁给我三年也去世了，现在的钱氏身体也瘦弱多病，经常卧床不起。虽都是知书达理，爱读书，爱琢磨情理之义，但我或许也没有这个福气吧？我又喜欢云游他方，一年365天，没有多少天能在家陪伴她们，真是觉得对不起她们呀。"

洪昇劝慰道："天下文人都一样，云游四方，遍访天下，这是必然的。前两位夫人升仙而去，或许也是迫不得已。"

洪之则眨着眼问："《牡丹亭》里的还魂复生，我不明白，人死了以后，真的可以再活过来吗？"

吴仪一愣了一下，想一想说："你这个问题倒是问到了根上，刚刚说到你两位四婶的死你就提出这个问题，说明你很敏感。我以为人是可以还魂复生的，《牡丹亭》就是一部'还魂记'，说的正是这个问题。死和生本是一体。圣贤的肉体和普通人一样，也会衰老，也会死去。但他们的精神长生于天地之间，这就是死而复生。肉体可以死，精神却可以生。"

洪之则问："这就是死而又活的意思吗？"

吴仪一点头道："是的，这就是有的人死了，人们还在想着他的原因。甚至有些佛教徒和道教徒中的人肉体也不死，活在人间几百年的都有。"

"噢。"洪之则似懂非懂。

吴仪一继续说："你离世的陈同四婶批注的《牡丹亭》有一句话我非常喜欢，她说：'死可以生易，生可以死难。引而不发，其义无极。夫恒人之情，鲜不谓疾疹所感，沟渎自经。死则甚易。明冥永隔，夜台莫旦，生则甚难。'这句话虽然对你来说比较难懂，但是，当你年龄大一些了，有了人生的阅历就会很容易明白其中的道理。"

洪之则有些困惑："我还是不太明白。"

吴仪一说："这样说吧，普通人很少不感染疾病的，有些病是会死人的，还有些人自己不想活了，自尽者也大有人在，也就是说死亡看起来很容易。一旦死亡，明暗永隔，死后不再有白天。但是生存则非常困难，想活下来就得受苦受难，经历非常多的坎坷曲折。所以，许多圣贤舍生取义，杀身成仁，都是非常值得尊敬的。生难死易，生死价值却不相同。"

洪之则有些明白了，点着头。

吴仪一又说："孔子说：'朝闻道，夕死可矣！'《易经》说：'原始反终，故知死生之说。'你陈同四婶批注得更精彩，她说：'死不闻道，则与百物同澌绝耳。古来殉道之人，皆能庙享百世。匹夫匹妇，凛乎如在。死耶生耶，实自主之。'生死，实际上是由自己掌控的。陈同的这个批注符合道的真谛，不只是佛教的'涅槃'、道家的'谷神'是这样，普通的人也可以是'死耶生耶，实自主之'的。"

洪之则惋惜地说："要是陈同四婶在世的话多好，我也就可以直接向她请教了。"

吴仪一叹了口气说："唉，我和你四婶就要成婚之时，她却染病而去呀。这也可以说是我们的生离死别吧。不过，后来，我娶了谈则姑娘，她也对《牡丹亭》情有独钟，看了陈同的批注，也在上面加了许多自己的感想，也很好。还有你钱婶，读了她们两个的批注自己也写了一些，如果有机会，你倒是可以当面跟她讨论。"

"太好了！什么时候我们回杭州一定去找钱四婶去。"

吴仪一笑着望向洪昇："之则这姑娘聪明伶俐，将来定有出息！"

洪昇则称赞吴仪一："吴兄说《牡丹亭》还魂之意说到了要害之处，这样解释是符合汤临川本意的。"

吴仪一说："也愿意听听昉思兄的高见。"

洪昇坦率地说："照我看，《牡丹亭》的关键确实在于其生死之际，生生死死，乃生命大义。作品中有五折戏《惊梦》《寻梦》《诊祟》《写真》《悼殇》写的是'从生到死'，而另五折戏《魂游》《幽构》《欢挠》《冥誓》《回生》则是写'从死到生'。都是在探索灵魂的根源，揭示情感的深渊，这样便把一部男女情事升华成了生死大事，在一桩人间俗事中埋藏着肉身与魂魄的真意。人们之所以喜欢《牡丹亭》其本质就是超越了生死，生可以死，死也可以生啊。"

吴仪一听罢，拍案叫绝。

这也是洪昇思考很久的一种思想，在他的作品中逐渐显形。从《沉香亭》到《舞霓裳》慢慢钩织起了生死主题。特别是不久之后他创作的惊世之作《长生殿》，写李隆基与杨贵妃的关系时，不只是写了二者爱情的现实，也写到了贵妃死后，两人的灵魂相遇。这也是洪昇所说的"生死之际"的绝妙之处。

吴仪一，字璨符、舒凫，又字吴山，别名吴人，钱塘人。童年时期就在北京太学游学，擅长诗词，有《吴山草堂词》17 卷传世，大诗人王士禛非常喜欢。吴仪一还是"西泠三子"之一，在江南也很著名。吴仪一还擅长评点，他评过《牡丹亭》等传奇，特别是他评点的洪昇《长生殿》是比较权威的一种。他的评点独特深刻，得到了洪昇的高度认可，成为《长生殿》研究的重要依据。

在洪昇家里逗留了数日之后，吴仪一便去了徐州，洪昇写有《送吴舒凫之徐州》诗相赠。

也许由于父亲流放之事让洪昇从精神和肉体上还没有消化掉吧，他疲惫不堪。他连续行走，先是陪伴父母去东北流放，获赦之后又把他们送回杭州，接着又从杭州回到北京，差不多花了一年的时间都是从北至南，再从南到北地行走，经受着精神和肉体的折腾。现在终于安定下来了，身体却出现了问题。

洪昇病了，卧床不起，苦苦煎熬。

这时，好友梅庚要从京城返回宣城。本来说好，他是要亲自送行的，但是，这场大病让他无力行走，不能相送了。于是趴在床上用毛笔歪歪斜斜写下了一首《送梅藕长归宣城》诗："卧病闭虚馆，忽闻君远行。离心不可道，树树秋蝉鸣。"

这一次洪昇病得不轻。

一直到了冬天，他的病才有所好转，他想出去转转，会会朋友。于是便去了好友方象瑛家，聊了一会儿，但心绪不佳，便又打道回府。后来，方象瑛写了《柬洪昉思》两首诗记录了他们的这次相会。

1681 年的春天来了，洪昇已经完全恢复了健康，恰逢好友王元弼要离开北京去零陵任知县，经学家、地理学家胡渭也要离开北京回南京，朋友们便聚在一起，饮酒赋诗，给他们送行。

几杯酒下肚，洪昇诗兴盎然，挥笔写下了《送王良辅明府之任零陵》两首五绝诗，其中有"一路桃花水，春帆过楚江"句，可知洪昇此时心境已经好转，没有了抑郁和悲伤之感。与友离别很容易陷入低落情绪之中，但与此前遭遇相比，与朋友相会高兴起来了。

趁兴他又写下了《送胡朏明先生南归》一诗，赠胡渭："京洛了无趣，羁栖奈愁何？羡君归去好，小艇弄烟波。江雨湿青箬，苹风吹白蓑。晚来明月上，自唱打渔歌。"这既是赠予胡渭的诗，其实也暗含着洪昇自己对未来归隐南方的向往。

与二人离别之后，洪昇诗兴不减，又写了一首《寄王零陵大令》。此时的创作热情高涨，不仅写了许多诗歌，还重新拿起了没有完成的传奇创作。

2 月，礼部尚书王泽弘要护送仁孝皇后和孝昭皇后的灵柩到清东陵昌瑞山下葬，便邀约洪昇、宋荦两人一起同行。一是参与皇后的下葬活动，二是下葬后，与二人一起去盘山一游。洪昇早就想出去散散心，王泽弘一说，他就欣然应允。不过，因为宋荦有要务要办，不能参加皇后下葬，他与两人相约直接去盘山相会。

王泽弘（1626—1708）是黄冈县人，进士出身，官至礼部尚书。是知名的诗人，与洪昇等人来往颇多，著有《鹤岭山人诗集》16 卷。

宋荦（1634—1713）是河南商丘人，也是知名的诗人、画家、政治家。官至吏部尚书。宋荦为官正直，为文勤奋，诗书画都很知名，与朱彝尊、施闰章等人并称为"康熙年间十大才子"。有《西陂类稿》50 卷、《漫堂说诗》及《江左十五子诗选》等作品流传。

洪昇与王泽弘、宋荦二人在京城的文人交往中比较密切，以往一到春天，他们就会相约到京郊云游。这次趁为两位皇后下葬的机会，也一同踏春。

盘山位于北京以东，有"京东第一山"的美誉。盘山的原名叫"徐无山"或"无终山"，后因汉代名士田畴而改名。田畴（169—216）自称"田盘山"，能文能武，东汉末年因为不愿意接受汉献帝的封赏而隐居于此山，故此山被称作"田盘山"，简称"盘山"。

田畴好文习武。东汉末年，田畴被幽州刺史刘虞派往都城，呈送指控公孙瓒奏章。田畴不辱使命，到达都城后，汉献帝大悦，立即封其为骑都尉。但田畴不愿意接受此官位，并且，此时派遣他前来送奏章的刘虞被公孙瓒杀害，田畴更不愿意在都城任职，于是悄悄带着诏书回到幽州。此后，便率田氏家族及随从数百人隐居于徐无山，开荒种地，繁衍生息。他在这里制定规则，管理乡民，致力教育，兴建学校。后徐无山因他之名改为"田盘山"，简称"盘山"。盘山便成为后代墨客文人常常游拜之所。

洪昇与王泽弘来到盘山时，宋荦早已等在那里了。三人边骑马边畅谈，边游历春日中的盘山景色，见山见水，春风荡漾颇让人惬意舒心。于是，三人不由得诗意萌动，各自写下了多篇诗作。洪昇创作了八首《奉陪王昊庐先生游盘山》，王泽弘有《同洪昉思游盘山三十韵》，宋荦创作了六首《盘山诗》，三文人兴致高涨。

开始是驱马前行，但坡陡山险，便改步行。盘山的主峰挂月峰有近千米，高大险峻，颇为壮观。洪昇便写出了"微闻钟杳杳，渐近水淙淙。倒影穿云塔，横枝迸石松。峰危欹紫盖，池古泻红龙。更上前山去，相将策短筇"的诗句。

游到半途，宋荦有事便打道回府，剩下洪昇与王泽弘继续游览。盘山的寺、水、山峰、石都给他们留下了颇为美好的记忆。

前方传来盘谷寺的钟声，悠扬悦耳。这座庙宇的历史并不久，是清初智朴和尚所建。建寺之初因其位于青沟之上，起名"青沟禅院"。智朴法师诗、书俱佳，乃世外高人，康熙皇帝到清东陵祭拜先祖时，曾拜会智朴，于康熙十年（1671年）为"青沟禅院"题写牌匾"盘谷寺"，由此易名为盘谷寺。

关于智朴法师，在清《顺天府志·道释》有记录，其中说智朴："自幼颖异，年十五岁为僧，深神机。三十五岁至盘山，结庐于青沟。

其地间多虎豹，樵夫不敢入。自智朴开山结庐之后，恶兽潜踪，人咸异之。名遂大振。盘山向无志乘，智朴编辑成书，颇有体裁，咸称为释氏董狐。又善诗，山居诗有极似寒山子者。”

智朴禅师，本姓张，字拙庵，是徐州人。少年时代当过僧人，后来成为明朝大将洪承畴手下的高级将领，与清军交战失利后，潜逃到盘山的青沟建起青沟禅院，从此正式出家为僧。智朴原是武将，却在佛道、诗文、绘画等方面有才华，有《盘谷集》等著述传世。与康熙交往颇深，康熙到清东陵祭祀先祖时常常与其会面，谈佛论诗。

洪昇此前就与智朴有交往，并且都对对方的才学比较欣赏。因此，洪昇和王泽弘一见到智朴，三人就特别高兴。他们摆上茶盏，畅谈良久，晚饭后，他们便被热情的智朴留宿在盘谷寺内。

夜晚的庙宇虽寒意阵阵，却更为幽静。这远离尘世的世界让洪昇特别倾心，烛光下洪昇提笔写下了一首诗：“老僧解留客，随意供园蔬。布席怜松荫，看山爱雨余，林幽频窜鼠，池冷不生鱼，同是望机者，探幽纵所知。”（《奉陪王昊庐先生游盘山八首》之四）

第 21 章　天各一方

1681 年冬天，洪昇离开寒冷的北京，去钱塘探望父母了。

自从经历了父亲被诬流放事件之后，他与父母的关系缓和了许多。虽然大母钱夫人仍然心存芥蒂，但经过这一场灾难，大母也没以前那么强硬了。回钱塘之前，洪昇曾写信给母亲黄氏，透露自己渴望回家探亲的意愿。是父亲回的信，没有明确说让他回来，却也没有表示反对。这可能是在征求了大母钱氏的意见后妥协的结果吧，反正洪昇被允许回洪园探望父母了。

洪昇对归途充满了期待和忐忑，人到中年以后，对家的渴望便逐渐强烈起来。特别是在经历了这么多的风风雨雨之后，洪昇对亲情的理解更加深切。这次正式探亲是在家难发生多年之后的第一次。一年前，他仓促回到洪园陪伴父母去流放之地，而后又遇赦陪父母回到钱塘，他怕得罪大母钱氏，不敢在洪园多待，马上就离开了。都是急急忙忙，不像是回家，倒像是逃亡。但这次，他想像回乡的游子一样，寻找久违的温暖和家的感受。但却不知道，这次回家是不是会像他想象的那样，更不知将会发生什么。

经过近两个月的行走，到达杭州时已经接近春节了。从青年时代洪昇就习惯于云游四方、行踪不定的生活，可无论走到哪里心中却总是装着远方的家园。只要可能，他都会回到钱塘与父母团聚。自家难之后，多年未与母亲一起过年，总感觉失去了很多。

抵达杭州时，正值春节前夕，整个城市弥漫着浓厚的节日气氛。街巷两旁挂满了红灯笼，家家户户都在忙碌地准备着年夜饭，杭州特有的年味飘散在空气中。孩子们欢快地在巷子里追逐嬉戏，偶尔还能听到远处传来的鞭炮声。

洪昇的心情也随着这热闹的气氛变得愉悦起来。走在熟悉的街道上，感受着家乡的气息，对家人的思念更加强烈。

在西溪码头上了船，一下就进入了安静时刻。船上也悬挂着红灯，打扮得喜气洋洋。客人不多，船主笑哈哈地请大家上船，很快摇起桨橹启航了。河上偶尔驶过一两艘挂着大红灯笼的渡船，显示着即将到来的年节。

当他推开洪园的那扇大红门，惊讶地看到弟弟和妹妹们也都来了，时光仿佛一下就回到了童年，回到了蕉园对诗作画时的情景。他们正聚集在听雨轩里，亭子上也挂起了明亮的灯笼，喜气洋洋。久别的熟悉感，久别的手足情。

到堂上去拜见父母时，洪昇发现父母一下子老了许多，母亲也不像从前那样手脚利落轻快了。这让他有些伤感。可是转念一想，自己才37岁，就已经两鬓花白了，父母的衰老也是自然的。不过却有些快了，他们都被流放事件折腾了一次，焦虑、恐惧、绝望、忽至的惊喜，大起大落的经历怎能不让他们发生变化？

这次回乡，最大的感受是，弟弟洪昌的身体似乎出了问题，他体虚气短，似乎正在经受着很大的痛苦。洪昇问："怎么了？"

洪昌故作轻松地说："没什么，身体略有小恙，会过去的。"但眉宇间却流露出一些疲惫感。

洪昇知道弟弟多愁善感，有时想得过多，疑心也重，却又不愿意麻烦别人。其实，这一年多来，洪昇为父亲的事焦急奔跑，洪昌也同样揪心不安。他们兄弟两个家庭在武康的生活重负，都是洪昌在承担着，他的压力很大。

洪昇安慰道："得找个好医生看看，不要耽搁了。"

过了春节，洪昇一家和洪昌一家同时回武康了，那里是他们的定居之所。

一回到武康，洪昌就卧床不起，病情加重。洪昇陪伴在身边，洪昌有些悲观地说："说实话，今年你要是不回来，可能咱们就见不到了，我的感觉很不好。"

洪昇的心被洪昌的话重重一击，他紧紧握住弟弟的手，试图传递自己的力量和温暖。洪昌的手苍白而无力，但他的眼神中却透露出眷恋之情。

"殷仲弟，别说傻话。"洪昇的声音有些颤抖，但他尽力保持镇定。

"我没成为孝子，没有成为父母希望的样子，很是对不起他们。也没有照顾好嫂子和孩子们，让他们跟着我受苦……"

"别这样说，你已经竭尽全力了。有些事也是身不由己。"

沉默了一会儿，洪昌又说："或许，这也是天意吧，人终有一死。

174

还是有些遗憾，孙氏跟我这些年，没少吃苦，我却没有给她留下一个后代……"

洪昇的眼眶红了，他紧紧咬着牙关，不让泪水流出来。他无力地安慰洪昌："不能悲观，谁还不生病？去年从杭州回到北京我也是大病一场，比你严重得多，不也好了吗？一生病就是要死要活的还行？"

洪昌握着洪昇的手苦笑道："我有感觉，这回怕是躲不过去了。老天爷要我去，也是没办法的事。这次你回来，咱们兄弟总算是见上一面了，也了却了我的思念，要是死前见不到你，我会死不瞑目。这下，我也就满足了……"

1682 年春天，在恋恋不舍中，弟弟洪昌离开了这个多难的世界。洪昌与洪昇仅差两岁，去世的时候才 35 岁，如此年轻就离开了人世，这是多么大的痛苦。

这让洪昇大为悲伤。

站在洪昌的墓前，洪昇心中充满了无尽的哀伤。春风轻拂，唤来了新生的气息，但洪昇感受到的却是一片萧杀与败落。他的世界在这一刻失去了光彩，变得灰暗。洪昌的离去，像是一道深深的伤口，刻在他的心上，痛得让他几乎无法呼吸。

在洪昇不到 40 岁的人生中，已经经历了两次所爱亲人的离世，一个是大女儿的夭折，另一个就是洪昌的永别。两位血亲的逝去让这位多感的大作家都有天塌地陷之痛，他的世界因此而黯然失色。

洪昇有两个弟弟、两个妹妹。洪昇与二弟洪昌是一母所生，三弟洪中令和两位妹妹是钱氏大母所生，但他们的关系极好，感情深厚。五兄妹从小在一起读书、游戏，洪昇一生中最快乐、最幸福、最无忧无虑的时光都是与弟弟和妹妹们在一起度过的。但洪昇的一生似乎被施了魔咒一样，先是 7 岁长女的夭折，后又是二弟病逝，几年之后，两个饱读诗书的妹妹也先后客死他乡。加上洪氏家庭的衰落与自身坎坷曲折的经历，一切似乎都让洪昇悲观而无助。

不仅少年时代快乐地成长在一起，成人之后，洪昇在南屏山净慈寺封读时，也是和弟弟洪昌一起。"家难"发生时，洪昇和弟弟洪昌又一起被赶出了家门。他们无处可去，找朋友亲戚借宿，颠沛流离，却始终相依为命，漂泊为生。最终落脚在武康后，两兄弟也是住在一起，互相接济，共度苦日。洪昇长期在外行走云游，妻子和子女主要是由洪昌照顾着。而洪昌与洪昇一样天赋异禀，博学多才。两人在一起时，经常谈诗论文，激情四射。失去了洪昌，不只是失去了一位亲兄弟，也失去了一位知心挚友。这种悲痛已经超越了一般的失去亲人的哀伤。

洪昌在离世之前的遗憾是没有给妻子留下后代，这让洪昇一直记挂在心。后来，洪昇的次子洪之益出生之后，便把之益过继给了洪昌，从此，洪昌也算是有了后继者。

埋葬了弟弟之后，洪昇从武康到了杭州。朋友们听说了洪昌的离世都来慰问，见洪昇悲伤难抑，有时沉默着就会落泪，一说起洪昌就大哭。陆进劝慰洪昇，人已走，既成事实，重要的是未亡者要好好地活着，过于悲戚也是亡者所不愿意看到的。

陆进的话，虽然理智而温暖，但洪昇的心却像被冰封的湖面，难以融化。他知道生命无法重来，他应该珍惜现在，但他就是无法控制自己对洪昌的思念。

在杭州滞留几日后，洪昇要回北京了。他决定走西路，绕道大梁（开封）再北上。

陆进一路送到河口，挥手道别。陆进在随后的诗作《送洪昉思之大梁，时有令弟之戚》中写道："游梁仗剑去西泠，送别河桥柳色青。吴越暮云应极目，江淮春水好扬舲。伤心遮莫歌花萼，同气还教感鹡鸰。到日夷门芳草绿，轩车吊古几回停。"

带着对弟弟的深切思念与巨大悲伤，洪昇踏上了返京之路，一走又是近两个月。到大梁，已是柳絮飘飞，生机盎然了。

大梁的春天是明媚的，生机勃勃的。

洪昇站在大梁的街头，望着飘飞的柳絮，忽然想起了洪园的两棵桂树。那两棵桂花树正如这里的柳树一样，一到秋天，白色的小花便挂满枝头，飘散着浓浓的桂花香，躲都躲不开。童年的洪昇与弟弟妹妹们就是在秋日的暖阳下坐在桂树的阴影中读书、嬉戏的。正如大梁的春天，暖洋洋，又有些骚动。

洪昇会经常想念洪园的桂花树，和与桂花树有关的快乐。桂花这个意象总会出现在他的作品中，他晚年所写的诗作中就有《忆桂》："池畔两株桂，年年开暮秋。天香清鹤梦，花影乱鱼游。剪伐归何处？婆娑忆未休。惟余一拳石，似写小山幽。"（《啸月楼集》）

刚到北京，洪昇又得到一个噩耗，他的好友陈维崧去世。还没有从失去弟弟洪昌的悲伤中完全恢复过来，好友这一走，又让他油然地想起弟弟的死，悲连悲，伤连伤，让他痛感生命的无常与脆弱。于是满含热泪写下了一首《哭陈其年检讨》诗。诗中写道："相逢白首未嫌迟，谁料黄垆永别离。地下哪里偿旧序，人间何处乞新词？开尊东阁看花夜，飞盖四园踏月时。犹记先生相对语，好风吹动万茎髭。"

洪昇虽比陈维崧小20岁，但在京城的文人圈里，他们却是无话不谈的朋友。

陈维崧（1625—1682），字其年，号迦陵，是宜兴人。他擅长诗词、骈文。康熙十八年（1679 年），以"博学鸿词科"进入官场，被授官翰林院检讨，任《明史》纂修官。去世时 57 周岁。

陈维崧不仅是一位才华横溢的文学家，更是一位值得尊敬和怀念的好友。他的文学成就和学术造诣，让他在当时文坛上独树一帜，被誉为江南才子，与顾贞观、吴兆骞并称为"江左三凤凰"。他的诗词作品既有豪放派的大气磅礴，又有婉约派的细腻柔美，充分展现了其深厚的文学功底和独特的艺术风格。

对洪昇，陈维崧非常欣赏。陈维崧编辑诗歌总集《箧衍集》时，在编选的 157 位康熙年间的诗人中就有洪昇，将其多篇诗歌收入其中。

第 22 章　娶妾邓雪

倏忽一年又去。北京的隆冬悄然而至。下了雪，结了冰。路上行人少了许多。

年底的堂会便多了起来。京城的达官贵人们都养着自己的戏班子，每至年底自然好戏连台。街上虽然人车稀少，深宅大院里却热闹非凡。迎来送往，呼朋唤友，一派太平祥和之气。

洪昇的一些传奇成为戏班上演的热门，《沉香亭》《舞霓裳》《回龙记》常演不衰，一些旧作被不断重演，新传奇作品也在排演。洪昇被邀参与观演，一年的阴霾也渐渐被驱散。

礼部郎中周灿即将随翰林院侍读邬赫出使安南，友人们为其举办送行宴，洪昇也在受邀之列。宴席中演出的洪昇《沉香亭》让所有人动容。这部剧作讲的是李白得宠又失宠的故事，洪昇又融入了个人曲折坎坷情感，情节本已很打动人，再加上扮演李白的演员用心用力，把那个失意后的李白表现得淋漓尽致，让人感喟不尽。

179

周灿有感此剧："历朝历代都有才子不得志，都有怀才不遇者，李白为最。如此大才之士，却生不逢时，仅为皇帝一弄臣，又看妃子脸色行事，一失宠一生皆毁。可叹呵。"

宋荦则说："李白即昉思，昉思即李白也。昉思何尝不是如此？怀才不遇者我朝当数昉思为最了。昉思之诗词、之曲赋、之传奇有几人能与之比肩？其雄才大略也是少有的。可是，却得不到使用。江南才子却只能寄人篱下，朝不保夕，昉思整日奔波只为稻粱谋，仅为一餐一食之需。"

周灿也叹息："昉思乃大才，却连小用也难，可是，又为何呢？"

宋荦忽然提起一件事："听说，近日早朝，皇上又督促推荐人才，有人推荐了昉思兄，这事你知道吗？"

周灿也猛然想起："是是是，你要是不提，我还忘了。确实有这个事情，说是明珠大人提起的。皇上问了一些昉思的情况，还质问，'博学鸿儒'科考试时，钱塘县为什么不推荐此人？"

"皇上这一句话，给了另一些人话题。朝廷内的党争激烈，只要一边提出意见，另一边必然提相反的意思。昉思本来是江南人，南党应当保护的，可是，起用昉思的提议是由北党提出的，南党的人必然要反对。"

"昉思可是无可挑剔的呀，还有什么反对的意见可提？"

"皇上一问，南党就有话说了：钱塘县'不敢'推荐有反朝廷倾向的人啊。昉思父亲涉'三藩之乱'又遭流放的事被那些人抓住了小辫子，说是，昉思父有反清之心，若不是逢皇恩大赦，说不定至今还在宁古塔待着。这种人的后代如何起用？"

宋荦说："这事，谁心里都清楚，是诬告成案，没影的事！"

"可这就让皇上犯了嘀咕，说是有争议，放一放再说。我猜想，昉思对于两方面的人来说，都不过是拿来说事的，都没有认真。提的人，只是想如果办成了，就是给自己增加一些力量，反对的人也是为了不增加对方的力量而已。"

宋荦直摇头，望着一边坐着的洪昇道："这可苦了昉思兄了，曲曲折折，好事多磨。"转而又问："这事还有没有希望？"

周灿说："我看，难呐！"

这个消息对于洪昇来说，并没有产生很大的波澜，他几乎已经习惯于接受打击和挫折了。只是觉得在这样的时刻官场里居然还有人能够记起自己也是件值得欣慰的事了。

很快，洪昇就启程回杭州探亲过年了。一路无话。

春节是短暂的，在杭州陪伴父母亲友待了几日，便回到了武康。在那里洪昇祭奠了过世一年的弟弟洪昌。安置好家里的事之后，即刻启程返京了。

1683年2月，返京的洪昇北上时，忽然记起在京时曾遇到过的余国柱，虽与他不太熟识，却也算小有交往。那时，余国柱已经任江宁巡抚。江宁巡抚的府邸在苏州，而洪昇也想在苏州略停几日，于是，决定拜访一下余国柱。

余国柱也是少年英才，在很年轻时就有诗名，曾主持编修过《大清会典》《大清一统志》等。余国柱在诗文方面的才华是洪昇愿意与他交往的原因。

余国柱（1624—1697），字两石，号佺庐，湖北大冶人。顺治八年（1651年）以甲科第一名中举人，又于次年以第一名的成绩考取进士。先是任兖州推官，后调往京城，任"行人司"行人，也就是任专门传达皇帝命令的小官，后调任户部主事、户部给事中等职务。他投靠宰相明珠，升职很快，后调任江宁巡抚，又任左都御史、户部尚书等职位。康熙二十六年（1687年）授文华殿大学士兼户部尚书、光禄大夫，进入内阁。

余国柱这个人争议很大，他在清廷为官36年，可以说前32年还是较为清正廉明的，干了许多大事，但在最后的4年任职中，却成为一方祸害。他依附权贵明珠，残害异己，被人称为"余秦桧"。他还索贿受贿，甚至向接替他任江宁巡抚的汤斌勒索、敲诈，打着给明珠献宝的旗号，向汤斌索要金银。因汤斌不买账，他便利用各种关系对汤斌报复。但在回乡探亲时，也向"问津书院"慷慨捐赠大量的礼器、乐器等达上百件之多。对想拉拢的人也毫不吝啬，往往以重金相赠。

余国柱明目张胆的贪腐行为引起众怒，许多大臣奏本弹劾余国柱。他去拜谒清东陵时，中途召见清名臣于成龙，向他索贿，被正直的于成龙奏本，告到康熙那里。康熙有些不相信余国柱会干出这种事情来，就问身边大臣高士奇，余国柱是不是这样的人？高士奇对康熙说，余国柱这个人恶行远不止于此，他做了许多令君子不齿的事。高士奇就向皇帝细陈余国柱种种贪腐。但康熙依然有些怀疑，并没有立即惩罚他。一直到左佥都御史郭琇上奏《特纠大臣疏》向康熙参劾宰相明珠和余国柱两个人狼狈为奸、贪赃枉法行为时，康熙才相信。于是，宰相明珠被罢官，余国柱亦被革职。考虑到余国柱曾经为大清做过好事，便允许他去江宁居住。

但是，到达江宁后，余国柱还不收敛、反思过错，反而大兴土木，为自己建造豪宅府第，又被给事中何金兰弹劾。皇上大怒，命其回原籍思过。最终于康熙三十六年（1697年）死于老家，终年76岁。

不过，洪昇和余国柱交往之时，余国柱还没有那么明显的贪腐、跋扈，但已经在官场里颇为得意了。他依赖宰相明珠的关系，正任江宁巡抚，而他的一个重要任务就是拉拢江南文人，为其储备人脉。对于向他行贿者，来者不拒，因此，他手上经常有大量的银两，随便就能拿出几千来。

洪昇的到访出乎余国柱的意料，他亲自到门外迎接洪昇，热情地接待了他。

年还没过完，余国柱就邀请洪昇一起看《舞霓裳》。演梅妃的女子引起了洪昇的注意。《舞霓裳》有两个女角，一个是杨贵妃，一个是梅妃，剧中，梅妃跳的是著名的"惊鸿舞"，而杨贵妃跳的则是"霓裳舞"，惊鸿舞是模仿高飞的大雁各种动作，需要一个娇小玲珑的身材，而霓裳舞表现的是一种华丽富态威仪之姿，两个人的风格不同。被称为"雪儿"的 18 岁邓雪就是演梅妃的，她身材纤瘦，舞姿轻盈，极好地表现了大雁飞翔时的飘逸、洒脱的优美动作。不只是舞姿优美，而且歌喉也好，歌声清亮，表现力很强。欢快处尽是张扬，悲伤处低沉抑郁，富于变化。

雪儿的表演让洪昇惊喜不已，情不自禁地赞叹："好！好！好！"他又对余国柱说："在我看过的梅妃角色里，雪儿演得最好，最能理解戏中之意，知我者！"

余国柱见洪昇如此喜欢这个雪儿，就笑着说："昉思兄这么喜欢雪儿，那就把她纳了妾吧。"

洪昇又是摆手又是摇头地说："余大人，这玩笑可开大了，我都可以做她的父亲了。"

余国柱认真地说："年龄不是个问题，老夫少妻有的是。何况你一个江南才子，风流倜傥，才子配佳人，年龄有什么问题？"

洪昇见余国柱一本正经的样子，苦笑着说："余大人，您是知道我的情况的，一家人勉强糊口，艰难度日，就是有这个心，也没这个力啊。让余大人笑话了！"洪昇朝余国柱拱了拱手。

余国柱微笑着说："银子算什么？也不是个问题，娶个妾能花几个钱？这个我来成全你……"

洪昇还是否定道："余大人的情意我领了，可我确实没有这个心思。只是觉得这个戏子演得好，并无他意。再说，我已有妻室儿女，怎么可以再娶？"

"哎，男人娶个三妻四妾的不是什么问题。我看你这么多年来东奔西走，需要有个女人陪伴身边，服侍起居啊。随着年龄越来越大，没个暖被窝的人怎么可以？"

洪昇有些不好意思地说："我与余大人不同，我就是个受穷操劳的命。"

余国柱埋怨道："谁说你就是这个命，洪家原本可是个大户，历代都是朝廷的命官，国家栋梁，娶个女人不是什么大事。"余国柱又以老大哥的口气对洪昇说："我来安排，你就等着洞房花烛夜吧。"

洪昇连连摇头："使不得，使不得！余大人可是难为死防思了。娶妾对别人不是什么大事，可是对我确实是承受不起的。往后的日子是大事。家里添一口人，多了一张吃饭的嘴，过不了一年半载又要多一张嘴，现在这一家人都已经让我快撑不下去了，我哪有能力再养两张嘴？不行不行，这可使不得，万万使不得！"

"不就是几个银两吗？我就问你，这个雪儿你觉得怎么样？"

洪昇支吾着："雪儿自然是个好女子，可天下好女子多的是……"

余国柱不容置疑地说："如果昉思兄把我余国柱当兄弟，以后的花销我来出资，这个小事一桩。"

"就是都说通了，夫人那边怎么交代？"

"哎，夫人也会答应的，你整日孤身一人在外，你顾不上家，可夫人也顾不上你，要是有个年轻的女子在身边照顾你的生活，不也是解决了她的顾虑吗？"

洪昇不置可否。

戏演完了，余国柱叫人把雪儿叫到身边："你知道这位先生是谁吗？"

雪儿红着脸浅笑着回答："奴家不知。"

余国柱笑着说："你刚才演的戏就是这位洪先生写的！要是没有洪先生，你们拿什么来唱《舞霓裳》？还不谢谢洪先生……"

雪儿惊喜地叫着："噢！原来是您写的剧呀？戏里的词儿写得真好啊。谢谢洪先生。"

得到美人的肯定，洪昇自然心里高兴，问："姑娘贵姓？是哪里的人呀？"

雪儿答："奴家姓邓，是苏州本地人。"

余国柱接过邓雪的话说："这孩子也是个苦命的人啊。本来也是出身书香世家，是大明朝遗民的后代，从小读书弄琴，受父亲的连累，沦落到戏班，不过，人家是只卖艺不卖身噢，至今还是个黄花大闺女。"余国柱转而问邓雪："雪儿可曾许配人家？"

邓雪害羞地摇着头。

余国柱趁机问："你看，洪先生如何？跟着洪先生一起到京城去。"

邓雪更是脸红了："奴家……奴家听大人的安排。"

余国柱舒心地笑着："好好好！我来安排！"

185

洪昇为难地说："这么大的事，怎么着也得先让我妻黄蕙知道呀，征得她的意见后才能定啊。"

余国柱一副过来人的样子说："原配哪能痛快地同意你娶妾？都是不情愿的，所以，你来个先斩后奏，把生米煮成熟饭，再带着雪儿回去，同意了就好好过日子，不同意就分开。"

洪昇说："这可使不得，我是万万不能违拗她的意思的。我们夫妻一场，要是没有她，就没有家，也就不可能有我呀。"

余国柱却固执地说："你要是把我当作兄弟，这件事听我的，一切都由我来安排。"

随后，余国柱让管家端来满满一盘银子，对洪昇说："昉思兄，知道你生活不易，我这里正好有一千两银子，你先用着……"

洪昇一看这么多钱，连忙说："担当不起，担当不起！无功不受禄，这是使不得的。"

余国柱笑了："兄弟之间，互相有个照应，没什么大不了的。我这里正好有人送来这些，反正也不是我拿这个钱，就当是个见面礼吧。"

次日，余国柱已经为洪昇安排好了娶亲事宜。又是热热闹闹，迎来送往，就在余国柱的府上办了这场影响洪昇此后生活的婚宴。

洪昇带着邓雪回到武康，却没有直接回自己的家，而是直接来到弟媳孙氏的家里。他是想先把邓雪安置下来，然后自己再跟妻子黄蕙去解释这件事，以此缓解直接的矛盾。

见到洪昇突然而至，又带着一位陌生女子，孙氏很惊讶地问："哥，你不是走了吗？怎么去而又回？"

洪昇有些不好意思地说："……本来是走了的，到了苏州，见到了江宁巡抚，他慷慨解囊，赠我千两白银，我是回来送银子的。"

孙氏一听高兴地说："先坐呀，坐下再说。"孙氏知道洪昇还有事要说，但她并没有问。

落座后，洪昇又不好意思地说道："余大人除了赠予我千两白银，还给我娶了这位姑娘……我本来是不想这样的，可是，巡抚大人盛情难却，急着就把婚事给办了。一方面我把钱送回家，你们好用，另一方面，想让你嫂子见一下雪儿……我有点说不出口，就想先让雪儿在你这里待一下，我说通了黄蕙再把她接回那边去……"

孙氏一听就明白怎么回事了："这妹妹长得挺好看的，叫什么呀？"

邓雪害羞地回答："奴家叫邓雪，大爷叫我雪儿。"

孙氏便说："唉，什么'奴家''主家'的？都是'穷苦人家'，就叫你雪妹吧。姑娘多大了？哪里人啊？"

邓雪说："回嫂子，奴家今年18岁了，是苏州人。"

孙氏高兴地说："多好啊，多懂事啊，咱们家又多了一个姐妹，多了一个帮手，又这么年轻漂亮。这是好事！"

洪昇忧虑地说："就是不知道黄蕙会怎么看？"

孙氏说："哥哥先去把事情说清楚了，要是她想不通，我去说。嫂子是个知书达理的人，应该不会反对的。"

洪昇从孙氏家里出来直接走到一壁之隔的自家。他推开院门，静悄悄的。走到房前，轻轻一推屋门，开了。妻子黄蕙正坐在堂屋的八仙桌前做针线活，抬头看到了洪昇，先是愣了一下，然后惊喜地说："你怎么回来了?!"

洪昇笑着举了一举手里的袋子："我是回来送钱的。"洪昇坐在黄蕙的对面，就把在苏州见余国柱，得到了千两白银的事说了。黄蕙说："这么多钱，你就要了？多不合适呀。"

"我也是推托了半天，余大人就是不肯。他太固执了，只得收下。我想，这些钱对他不算什么，可是对我们却可以缓解一下生活的紧张。既然他这么坚持，也就收下了，待日后有机会给余大人做些事，弥补一下吧。"

黄蕙接过钱袋，放在一旁，然后问："是继续上路还是在家里歇几天再走？"

洪昇犹豫地支吾："……这个，还有一件事想跟你先说一下……"

黄蕙嗔怪地说："在自己家里还这样，有话就说呗。"

洪昇说："余大人除了赠我这钱，还给我办了一件事，我有些说不出口来。"

黄蕙说："只要不是吃喝嫖赌，娶小妾，哪还有什么说不出口的？"

洪昇说："是，就是这个事儿……"

"啊?!"黄蕙张大了嘴，惊讶地瞪着洪昇："你真的吸上烟土了？咱们这样家庭，可受不了啊……"

洪昇说："是娶了小妾。"

黄蕙这才明白，她不说话了，只是看着洪昇，目光暗淡下来。

洪昇干什么事黄蕙都能理解，也可以想象得到洪昇能干出什么事来，但是"洪昇娶妾"这件事，却是大大出乎她的意料。两个人青梅竹马，从小一起玩大、长大，共同组建家庭，生儿育女，同甘共苦，起起落落，坎坎坷坷。她觉得自己了解洪昇就像自己熟悉自己一样。她以为，洪昇除自己之外不可能再会有第二个女人。但是，突然有一天这件事就发生了，除自己之外洪昇如今纳了妾、娶了小，这对她来说，一时半会是转不过弯来的。

无论想得通想不通，这件事发生了，就要面对。虽然在一夫多妻制的时代，男人娶妾是再正常不过的了，可是，黄蕙与洪昇是不一样的夫妻，他们一起经历了太多的苦难与曲折。在如此艰难的岁月里度日，已经非常吃力，突然家里又要进来一位陌生人，要与她分享丈夫了，这让黄蕙非常伤心。

两个人沉默地坐着。这时，孙氏亲热地拉着邓雪的手推门进来了，这下更尴尬了。黄蕙扭过脸去，邓雪低下了头，洪昇不好意思地望向孙氏。孙氏却笑嘻嘻地说："嫂子还没有见过雪儿呢，我给你们引荐一下。叫大姐吧……"

黄蕙感到自己的心被狠狠地揪了一下，她努力保持着表面的平静，内心的波澜却难以平息。她缓缓转过头，目光落在邓雪的身上，她看到了怯懦和不安，局促和愧疚。

邓雪的声音轻柔，几乎听不见："大姐……"

黄蕙没有说话，起身走进了内室。

洪昇十分感激孙氏在这个最难堪的时候来解围。

回京的路上，在停留的地方洪昇又去拜访了几位好友，向他们介绍自己的新婚妻子邓雪。途经武进时，诗人、画家吴阐思听说后，专程到洪昇夫妇暂住处见面。后来他高兴地写了一首诗，祝贺洪昇的新婚："岭峤云深雁羽回，江干风雨一帆开。哪如高坐金闺馆，新得佳人薛夜来。莫愁娇小爱新妆，公子倾囊七宝装。一曲清歌一杯酒，多君犹记旧高阳。"（《秋影园诗·余自粤中归·昉思题二绝句见讯，率和奉答》）

洪昇带着新妇回京后，立即在京南租下了一座院落。正房、厢房的有不少房间。在大院子里种上了紫藤，还有许多花花草草。正值北京的初春，万物复苏，满园嫩绿，有如此时的心境，生活在眼前展现出了活力，这让洪昇的心情大好。

他又雇请了两个工人，用了几天的时间把这处宅院收拾得干干净净，温馨而又书卷气浓重。洪昇特意去琉璃厂选了一些笔墨纸砚，还有几张大书案。虽然远不如少年时代的洪园那样气派，可这里毕竟是自己的家，完全属于自己的世界。

朋友们听说洪昇回京了，又租了房子，娶了新妇，便纷纷前来新居祝贺。洪昇的住所热闹起来，人来人往。朋友们写诗作画，煮酒畅饮，抚琴弄音，一派生机勃勃。

方象瑛趁兴写下了《洪昉思纳姬四首（姬，吴人，善歌）》："燕市行歌又几年，诗成惆怅落花天。春来别有销魂处，不遗愁心入管弦。寒士如何致异人，旅窗相对正芳春。明珠百琲真豪甚，再莫人前道客贫。吴娃生小学新声，玉笛银筝百转莺。莫笑钱塘狂措大，浅斟低唱不胜情。才子风流倚画屏，一时名部擅旗亭。从今度曲应无误，象管鸾笙细细听。"

蒋景祁填写了一首词《洪昉思初纳吴姬》以示祝贺："倚云轩，翠屏十二晚峰前，索聘是，《长门》初赋酒垆钱。姿神称婉娈，依约遇神仙。薄塞天，恰吴宫，新柳未成烟。颇闻大妇，便瞥见，也和怜。春困罢，远山眉晕画谁先？霓裳刚按就，法曲好难传。早莺圆。看良人，安坐且调弦。"（《瑶画溪词·拂霓裳·洪昉思初纳吴姬》）

洪昇此前在京城的生活，不是借宿在朋友家，就是暂住在亲戚家，没有固定的住所，也很少有朋友到他的住处聚会，都是他参与别人的宴请。现在，他有了自己的家，生活也有了色彩。

不久，黄蕙也带着儿女来到了北京。见到这座不大的院子和茂盛的植物，黄蕙的心一下子温暖起来。

正如洪昇所感觉到的那样，直到现在，直到看见完全属于自己的院子的时候，她才有了家的感觉。这么多年，她一直维护着的其实是一叶漂泊不定的小舟，无论是住在爷爷黄机的家里，还是住在临时借住的地方，那都不是自己的。快20年了，他们有了三个孩子，却没有一个属于他们自己的家。不管是租的，还是买的，现在这个院子和这些房子都是属于自己的了。她含着泪水，从这里走到那里，一切都让她激动。

有了家，一切不顺、一切不如意都释然了。对于洪昇娶妾这件事，经过几个月的思考，也适应了。

洪昇是作家，又擅长曲词，而黄蕙从小弹琴弄弦，邓雪歌喉优美，三个人坐在一起，这个安静的小院子里，有时便可以和谐地奏上一曲。一夫一妻一妾的生活让许多人艳羡。

正如，好友蒋景祁要回南方时写的那首《洪布衣昉思》中描绘的那样："洪生袭纨绮，而与忧患邻。溯其凤所遭，不逮寻常人。历此孝已行，甘为原宪贫。用谢桑梓敬，尘走京华春。歌声出金石，中情具哀辛。卓哉少君贤，鹿门偕隐沦。复求茂陵女，为之左縶巾。丈夫工顾曲，霓裳按图新。大妇和冰弦，小妇调朱唇。不道曲更苦，斯乐诚天真。我家阳羡山，距今西湖滨。隔一衣带水，舟楫为通津。我归早待子，何日同垂纶？"（《皇清诗选卷五·出都留别七章》）

特别是"丈夫工顾曲，霓裳按图新。大妇和冰弦，小妇调朱唇"的场景，让蒋景祁羡慕不已。同时，也是对才华横溢的洪昇的良好祝愿。

这一年，洪昇与黄蕙都是38岁，他们比18岁的邓雪大了整整20岁。

第 23 章　《织锦记》

洪昇出身于洪氏大家族之中，在这个曾经的富贵之家和书香门第中，娶妻迎妾是很正常，也很理所当然的事。从洪昇的祖上，至洪昇父亲这辈都是有妻有妾，有的还不止一妻一妾。但是到了洪昇这一代，由于家道中落，特别是洪昇走出家门之后，连日常的餐食都有困难，娶妾是连想都不敢想的事。不过，这只是因为经济条件不允许，疲于维持基本的生存而顾不上，一旦经济条件充裕了，娶妾的风俗也必然在洪氏家族的后代身上发生。

在洪昇的心目中，妻妾的关系又是影响家庭稳定的重要因素。生活稍一稳定，洪昇就写了一部传奇《织锦记》，以古喻今，暗藏着自己对理想家庭的一种渴望。所以，在北京的生活稳定之后，这部传奇便自然生成。

先介绍一下《织锦记》的故事来历。

魏晋南北朝时期有一个"前秦"时代（351—394），是比较强大的朝代。在前秦有位叫苏蕙的姑娘，是陈留县令苏道质的三女儿。

苏蕙，字若兰，从小聪明伶俐，天赋异禀，是位神童。在父母的精心培养下，2岁开始习字，3岁学画，6岁学会弹琴，7岁开始学习织锦。学习的每样技艺都十分精妙，不仅照样学样，还能悟出其中的道理，有自己独特创造。15岁时，诗词歌赋，琴棋书画，织锦刺绣无所不能。

苏蕙长到16岁便嫁给大将军窦真的孙子窦滔。窦滔出身名门，文武双全，英俊潇洒。两人的结合，可谓郎才女貌，门当户对。两人相敬相爱，感情深厚。窦滔对苏蕙的才华敬佩不已，而苏蕙也深深折服于窦滔的英勇和智慧。两人的生活充满了和谐与甜蜜，成为当时人们羡慕的对象。

不料，好景不长，窦滔因为厌战，不服从军令而被革职，发配到流沙（今甘肃敦煌）。后又调任镇守襄阳。窦滔曾向苏蕙发誓，有了苏蕙决不再娶小妾，但从流沙至襄阳的路上，过关中时，偶遇美丽歌妓赵阳台，春心荡漾，便娶了娇媚动人的赵阳台为妾。本想与窦滔去襄阳赴任的苏蕙听说后坚决不去，赌气独自留在家中。

苏蕙独守空房，充满了对丈夫的思念。在孤独的岁月里，苏蕙将自己的情感倾注于织锦之中，把诗词画都精妙地融入一幅幅精美的作品中。特别是创作了《璇玑图》成为集诗文与变化多端的神秘图谱于一体的艺术珍品。这幅织锦作品，巧妙地融合了诗词、书法、绘画等多种艺术形式，展现了苏蕙卓越的才华和高超的技艺。

苏蕙的《璇玑图》共841个字，全诗29行，每行29字，顺读、回读、横读、斜读、交互读、蛇行读、退一字读、重一字读、间一句读、左右旋读，都是诗。用五彩丝线织成，绚丽多姿，画面繁复。苏蕙将这匹文字锦缎命名为"璇玑图","璇玑图"就是"回文锦"。

最初无人能解《璇玑图》,但当窦滔见到后却霎时明白其意,幡然醒悟。最终决定将小妾赵阳台送回关中,将爱妻苏蕙接到襄阳。

其实,正史上有关苏蕙的故事很简单。在唐初房玄龄(579—648)重修《晋书》时对苏蕙仅有 79 个字的小传:"窦滔妻苏氏,始平人也,名蕙,字若兰,善属文。滔苻坚时为秦州刺史,被徙流沙,苏氏思之,织锦为回文旋图诗以赠滔。宛转循环以读之,词甚凄惋,凡八百四十字,文多不录。"这是最早关于苏蕙其人的记载。这篇小传中,并无赵阳台其人,也无后来在许多传奇中出现的妻妾矛盾。

在这段记载中,没有提到苏蕙的丈夫窦滔还有其他女人,而说窦滔因身为秦州(天水)刺史"被徙流沙",也就是因为窦滔作为秦州刺史没有听从苻坚的命令而被贬到流沙(即敦煌)。因为苏蕙思念丈夫,所以用回文锦的方式表达这种思夫之意。

唐代学者李善(630—689)在为南北朝时期《文选》中的江淹《别赋》作注的时候,引用《织锦回文诗序》中的一段关于窦滔与苏蕙的内容写道:"窦滔秦州被徙流沙,其妻苏氏,秦州临去别苏,誓不更娶,至沙漠,便娶妇,苏氏织锦,端中作此回文诗以赠之。苻国时人也。"

到了这时,窦滔的娶妾负心的故事才有了一些苗头。但从此,关于苏蕙与窦滔的故事演绎得越来越复杂。在宋代的《太平御览》中所收录崔鸿写的《前秦录》中,说到苏蕙时,记载:"秦州刺史窦滔妻,彭城令苏道质女,有才学,织锦制回文诗,以赎夫罪。"

最为复杂和详细的是唐代武则天为《璇玑图》所写的"序文":

前秦苻坚时，秦州刺史扶民窦滔妻苏氏，陈留令武功苏道质第三女也。名蕙，字若兰。智识精明，仪容秀丽；谦默自守，不求显扬。年十六，归于窦氏，滔甚爱之。然苏氏性近于急，颇伤嫉妒。

滔字连波，右将军于真之孙，朗之第二子也。风神秀伟，该通经史，允文允武，时论尚之。苻坚委以心膂之任，备历显职，皆有政闻。迁秦州刺史，以忤旨谪戍敦煌。会坚克晋襄阳，虑有危逼，藉滔才略，诏拜安南将军，留镇襄阳。初，滔有宠姬赵阳台，歌舞之妙，无出其右。滔置之别所。苏氏知之，求而获焉，营加棰辱，滔深以为憾。阳台又专伺苏氏之短，谗毁交至，滔益忿恨。苏氏时年二十一。及滔将镇襄阳，邀苏同往，苏氏忿之，不与偕行。滔遂携阳台之任，绝苏音问。

苏氏悔恨自伤，因织锦为回文：五采相宣，莹心耀目。纵横八寸，题诗二百余首，计八百余言，纵横反复，皆为文章。其文点画无阙。才情之妙，超古迈今。名《璇玑图》。然读者不能悉通。苏氏笑曰："徘徊宛转，自为语言，非我家人，莫之能解。"遂发苍头赍至襄阳。滔览之，感其妙绝，因送阳台之关中，而具车从盛礼迎苏氏归于汉南，恩好愈重。

苏氏所著文词五千余言，属隋季之乱，文字散落，而独锦字回文盛传于世。朕听政之暇，留心《坟典》，散帙之次，偶见斯图。因述若兰之多才，复美连波之悔过，遂制此记，聊以示将来也。大周天册金轮皇帝制。

在武则天的这篇序言中，把苏蕙描写成了智慧过人，容貌秀丽，却性格急躁，容易嫉妒的才女。窦滔娶了小妾赵阳台之后，苏蕙就找到赵阳台，对她进行责打侮辱，让窦滔深感遗憾。而小妾赵阳台也不屈从，被打后，专门窥探苏蕙的过错，不断进行诽谤，在窦滔面前使坏，让夫妻两人不和。这段故事中的两个女人为了一个男人而争风吃醋、互相攻击。窦滔去襄阳镇守时，试图将一妻一妾都带在身边，但苏蕙坚决不从，窦滔不得已，只身带着赵阳台前往任职，从此与苏蕙断了联系。窦滔一离开，苏蕙就后悔自责，于是织就了一幅五彩斑斓、光彩夺目的回文锦缎《璇玑图》，派家仆送到襄阳。窦滔看到后，被其妙绝所感动，于是将阳台送至关中，并以盛大的礼仪迎接苏氏回到襄阳，夫妻感情更加深厚。

从一个简单的历史记录到武则天如此复杂的叙述，苏蕙的故事变得曲折了，这便成了后来传奇作家们写作的基本依据。

洪昇的《织锦记》故事却改变了"痴心女子负心汉"和夫妻矛盾、妻妾争斗的套路。他写的是窦滔与苏蕙、赵阳台的最终和平幸福相处。这大概与洪昇的理想家庭状态观念有关，也与实际中的洪昇与黄蕙、邓雪两位夫人间的最终结局相符。

在这部传奇中，洪昇吸收了前人对苏蕙故事的铺排经验，却又巧妙地把现实生活融入进来，改变了一贯的叙事习惯，成为一部新颖而有现实感的作品。

洪昇在《织锦记自序》中有这样的一段阐述：

尝读武氏《织锦回文记》叙窦滔夫妻事。阳台之谗，因于若兰之妒，而连波之相弃，因子谗，亦因于妒。推原其端，岂非苏氏之首祸欤？据记谓：苏性急，求获阳台，苦加捶辱。及连波将镇襄阳，邀其同往，而若兰忿忿不肯偕行，倡随之意何居？则连波未尝不笃结发，而若兰可谓大乖妇道矣。黄山谷诗云：'亦有英灵苏蕙子，只无悔过窦连波'意若专罪连波者。少览其作，甚疑之。夫妒而得弃，道之正也。璇玑之作，若兰可谓怨且悔矣。连波怜其怨而许其悔，因而复合，亦道之宜也，其有讥乎？

余撰之记，凡苏之虐焰，赵之簧舌，皆略之不甚写，戈矛之事，风雅出之，皆为后来三人复合之地，亦要诸诗人温厚之旨耳。嗟乎！古今女子有才如若兰者乎？于其妒也，君子无恕词。怨不敢怒，悔深次骨，而后曰可原之矣。则或于闺教有小补欤？若夫谗妾构嫡，亦岂得云无罪？而予重归其责于若兰者，亦《春秋》端本澄源之义也。独怪山谷文士，亦自同于金轮牝狐之见，当一笑耳。

也就是说，洪昇的《织锦记》故事基本上是源于《织锦回文记》所提供的有关窦滔夫妻的素材，但对原故事的核心情节和人物进行了重新创作。甚至彻底推翻了原素材中的叙事路线，重述了这个流传了1300多年的老故事。拂去了在故事流传中逐步形成的附加在人物身上的惯性世俗演绎，而对人物和情节进行了再创造。

首先是对原素材中的万恶之源"嫉妒"的处理。

在素材中，苏蕙是一个有着强烈嫉妒心的女人，由极端的嫉妒心而引发的行为就是"求获阳台，苦加捶辱"。由思想的嫉妒而导致了行为的暴虐与粗蛮——这是农村泼妇的形象。这个形象虽然让苏蕙具有了世俗女人的普遍性，但却与历史中的那位淑女形象大相径庭。而且，这样的女性形象并不是一个有着较高修养和较深文学造诣的知识分子的样貌，既不符合书香女子的行为状态，更不符合苏蕙这个历史人物的真实面目。

在素材中，故事的所有矛盾冲突都是由苏蕙的嫉妒引起的。窦滔发誓有了苏蕙不再娶妾，但从流沙去襄阳的路上偏偏遇到了关中美女赵阳台，夫妻的誓言便作废了。对于一个淑女来说，这时的心理活动应当是怨怼。她没有见过赵阳台，也不知道她的情况，素昧平生如何嫉妒？她的情感发泄对象应当是"负心汉"窦滔，而不是赵阳台。这个情节的矛盾焦点应当是"背弃"，是丈夫的不忠，而不可能是"嫉妒"。

因此，原素材的冲突焦点是有问题的。既不符合历史真相，更不符合人物性格的逻辑。

其次是对"谗言"情节的处理。

原素材中，由苏蕙的嫉妒而产生的妻、妾之间的矛盾，一方面是苏蕙对赵阳台的"直接打击"；另一方面是赵阳台的"间接反击"，也就是在窦滔面前挑拨离间，谗言诽谤。

赵阳台这个人物虽然在素材中没有详细的背景描述，但就窦滔"风神秀伟，该通经史，允文允武，时论尚之"的记述来看，他是不可能把一位没有什么教养，粗野无礼的女人看在眼里爱在心上的，能打动这样一位公子哥，并且将其娶为内室的女子恐怕也要有一定的背景，至少不会是"乡村野妇"式的叽叽咕咕、造谣生事、撒泼打滚的庸俗粗陋女人。如果，窦滔恰恰娶了这样的女人，这个窦滔便不可能是个

"风神秀伟"之才了。

因此，被窦滔所看中的女人赵阳台的形象至少是"懂事"的。既然已经是"妾"了，而且也知道窦滔的原配是一位才华横溢、出口成章的才女，那么，赵阳台就应当是一位怀着忐忑敬畏之心的"小辈"样子。她哪里还有无中生有"进谗言"的行为？这个人物至少不会故意去破坏原配的夫妻关系。这不是一夫一妻制的现代社会，而是一夫多妻制的时代。一妻一妾不是谁把谁排斥掉，而是和平相处，这是最重要的家庭伦理关系。

因此，赵阳台在素材中的形象也是不符合人物逻辑的。赵阳台这个人物是在苏蕙嫉妒的存在下建立起来的，如果苏蕙没有这样的行为，那么赵阳台的谗言之举也就失去了存在的可能。

第三是"无悔过"的窦滔形象。

北宋诗人黄庭坚曾作过一首诗："千诗织就回文锦，如此阳台暮雨何？亦有英灵苏蕙手，只无悔过窦连波。"（《题苏若兰回文锦诗图》）认为窦滔是一个"无悔过"的人，似乎窦滔应当对苏蕙有所忏悔才合理。

对这样的观点，洪昇表示怀疑。他认为，这话有些矛盾。他觉得，所谓"亦有英灵苏蕙手，只无悔过窦连波"的前提是"妇妒而被弃"，既然苏蕙的遭弃是因为"嫉妒"而引起的，是苏蕙的错误，那窦滔就无须"悔过"。所以，若是窦滔应当忏悔必然首先有忏悔的原因，那就是苏蕙没有嫉妒这件事，而是窦滔背弃"不再娶"的誓言，娶了美人赵阳台而造成的，这才符合"悔过"的行为。

素材中，苏蕙创作璇玑诗，表达的是对窦滔的思念之情，或许有不该放弃和窦滔同去襄阳赴任的意思，表达了一定程度的后悔之意。

但真正该有悔意的应当是窦滔，是因为窦滔的背信弃义而导致夫妻不能团圆。

所以，这个故事的焦点不是苏蕙与赵阳台的相互吃醋、斗争，而是夫妻间的信任危机。故事的裉节儿是信任与背弃，故事的结构就是从誓言到背弃再到和解的过程。人物关系的焦点在苏蕙与窦滔，而不是苏蕙与赵阳台。

这样，把历代津津乐道的一妻一妾间的"宫斗"变成了夫妻间的情感危机变化——破镜重圆。主题从两个小女人间的吃醋、厮杀的内斗，升华为一种人与人之间的信任与忠诚关系，使得作品具有了思想高度。

第四是由"分裂"而"团圆"的结局。

原素材中的故事结局是，窦滔看到满含深情的《璇玑图》织锦后幡然醒悟，立即把赵阳台送回关中，又将苏蕙迎接到襄阳，夫妻二人破镜重圆。窦滔与苏蕙夫妇的大团圆是以将另一个"家人"赵阳台赶走的分裂方式达到的。

在洪昇的眼里，不管是正妻还是小妾都是家庭一员，只是地位和辈分不同而已，本质上都是一家人。留一个原配、送走一个侧室的结局似乎表明，两个女人只能有一人存在。在洪昇的观念中，这样的故事发展是不符合人物出身与性格的。这实质上预示着一个完整家庭的又一次分裂与不幸，因此这不是最佳的处理方式。既然是大团圆，就应当是三个人共同和平幸福地生活。

所以，在《织锦记》的故事结局中，也就由两个人的和解，变成了三个人的共处。

这样的处理方式大体与现实生活中的洪昇、黄蕙、邓雪的三者关系相对应。从某种角度看，《织锦记》的故事就是洪昇现实生活的翻版，这部传奇有着极强的"自述传"色彩。他之所以选择这个流传了上千年的一夫二妻素材，也有着借古喻今的用意。借这个故事与自己生活的相似性，一方面可以向两位夫人表达他心中的理想家庭的观念，另一方面也有意向世人展示自己娶妾事件的过程。

在创作《织锦记》传奇时，洪昇的家庭也的确发生了可喜的变化。本因洪昇娶妾造成的夫妻隔阂、妻妾不亲的状态，因这部传奇的创作而变成了夫、妻、妾三人的你唱我和。一边写一边演练、改进。洪昇的文笔，加上黄蕙的悦耳琴声，又以邓雪悠扬的歌声和她优美的舞蹈表现出来。

夫唱、妇随、妾和，好一个和谐的家庭。

洪昇对家庭和亲情的渴望是他多年曲折坎坷的经历造成的。在处处碰壁、处处不顺的境遇下，他特别渴望亲情、友情。因此，在他的一生中，交友很广，朋友间诗文往来也多。但是可惜的是，亲情却有些欠缺，原因就是"家难"造成了有家难归，离开从小长大的洪园之后，除特殊情况外，基本上是无法回归。

因此，在完成了表现夫妻关系的传奇《织锦记》之后，他又写了思念亲人的《天涯泪》。毛奇龄说："尝以不得事父母，作《天涯泪》剧以寓其思亲之旨，予方哀其志而为之序之。"（《西河文集·序二十四〈长生殿院本序〉》）虽然《天涯泪》已经遗失，但从洪昇经常往返京杭之间的行为来看，对故乡、故土、故人的依恋让他虽然身在外，却心在家。

第 24 章 《长生殿》

康熙二十七年（1688 年），43 周岁的洪昇将传奇《舞霓裳》修改完成，将传奇名称改为《长生殿》，完成了一生中最重要的创作。与徐麟一起"审音协律"，连曲带词都写成。

这是他从 1673 年 28 岁创作《沉香亭》15 年后，第三次重写唐明皇和杨贵妃的故事。每一次创作都是一次重生，唐明皇和杨贵妃的故事已经在他心里装了不止 15 年，可能还要继续存续下去。

第一个版本《沉香亭》完成后，他也曾经得意过。但是经过六年的演出和不断的打磨，他发现《沉香亭》的故事过多地写了自己的经历。自怜自艾，借李白之身展洪昇之命。视角单一，过于个人化、情绪化。虽然在舞台上热闹了六年，但他还是于 1679 年，在自己 34 岁时，经过深思熟虑后，将原作推翻，干脆将《沉香亭》的主要人物李白去掉，重新创作了《舞霓裳》。把故事的核心由李白转到了帝、妃身上，把国家命运与时代风云融入作品中，创作了大气磅礴，有深度又情意绵绵的《舞霓裳》。一部《舞霓裳》曾惊艳整个京城，北京活跃的戏班争相排演，观众趋之若鹜，一时间独领风骚。

而今，又是九年过去了，当他终于完成了第三个版本《长生殿》的时候已经从 35 岁青壮年迈入 43 岁的成熟期。对于男女之情和生命有了更为深刻的理解，可以说《长生殿》是三个关于帝妃故事的版本中他最为满意的一部。

1688 年的创作是在《舞霓裳》的基础之上的又一次重构。他将人间与天堂都写进了作品，让天上人间共生，地上没有完成的情缘，到天上去接续，人间不能完成的永生，到仙界去实现。

如何阅读理解《长生殿》，在清末民初学者蒋瑞藻（1891—1929）的《小说考证》一书中说《长生殿》："乃本白居易《长恨歌》，故读《长生殿》者，必读《长恨歌》。《长恨歌》有陈鸿所作《长恨歌传》，读《长恨歌》者，亦需读《长恨歌传》也。一歌一传，《长生殿》卷首载之。"

洪昇自己也在《长生殿自序》中自述："余览白乐天《长恨歌》及元人《秋雨梧桐》剧，辄作数日恶。南曲《惊鸿》一记，未免涉秽。"又说："予撰此剧，止按白居易《长恨歌》、陈鸿《长恨歌传》为之。而中间点染处，多采《天宝遗事》、《杨妃全传》。"（《长生殿例言》）因此而创作的《长生殿》。

也就是说，想要更好地理解和阅读《长生殿》应当先读一下陈鸿的《长恨歌传》和白居易的《长恨歌》，这似乎是理解《长生殿》的基础。实际上，如果对这两部作品有所了解，也的确对进入《长生殿》世界有很大的帮助。因此，在展开对《长生殿》的叙述之前，我们先从《长恨歌传》和《长恨歌》两部作品谈起。

陈鸿的《长恨歌传》"寥寥千字"，简要讲述了唐明皇与杨贵妃的爱情。《长恨歌传》的原文不长，照录于下：

开元中，泰阶平，四海无事。玄宗在位岁久，倦于旰食宵衣，政无大小，始委于右丞相，稍深居游宴，以声色自娱。先是元献皇后、武淑妃皆有宠，相次即世。宫中虽良家子千数，无可悦目者。上心忽忽不乐。时每岁十月，驾幸华清宫，内外命妇，熠耀景从。浴日余波，赐以汤沐。春风灵液，澹荡其间。上心油然，若有所遇，顾左右前后，粉色如土。

诏高力士潜搜外宫，得弘农杨玄琰女于寿邸，既笄矣。鬈发腻理，纤秾中度，举止闲冶，如汉武帝李夫人。别疏汤泉，诏赐藻莹，既出水，体弱力微，若不任罗绮。光彩焕发，转动照人。

上甚悦，进见之日，奏《霓裳羽衣曲》以导之；定情之夕，授金钗钿合以固之。又命戴步摇，垂金珰，明年，册为贵妃，半后服用。由是冶其容，敏其词，婉娈万态，以中上意，上益嬖焉。时省风九州，泥金五岳，骊山雪夜，上阳春朝，与上行同辇，止同室，宴专席，寝专房。虽有三夫人、九嫔、二十七世妇、八十一御妻，暨后宫才人、乐府妓女，使天子无顾盼意。自是六宫无复进幸者。非徒殊艳尤态致是，益才智明慧，善巧便佞，先意希旨，有不可形容者。

叔父昆弟皆列位清贵，爵为通侯。姊妹封国夫人，富埒王宫，车服邸第，与大长公主侔矣。而恩泽势力，则又过之，世入禁门不问，京师长吏为之侧目。故当时谣谚有云：“生女勿悲酸，生男勿喜欢。”又曰：“男不封侯女作妃，看女却为门上楣。”其为人心羡慕如此。

天宝末，兄国忠盗丞相位，愚弄国柄。及安禄山引兵向阙，以讨杨氏为词。潼关不守，翠华南幸，出咸阳，道次马嵬亭。六军徘徊，持戟不进。从官郎吏伏上马前，请诛晁错以谢天下。国忠奉牦缨盘水，死于道周。左右之意未快。上问之。当时敢言者，请以贵妃塞天下怨。上知不免，而不忍见其死，反袂掩面，使牵之而去。仓皇展转，竟就死于尺组之下。

既而玄宗狩成都，肃宗受禅灵武。明年大凶归元，大驾还都。尊玄宗为太上皇，就养南宫，自南宫迁于西内，时移事去，乐尽悲来。每至春之日，冬之夜，池莲夏开，宫槐秋落。梨园弟子，玉琯发音，闻《霓裳羽衣》一声，则天颜不怡，左右歔欷。三载一意，其念不衰。求之梦魂，杳不能得。

适有道士自蜀来，知上心念杨妃如是，自言有李少君之术。玄宗大喜，命致其神。方士乃竭其术以索之，不至。又能游神驭气，出天界，没地府以求之，不见。又旁求四虚上下，东极天海，跨蓬壶。见最高仙山，上多楼阙，西厢下有洞户，东向，阖其门，署曰“玉妃太真院”。方士抽簪扣扉，有双鬟童女，出应其门。方士造次未及言，而双鬟复入。俄有碧衣侍女又至。诘其所从。方士因称唐天子使者，且致其命。碧衣云：“玉妃方寝，请少待之。”于时云海沈沈，洞天日晓，琼户重阖，悄然无声。方士屏息敛足，拱手门下。久之，而碧衣延入，且曰："玉妃出。"见一人冠金莲，披紫绡，佩红玉，曳凤舄，左右侍者七八人，揖方士，问皇帝安否，次问天宝十四载以还事。言讫，悯然。指碧衣女取金钗钿合，各析其半，授使者曰："为我谢太上皇，谨献是物，寻旧好也。"方士受辞与信，将行，色有不足。玉妃固征其意。复前跪致词："请当时一事，不为他人闻者，验于太上皇，恐钿合金钗，负新垣平之诈也。"玉妃茫然退立，若有所思，徐而言曰："昔天宝十载，侍辇避暑于骊山宫。

秋七月，牵牛织女相见之夕，秦人风俗，是夜张锦绣，陈饮食，树瓜华，焚香于庭，号为乞巧。宫掖间尤尚之。时夜殆半，休侍卫于东西厢，独侍上。上凭肩而立，因仰天感牛女事，密相誓心，愿世世为夫妇。言毕，执手各呜咽。此独君王知之耳。"因自悲曰："由此一念，又不得居此。复堕下界，且结后缘。或为天，或为人，决再相见，好合如旧。"因言："太上皇亦不久人间，幸惟自安，无自苦耳。"使者还奏太上皇，皇心震悼，日日不豫。其年夏四月，南宫宴驾。

元和元年冬十二月，太原白乐天自校书郎尉于盩厔，鸿与琅琊王质夫家于是邑，暇日相携游仙游寺，话及此事，相与感叹。质夫举酒于乐天前曰："夫希代之事，非遇出世之才润色之，则与时消没，不闻于世。乐天深于诗，多于情者也。试为歌之。如何？"乐天因为《长恨歌》。意者不但感其事，亦欲惩尤物，窒乱阶，垂于将来者也。歌既成，使鸿传焉。世所不闻者，予非开元遗民，不得知。世所知者，有

《玄宗本纪》在。今但传《长恨歌》云尔。

　　陈鸿在《长恨歌传》中除描述帝妃间的现实生活之外，突出描写了唐明皇李隆基在杨贵妃死去之后，对杨玉环的思念，特别是写到了在天上的相会。

　　这段天上人间的精彩描述对洪昇的《长生殿》影响很大。从《沉香亭》到《舞霓裳》重点描述的故事大多在人间。《沉香亭》的焦点在李白的经历，实际上，作品是通过写李白表达洪昇自己的人生境遇之感。《舞霓裳》的重点在李隆基沉溺于女色而荒废朝政，导致"安史之乱"的现实，特别是杨贵妃利用皇帝的宠幸，安插亲戚祸乱朝廷，从而导致安史之乱的过程，最终在马嵬坡被逼宫不得不赐死杨贵妃。而经过十余年磨砺后的《长生殿》的最大成功，便是对人间与天堂两个世界的叙述，人界与天界，肉体与精神，梦与现实，虚实相间。而这与《长恨歌传》的影响有很大关系。

　　《长恨歌传》所记述的帝、妃爱情，不仅牵涉到了男女主角的悲剧故事，而且还关系到了江山社稷。这个主题背景的设置也对洪昇的《长生殿》有着一定的启示作用。悲剧不只是个人的，更是时代与社会的。两个男女人物之间的爱情故事上升为国家的悲剧，这个重大背景对人物本身的命运是至关重要的，江山与美人之间的矛盾使得传奇的深度大大增强了。把男女人物的个人命运放置在国家生死存亡的大是大非面前，从情感世界回归到了道德伦理的世俗理性中，既是理性战胜感性的过程，也是国家大义压倒个人小情的胜利。

　　可以说，陈鸿的这篇传奇是白居易长篇叙事诗《长恨歌》的白话版本。

陈鸿是唐代史学家、小说家，是位学者，对同一朝代所发生的"安史之乱"这个重大政治事件有着非常敏感和敏锐的观察体悟。他站在客观的角度，准确地找到了事件的原因就是帝妃之恋。同时也没有简单地对个人感情所造成的灾祸完全否定，而是肯定了精神世界的可贵之处。世俗世界不能实现的爱情，就到天上去解决。这是个非常有深度的传奇作品。

唐元和元年（806年），陈鸿与时任周至县县尉的白居易在周至见面时，谈到了唐明皇与杨贵妃间的关系与唐朝时政，都感到非常惋惜。与两人一同游历仙游寺的是两人的好友、隐士王质夫。

三人途中小酌时，王质夫举着酒杯对白居易说：

"这样罕见的事情，如果没有遇到世间的奇才来加以描写，就会随着时间的流逝而消失，无法流传于世。乐天兄，你对诗歌有着深刻的理解，而且情感丰富。你尝试用诗歌来吟咏这件事情怎么样？"

陈鸿也应和道："乐天应当把这件事写出来，会流传下去的。"

白居易也举杯高兴地说："一定！"

很快，白居易就写出著名的《长恨歌》：

汉皇重色思倾国，御宇多年求不得。杨家有女初长成，养在深闺人未识。天生丽质难自弃，一朝选在君王侧。

回眸一笑百媚生，六宫粉黛无颜色。春寒赐浴华清池，温泉水滑洗凝脂。侍儿扶起娇无力，始是新承恩泽时。

云鬓花颜金步摇，芙蓉帐暖度春宵。春宵苦短日高起，从此君王不早朝。承欢侍宴无闲暇，春从春游夜专夜。

后宫佳丽三千人，三千宠爱在一身。金屋妆成娇侍夜，玉楼宴罢醉和春。姊妹弟兄皆列土，可怜光彩生门户。

遂令天下父母心，不重生男重生女。骊宫高处入青云，仙乐风飘处处闻。缓歌慢舞凝丝竹，尽日君王看不足。

渔阳鼙鼓动地来，惊破霓裳羽衣曲。九重城阙烟尘生，千乘万骑西南行。翠华摇摇行复止，西出都门百余里。

六军不发无奈何，宛转蛾眉马前死。花钿委地无人收，翠翘金雀玉搔头。君王掩面救不得，回看血泪相和流。

黄埃散漫风萧索，云栈萦纡登剑阁。峨嵋山下少人行，旌旗无光日色薄。蜀江水碧蜀山青，圣主朝朝暮暮情。

行宫见月伤心色，夜雨闻铃肠断声。天旋地转回龙驭，到此踟蹰不能去。马嵬坡下泥土中，不见玉颜空死处。

君臣相顾尽沾衣，东望都门信马归。归来池苑皆依旧，太液芙蓉未央柳。芙蓉如面柳如眉，对此如何不泪垂？

春风桃李花开日，秋雨梧桐叶落时。西宫南内多秋草，落叶满阶红不扫。梨园弟子白发新，椒房阿监青娥老。

夕殿萤飞思悄然，孤灯挑尽未成眠。迟迟钟鼓初长夜，耿耿星河欲曙天。鸳鸯瓦冷霜华重，翡翠衾寒谁与共？

悠悠生死别经年，魂魄不曾来入梦。临邛道士鸿都客，能以精诚致魂魄。为感君王辗转思，遂教方士殷勤觅。

排空驭气奔如电，升天入地求之遍。上穷碧落下黄泉，两处茫茫皆不见。忽闻海上有仙山，山在虚无缥缈间。

楼阁玲珑五云起，其中绰约多仙子。中有一人字太真，雪肤花貌参差是。金阙西厢叩玉扃，转教小玉报双成。

闻道汉家天子使，九华帐里梦魂惊。揽衣推枕起徘徊，珠箔银屏迤逦开。云鬓半偏新睡觉，花冠不整下堂来。

　　风吹仙袂飘飘举，犹似霓裳羽衣舞。玉容寂寞泪阑干，梨花一枝春带雨。含情凝睇谢君王，一别音容两渺茫。

　　昭阳殿里恩爱绝，蓬莱宫中日月长。回头下望人寰处，不见长安见尘雾。惟将旧物表深情，钿合金钗寄将去。

　　钗留一股合一扇，钗擘黄金合分钿。但令心似金钿坚，天上人间会相见。临别殷勤重寄词，词中有誓两心知。

　　七月七日长生殿，夜半无人私语时。在天愿作比翼鸟，在地愿为连理枝。天长地久有时尽，此恨绵绵无绝期。

　　白居易的《长恨歌》与陈鸿的《长恨歌传》都写到了唐明皇李隆基从"汉皇重色思倾国"到"九重城阙烟尘生"的马嵬驿兵变，重要的是，白居易写到了"此恨绵绵无绝期"的天上相会。在因爱情而祸乱天下之后，还有上天入地寻找杨贵妃的情节，这为后来洪昇的《长生殿》创作提供了重要启发。

　　唐代以后的有关李隆基和杨贵妃故事的作品中，大多受到陈鸿和白居易作品的影响。如元代白朴的杂剧《唐明皇秋夜梧桐雨》、明代吴世美的传奇《惊鸿记》等。虽重点不同，对人物的情感倾向存在着差异，但作品的构思都受到了《长恨歌》的启发。

　　洪昇创作的《长生殿》则在认识高度上略有不同，他在根本上否定帝妃爱情造成国家混乱，导致大唐盛世衰落的同时，又在情感上对帝妃之间的爱情、专情、痴情给予了充分肯定。理性与感性，天上与人间既有着明显的区别，又不可能完全隔离。从共计50出的传奇中，写人间的前25出和写天上的后25出的比例分配来看，洪昇对两个世

210

界都是对等看待的。肯定与否定相伴，肯定情爱部分，否定因情爱而带来的灾祸。而他的重点是在"情"字上。这正如他在评价《牡丹亭》时所说的经典话语"肯綮在死生之际"。洪昇的《长生殿》也恰恰是写"死生之际"两个恋人的故事——在人间他们是不平等的帝、妃关系，而在天堂他们却是你中有我、我中有你的情人关系。

无论是从传统的家庭人伦观念看，还是从现代人际关系看，唐明皇李隆基和杨贵妃杨玉环的故事都是不可被世俗社会所接受的。公公强娶儿媳，公、媳通奸并不是一个值得大书特书的题材。人具有社会性，必须遵守基本的社会关系准则。人也具有动物的本能，但动物世界也是有本能的行为规范的。比如，绝大多数动物是拒绝近亲繁殖的，虎毒不食子，兄妹不通婚，是通用的人类共识。但李隆基与杨玉环的故事，或称"事件"却是极端的，无法接受的。过度地宣扬李、杨故事是给世人树立什么样的榜样？无论哪一个时代，也无论中外，恐怕这都不是一个值得告诉世人的"佳话"。

但是，洪昇竟然写了这样一个题材，竟然获得了从宫廷到民间的一致好评，他究竟写了什么？

《长生殿》是写叛逆的。李隆基与杨玉环的关系，既突破了传统的伦理道德观，也超越了现代人际关系的合理范畴。李隆基与杨玉环的关系本质上是乱伦关系——公公强娶儿媳妇，放到哪个时代都令人不齿、有违人伦的。但从反面看，这又是一种叛逆，挑战正常社会的道德与伦理共识，反向为人，逆天行事，不顾血脉亲情，跨越人类底线，能走到这一步的人，除了皇帝，就只能是那种扭曲变态者。

杨玉环不只是李隆基的儿媳妇，而且是在婚的女人。杨玉环与李隆基的"十八子"李琩结婚才 4 年的时间，他们的关系正处于互相依恋、相敬相爱的成熟期。以李瑁的太子身份来看，李瑁只要在世，杨玉环是没有道理离开他的。况且，李瑁和杨玉环之间没有任何隔阂。就在他们相亲相爱的时候，他们的父亲强行夺子所爱，居然把儿媳妇抢走了。即使是一位皇帝，也要考虑一下他人的感受吧。李隆基不是土匪、不是恶霸，他是一位博学多才的文人。他对儒释道文化有研究，还能诗、能赋、能曲。有当代人推断，如果不当皇帝，李隆基可能会是一位大学教授。就是这样一位理性博学的文人，如何做得出强抢他人之妇、泯灭人伦的事情？如果李隆基不是心理扭曲、疯狂、变态，是绝不可能做出这种事情来的。如果用现代医学分析李隆基，他一定是心理出了严重问题，否则在人类关系和文明世界中这种连动物都很难做出的事情，不应该发生在堂堂的皇帝身上。

李瑁（718—775）之妻杨玉环被父亲霸占的时候（739年），李瑁才21岁，杨玉环（719—756）20岁。李瑁和杨玉环结婚只有四年，两个青年男女正处于风华正茂、血气方刚、烈焰激情的时期，56岁的父亲李隆基（685—762）硬是从儿子手里夺走了年仅20岁的儿媳。杨玉环不是个物件，是一个活生生的女人，如果没有一颗特别凶恶、霸道和疯狂的心，是绝然不可能做出这种丧心病狂的事情来的。

杨玉环不是待字闺中的姑娘，她是有夫之妇，而且，还是太子李瑁的妻子，李瑁是李隆基的亲儿子，有血缘关系。即使放在今天，强抢儿媳的行为都是令人不齿的道德沦丧行为，作为一国之君的皇帝居然做得出来。他就不怕被天下人骂为"畜生"吗？就是在自己的皇亲国戚面前，他如何有脸面面对？

从年龄上来说，唐明皇李隆基比杨玉环大36岁，在那个时代，56岁的李隆基都可以给20岁的杨玉环当爷爷了，他居然明目张胆地跨越界限，当起了丈夫。

从杨玉环来说，她也是逆天之道，逆人伦之道的。或许起初她被动地接受李隆基，有"不得不"的原因，也有心怀物欲的可能，比如嫁给皇上肯定比嫁给太子要有利得多。嫁给皇上之后，也可以"鸡犬升天"，自己可以拥有更多的物质。但是，她必须突破的是心理的障碍和世俗的眼光。

更现实的问题是，杨玉环与李瑁的关系。原本是夫妻，一夜之间变成了"母子"，原本可以以哥哥妹妹相称的夫妻，一下就得改口叫"母亲、儿子"了，这是多么大的讥讽？而李瑁却敢怒不敢言。

因此，从这个题材看，《长生殿》本质上就是一个叛逆的故事，一部违反自然，逆道德而行，反人伦而为的传奇。

更重要的是，洪昇将这个难题化解了。把人们的关注焦点，从道德主题转移到情感核心。他的高明之处在于，不纠缠在这些伦理道德的评判之中，躲开一个被大多数人不齿的乱伦事实，而是假定李隆基与杨贵妃的关系是"正常"的男女相爱关系。在这个大前提下展开对"情"的描述。

徐麟在《长生殿》序言中说："尝作《舞霓裳》传奇，经删太真秽事，余爱其深得风人之致。岁戊辰，先生重取而更定之。或用虚笔，或用侧笔、闲笔，错落出之，以写两人生死深情，各极其致，易名曰《长生殿》。"这表明，与《长生殿》的第二个版本《舞霓裳》相比，《长生殿》回避了那些被许多观剧者津津乐道的伦理事件、嫔妃争宠吃醋、尔虞我诈的"秽事"，虽保留着精美的"艳舞"以及倾诉衷肠、表达炽热爱意的段落，但已经非《舞霓裳》的那些过分浓酽之色可比。

　　洪昇所谓"经删太真秽事"除指男女之间行为之"秽事"外，更重要的是指《长生殿》故事有悖人伦的公、媳关系背景事实。躲避这些在正常的人类关系中不应当予以肯定的事件，而专写帝王与妃子的情爱与国家大事。作品仅仅把李隆基与杨玉环当作普通的帝王与妃子间的爱与被爱，情与钟情的关系来写。这样，作品便躲开了道德追问与人伦关系的质疑，把注意力转移到了男女间的互爱与专情上。

　　从这一点上来说，洪昇的《长生殿》在题材上作出了重大突破。一改从前的"秽事"纠缠，而专心于人物的情感世界。把李隆基与杨玉环的"前史"模糊、去除，重新建立起了一对男女从"定情"到死后"重圆"的跌宕起伏的情爱炼狱史。

　　所以，洪昇一再强调自己的作品是写情的，他试图以情代理，用情感的方式替代那些理性的思考与追问。在回避了道德伦理的敏感问题之后，洪昇写的是爱情、深情、痴情。从取白居易《长恨歌》"七月七日长生殿，夜半无人私语时"一句将传奇定名为《长生殿》可以看出，洪昇的用意的确是在于"情"，在于至情至爱。从李隆基赠钗盒的《定情》一出，到两人的长生殿《密誓》，再到马嵬坡生死离别，天上相会，乃至于雷海青、李龟年感伤，等等，都是一个"情"字，作品正是围绕着情来写的。李隆基与杨玉环是"生死情缘"，郭子仪、雷海青、李龟年的情是"君臣子孝"之情。

　　因此，理解《长生殿》的关键，"情"是之一。一部《长生殿》就是一部帝妃爱情史，无论是人间还是天堂，无论是生还是死，其至情感天动地。恰如徐灵昭所言，洪昇"或用虚笔，或用反笔，或用侧笔、闲笔，错落出之，以写两人生死深情，各极其致"。（文瑞楼刊本《长

生殿序》)

　　洪昇在第一出《传概》中说:"今古情场,问谁个真心到底？但果有精诚不散,终成连理。万里何愁南共北,两心哪论生和死。笑人间儿女怅缘悭,无情耳。感金石,回天地。昭白日,垂青史。看臣忠子孝,总由情至。先圣不曾删郑卫,吾侪取义翻宫徵。借太真外传谱新词,情而已。"

　　在《长生殿·自序》中,洪昇也明确表示:"从来传奇家非言情之文,不能擅场。"所以他是写情的。但他又清醒地认识到"双星作合,生忉利天,情缘总归虚幻。清夜闻钟,夫亦可以蘧然梦觉矣",一切"情"都是虚幻的,梦总有醒来的那一刻。这也就使他的传奇在认识高度上又进了一步。

　　《长生殿》还是写生死要义、生命本质的。

　　作品最令人称道的是对"死生之际"、天人之间的精神维度的描写。恰恰是这种描述使得《长生殿》具有了与世界戏剧对话的质地,也使得这部非凡的精美之作得以传颂不衰。

　　传奇中多次提到仙境和仙界,作为李隆基和杨玉环在世时美好爱情的延续。杨玉环死后,李隆基在长生殿与其精神相会,在仙界重逢。把天界与人间穿插着写,暗示着一种生与死的关联性。他们的爱情跨越了现实与虚幻,连接着现实与仙境两界,在现实结束的情感,在仙界得到了延续与永生。

　　"长生殿"既是一个空间实指,也是一个虚幻想象。现实的"长生"是不可能的,但想象的世界却可以达到。在那个世界里,不仅生命可以得到延续,爱情也可以得到永存。这是《长生殿》中李隆基和杨玉环在仙界重逢的要义。

特别是在后 25 出中，作品通过描绘仙境、仙界、天庭、神灵、仙凡之恋、长生不老、天命与宿命等，展现的恰是生与死之际，肉体与精神的关系，以及生命的无奈。

《长生殿》在结构上十分精练简洁，"大抵此剧以钗盒为经，盟言为纬，而借织女之机梭以织成之。"（吴仪一评点《长生殿》）用定情之物串联起整个故事，一气呵成。

从第 2 出"定情"中的唐明皇赠给杨玉环金钗、钿盒信物，誓言"朕与妃子偕老之盟，今夕伊始。特携得金钗、钿盒在此，与卿定情"开始，杨玉环深受此真情感动而"惟愿取情似坚金，钗不单分盒永完"。钗盒从开端到结束起到了连接帝妃关系的作用，成就帝妃爱情的信物，形成了"钗盒情缘"。

在第 18 出"夜怨"中，杨玉环在埋怨李隆基召梅妃进宫欢聚时，重提唐明唐所赠钗盒"记欢情始定，愿似钗股成双，盒扇团圆"。第 19 出"絮阁"，杨贵妃还是用皇帝所赠钗盒表达自己的哀怨之情："这钗、盒是陛下定情时所赐，今日将来交还陛下。把、把、把、把深情蜜意从头缴。（生）这是怎么说？（旦）省、省、省、省可自承旧赐福难消"，等等，钗盒不断出现，不只是建立起了一种人物之间的关系，更重要的是起到了叙事结构的作用。

"钗盒"是一个非常重要的意象，贯穿全剧，象征并维系着唐明皇与杨贵妃之间的爱情，也织就了《长生殿》叙事体系。

第 25 章　京城绝响

完成《长生殿》之后，洪昇不只是满意，还有些激动。在自家的小院里，摆上几个小菜，斟上一壶酒，心情愉快地看妻子黄蕙和美妾邓雪试演其中的片段，颇为满意。

与洪昇一起写曲的徐麟很是羡慕，他赞叹，一个文人如此夫唱妇随也就足矣了。

很快，得到消息的朋友纷纷向洪昇索要作品，对唐明皇和杨贵妃的故事津津乐道，朋友们中间不断传抄阅读。一时间北京的文人圈里《长生殿》成了热门的话题。

戏班更是争先讨要剧本，传抄排演。京城活跃的戏班子，如长庆班、内聚班、四喜班、三庆班、春台班、和春班、景云班、金斗班等等，都在排演这部新戏。很快，《长生殿》从京城流传到了各地，南方的昆曲、北方的梆子戏都在上演。

在吴人评点本《长生殿·序》中，吴仪一写到了《长生殿》在北京的演出盛况："一时梨园子弟，传相搬演。关目即巧，装饰复新，观者堵墙，莫不俯仰称善。"徐灵昭说："一时朱门绮席、酒社歌楼，非此曲不奏，缠头为之增价。"（光绪文瑞楼刊本《长生殿序》）毛奇龄在《长生殿院本序》里也提到了"一时勾栏多演之"。

在最初的一段时间里，《长生殿》几乎成了唯一在上演的大戏，京城内外无人不知无人不晓。这是在孔尚任的《桃花扇》出现之前最为耀眼的传奇作品。因它的宫廷奇事，人间真爱，天地相会而轰动整个北京城。

但在热闹的背后，洪昇却有一种作品被误读、误演的担忧。因为相当一部分演出都是或者截取其中的某些片段，或将一些情节、人物加以改动，把原作弄得面目全非。乃至于有的戏班子在搬演时，把已经被洪昇删除并重新改过的"秽事"又加入进来，对《长生殿》的肆意篡改、扭曲，让人瞠目结舌。

洪昇在《长生殿·例言》中很失望地说："今《长生殿》行世，伶人苦于繁长难演，竟为侪辈妄加节改，关目都废。"洪昇强调自己作品的本意是"是书义取崇雅，情在写真"。但是，"近唱演家改换有必不可从者，如增虢国承宠、杨妃忿争一段，作三家村妇丑态，既失蕴藉，尤不耐观。其《哭像》折，以哭题名，如礼之凶奠，非吉祭也。今满场皆用红衣，则情事乖违，不但明皇钟情不能写出，而阿监宫娥泣涕皆不称矣。至于《舞盘》及末折演舞，原名《霓裳羽衣》，只须白袄红裙，便自当行本色。细绎曲中舞节，当一二自具。今有贵妃舞盘学《浣纱舞》，而末折仙女或舞灯、舞汗巾者，俱属荒唐，全无是处。"

一部用心良苦，精心创作的佳作被弄得支离破碎，诲淫诲盗，丑态百出，让有识者大失所望。

洪昇的好友吴仪一对此很是生气："吴子愤之，效《墨憨十四种》，更定二十八折，而以虢国、梅妃别为饶戏两剧，确当不易。"（洪昇《长生殿·例言》）既然要改就要改得像洪昇的作品，不能随心所欲。吴仪一自己选定的"28折"本成为规范《长生殿》演出的一个经典版本。

吴仪一为了澄清洪昇作品的用心之处，还写了一篇文章，详细告知使用者和阅读者《长生殿》的本意和所要表达的深度。特别强调《长生殿》所不想呈现的内容，在新的演出中是绝对不能出现的。

洪昇特别感动，肯定吴仪一的文章"发予意所涵蕴者实多"。他当然希望演出是个全本的，而不是断章取义的，但因为《长生殿》的确篇幅过长，演出时间也会相应增加，所以，有了吴仪一的"28折"的截取版，就既能满足全本演出的需要，又使得片段演出不走样："分两日唱演殊快。取简便，当觅吴本教习，勿为伧误可耳。"（《长生殿·例言》）

吴仪一对洪昇的《长生殿》评价很高。他甚至认为，杨玉环的故事"今得洪子一笔挥写，妙绝淋漓，假使妃子有灵，生即遇太白于前，死复逅昉思于后，两人知己，可不恨矣！"如果有在天之灵，杨玉环能够目睹洪昇的这部绝世之作，便可欢心瞑目了。

《长生殿》的名声很大，也惊动了皇宫内院。掌管演出的南府通过内务府向皇上禀报，希望在皇宫演出全本的《长生殿》。

早朝时，康熙翻着奏折问："你们有谁看过《长生殿》？"

内务部的官员答："回皇上，这个传奇南府是审过的，写得很不错，可是还没有看过排演的效果。"

康熙道："那你们先看看再说。"

内务部又奏："回皇上，吾皇整日忙于国事，日理万机，从未稍有放松，微臣心疼万分。微臣的意思是，请皇上与臣民们一起来看这部《长生殿》。一是见识一下这个宫廷大戏，二是也想趁此请皇上稍事放松一下，与民同乐……"

康熙撇了撇嘴说："这马屁精！拍得好，朕愿意听。那就安排一下吧。既然要看戏，就把大家都叫上，在漱芳斋或者重华宫摆个场子。"

内务部建议道："微臣觉得，皇上难得有一次娱乐，也让大臣们一同陪着，可是，漱芳斋、重华宫都太小了，放不下多少人。"

康熙道："那就在畅音阁嘛。"

内务部："微臣正是此意。那个场子最好，可以让更多的人陪皇上一起看。"

畅音阁是紫禁城内最大的戏台，在宁寿宫内，是专为重大节庆演出时的剧场。这里的空间大，舞台大，康熙在这里看过许多戏。

康熙又问："哪个戏班子来唱？"

内务部回："微臣想请南府的戏班子，或者景山的戏班子来演。"

康熙摆了摆手："还是让内聚班来唱吧，朕可是有些时间没看内聚班的戏了。畅音阁的台子大，他们又会折腾，就让他们演吧。也不知道他们有没有退步？"

内务部有些犹豫地说："微臣知道皇上偏爱内聚班的戏，可是，内聚班现在不太景气，没戏唱，没饭吃，好角儿也都没精打采的。京城的小戏班太多了，弄得大戏班没了饭吃。"

"那就给他们碗饭吃呗。"

"臣谨遵圣旨！"

内聚班虽不是皇宫内院里的戏班子，但却很用心用力，颇得康熙的偏爱。

内聚班的名声很大，在京师职业昆曲戏班中，与三也班、可娱班并称为"三大名班"，经常被请到宫里或者王府演出，深受贵族和文人喜爱。但是，康熙年间以后，许多南方的昆曲戏班纷纷涌进京城，他们演出方式灵活，不拘大小，不拘观众，有个地方就可以摆下场子，大小通吃，这就将那些以演严肃大戏为生的戏班生存空间挤压了。反而荤素皆演的民间戏班子发展得很快。

清朝自建立以来，皇帝和后妃大多都喜欢戏剧，为此，清宫设立了专门的戏剧机构南府、景山等，有专门的经费保证机构的运行。这些机构一方面负责管理、审查全国的戏剧演出；另一方面还有自己的剧团，经常在宫内演出。一些对此感兴趣的官员也加入创作中来，写剧本、作曲，宫廷内的演出活动很活跃，这直接影响到了民间演出。

在地方，政府对戏剧创作演出也是采取鼓励态度。在郡县、乡村都有活跃的戏班，以演出昆曲为主，还有一些是创作演出地方戏。在一些富有的地方官员或文人家里，也常常养着大小不一的戏班子，在节庆之时在家里搭台唱戏，这逐渐成为一种风气。

康熙年间，最活跃的戏种是昆曲，而内聚班就是当时有名的昆曲戏班之一。此时，京剧还没有形成，京剧的前身"徽班"已经小规模进入京师，但唱的戏却是地方的"徽戏"。规模很小，影响不大，主要是在小戏园、茶园、酒楼，或者庙会等地方演出。运气好的时候被邀请到富户家里唱堂会。到了乾隆时期才有成规模的"徽班"进京，徽戏在演出中吸纳、融合各种戏曲声腔，才形成了后来的"京剧"剧种。

内聚班得到了康熙皇帝的钦点，这是无上荣耀。在演出《长生

221

殿》前，内聚班正处于困难时期，剧团面临着倒闭解散的危险。皇宫召演的命令一下，内聚班立即兴奋起来，终于有大活要干了，他们立即进行排演。

昆曲的演出是按照角色分类和固定的曲牌进行的，曲调都很熟悉，所以排演起来也比较顺畅，只要演员记好台词即可上台。很快就在皇宫内院搭台了。

清朝有规定，戏剧演出是不准在夜晚进行的，大多是在白天演出。因此，演出这天，皇宫内的官员们都暂停了工作，带着眷属来看戏，三层的戏楼座无虚席。《长生殿》全本大戏实际需要演三天的，但考虑到皇帝身体，观众耐受力，这次略加压缩，那也演了两天的时间。

本来以为只是略看几出戏，了解一下情况的康熙皇帝却看入了迷，结果把一个全本的《长生殿》都看完了。加上内聚班的演出也确实卖力，把浑身解数全都拿出来，演出非常精彩。在有些段落里，康熙也禁不住叫好，女眷们更是投入，一部《长生殿》让观众哭得一塌糊涂。

演出间隙，康熙帝召见了内聚班演皇帝、杨贵妃、梅妃、李龟年、郭子仪的几位演员，称赞他们"演得好"！

康熙还赏赐白银20两。内聚班退下后，皇帝问内务部的人："这部戏已经在宫外演出了吗？"

内务部答："回皇上，还没有大规模地演，这是《长生殿》全本戏的首演。皇上若是说没有什么问题，才敢让他们演。"

"演戏这种事也需要我来管吗？你们把关就行了嘛。"

内务部答："这部传奇写的是帝王、妃子之事，按照《大清律例》是不能演的，况且还涉及了宫乱、臣叛、民反之事，又牵扯到神仙月宫内容，这些按照《大清律例》照样是不能演的。可是，我们看了本子，觉得这个戏还是好，看了很受触动，想趁着在宫里小范围地演一演，如果皇上不讨厌才敢让他们演下去。"

康熙调侃道："你们挺滑头啊，让我看戏还埋着这样一个雷！"

吓得内务部官员直喊："微臣不敢！微臣罪该万死！"

康熙笑了："朕没有责怪你们的意思。我看这戏很好，可以演。《大清律例》不是也有附加说明嘛：'其神仙道扮及义夫节妇、孝子贤孙，劝人为善者，不在禁限。'……"

内务部的人由衷地赞叹："皇上的记忆力真好！"

康熙没理他："我看，这部传奇就是一部劝人为善，少做坏事，用情专一的嘛。大臣忠心耿耿，妃子佳人一心一意，写男欢女爱，没有诲淫诲盗，也没什么大不了的。"

然后，康熙转过头，对在座的大臣说："你们的家里唱堂会过年过节的，我看也可以演一演，这戏份可以让你们全家在一起待上两三天不出门，别出去拈花惹草了，待在家里陪陪家人看《长生殿》吧。"

大臣们都点头称"是！"欢欣不已。

康熙说："这个写传奇的洪昉思，就是你们向我举荐过的那个监生洪昇吗？"

吏部跑过来答："回皇上，正是此人。"

康熙问："后来怎么不见你们再提起用他的事呀？"

吏部答："回皇上，洪昉思是位才子不假，其祖上从宋代开始就出过一位公侯，三位宰相，五位尚书，家学深厚，洪昇本人在江南和京城都是有一号的；可是，一直就得不到使用，原因在他的父亲洪起鲛。洪起鲛在明朝灭亡的时候，请他到朝廷为官，可他坚持'不做清朝官'，不愿意为大清做事。后来，勉强为官，却又涉'三藩之乱'，还被判流放宁古塔。要不是皇上大赦，怕是现在还在冰天雪地里待着。我们怕洪昇受其父影响，对大清有二心，所以也就没有再提。"

康熙问："洪昇对我朝的态度又如何？"

"他倒是积极得很，从年轻的时候开始就一直想到朝廷做事，可也一直运气不佳，从没有得到机会，至今还是个监生，也可惜了这个人才。"

康熙说："给他个小官干干，看看他行不行。要是个人才，这么窝着也不是个事，他今年多大了？"

"回皇上，洪昇今年四十出头。"

"正当年嘛。给他找个县丞之类的位置干干看。"

"是！遵旨。"

皇宫的演出结束后，王公大臣们都得到了皇帝的许可，纷纷在家里搭台搬演。一部《长生殿》在京城四处响起。欢情、悲怨之声绵绵不绝，天上、人间故事传颂，生死两依依，真情永不断。犹如节庆狂欢。

清末学者陈康祺的《郎潜纪闻》中记载："钱塘洪太学昉思，著《长生殿传奇》初成，授内聚班演之，圣祖览之称善，赐优人白金二十两。于是诸亲王及阁部大臣，凡有宴会，必演此剧，而缠头之赏殆不赀。"

一时间，一部《长生殿》醉了一座城。不只是富贵豪宅内人人看，一遍一遍演，就是在民间的戏楼、茶馆、勾栏、瓦肆、酒楼、饭店也在上演。活跃在京城的剧团、各个剧种都在搬演。鼓书、弹词、评话也都改编《长生殿》。沉寂的京城因一部戏而活了起来，一些将死的剧团因一部戏而获得了重生。

《长生殿》的醇香浓味从京城飘散到了许多地方。特别是昆曲的故乡江南一带，钱塘多富贵、多才子，豪宅常演《长生殿》。昆曲《长生殿》以其婉转细腻的唱腔、意蕴丰富典雅的念白和华丽优美的舞蹈著称。

除昆曲之外，苏州评弹、越剧、川剧等都在演。有的是全本演出，有的则是根据《长生殿》进行改编的折子戏，有些经典剧目至今还在流传，如《密誓》《惊变埋玉》《迎像哭像》《钗盒情定》《霓裳羽衣》《马嵬惊变》《月宫重圆》《絮阁权哄》《陷关失守》《舞盘惊变》等。

最经典的剧目是京剧大师梅兰芳根据《长生殿》第十八出《夜怨》改编的《贵妃醉酒》。这部戏唱遍大江南北，至今仍是京剧梅派的代表作品、保留剧目。梅兰芳表演的酒后杨玉环自怨自艾，悲悲切切之态，细腻生动的舞姿和情真意切的唱词，在戏剧史上都留下了深刻印记。这也是梅兰芳精雕细刻，用心良苦的最重要作品之一。后来，梅兰芳还根据洪昇《长生殿》创作过一部影响很大的作品《太真外传》，描述了唐明皇与杨贵妃的故事。

在众多演出者中，内聚班是最著名的。它几乎成了"长生殿"的代名词，专门靠演《长生殿》而生存。从皇宫演出开始，内聚班便穿梭于王公大臣的大宅门里，演出不断，邀约不停。在1688年至1689年的北京剧坛上，最著名的戏班就是内聚班，而内聚班的看家剧目便是《长生殿》。

一部《长生殿》不但救活了濒临倒闭的内聚班，还让内聚班成为京城梨园中最著名最优秀的演剧团体。内聚班凭借这部传奇而重振雄风——演员有了饭吃，戏班挣了钱，日子好过起来。因此，内聚班对洪昇感恩不尽，他们恳请在洪昇 1689 年 45 虚岁生日这天，在洪昇家里演出一部全本的《长生殿》，以致谢忱。

但，这一次演出却葬送了洪昇的前途，也毁掉了内聚班。造成了震动京城文坛、官场的大难"演长生殿之祸"。

第 26 章　因剧获罪

在清代王应奎的《柳南随笔》中描述过内聚班策划在洪昇寓所演出《长生殿》的原因。说内聚班因演《长生殿》获得了很多赏银，戏班得以复活，他们为此深怀感激："赖君新制，吾获赏多矣。请张宴为君寿，而即演是剧以侑觞。凡君所交游，当邀之俱来。"

内聚班的重振得益于洪昇的传奇，他们诚心实意要答谢一下洪昇，要为他免费演出《长生殿》。洪昇自然高兴，相约在 7 月 1 日洪昇 45 岁生日这天在洪宅内招集亲朋好友观剧。

洪昇之所以想在自己府上开戏，除了生日因素，还有件好事没有公开。就是洪昇终于有了一次进入官场的机会，他被康熙帝任命为候补县丞。

在清朝重要的文献《康熙起居注》"康熙二十八年，十月初十日癸酉"条目，即 1689 年 10 月 10 日的一段中记载有这样一句话："在候选县丞洪昇寓所"里演出《长生殿》，这说明，此时的洪昇已经正式进入了清朝官僚体系的名单中，只要有空位他就可以赴任。

虽然"县丞"只是一个八品小官，但是对洪昇来说，却是一个重大的转变。他一生奋斗的主要目标就是要进入这个体系，他屡进屡败，现在终于被列入政府官员的名单中，这无疑比中举人都令人高兴。因此，他决定为这庆祝一下。于是在 1689 年的 6 月底与内聚班相约在 7 月 1 日这一天庆生祝贺。

但是，不巧的是，正在筹划演出时，内聚班得到消息说，康熙皇帝的贵妃佟氏重病。王公大臣们的堂会都停下来了，不敢演了。说是等佟贵妃好了才能演，怕皇上怪罪。洪昇听到消息后，也想避一避这个敏感的时间。稍有些常识的人都知道，康熙与佟贵妃从小一起长大，感情深厚，这个时候不能刺激康熙。

不幸的是，佟贵妃病了没多久便薨亡。在去世的前一天，康熙很心疼佟贵妃，便封她为皇后。受封后的次日佟皇后就升仙而去。国丧期间洪昇的堂会也就不能演出。

佟皇后的忌日是 7 月 10 日，按照清朝的规定："皇后大丧，群臣二十七日除服，百日剃发。京朝官百日不作乐。"（《大清会典·丧礼》）皇后薨逝属于国丧，各级官员需要 27 天穿丧服，一百天内不能理发，也不能有任何娱乐活动。

内聚班再与洪昇商量演出时，洪昇就说："等国丧百日后再安排吧。"

内聚班却说："大清的国丧规定是针对官员的，您既不是官也不是臣，等 27 日过后应当就没事了。实际上，私底下，大臣们的娱乐一天也没停过，打马吊的照打，听戏的照听。我们的戏班前几天还被安排去唱折子戏呢，只要没人打报告就没事。"

洪昇很认真地想了想，还是摇头说："我虽然还没有正式上任，可也算是个候缺的县丞啊，怕是不合适，别因为演戏而耽误了大事。"

听洪昇这样说，内聚班也就不再说什么了，但还是希望洪昇考虑考虑再定。

洪昇比较谨慎，觉得国丧期间演戏会被怪罪，就问询好友赵执信。赵执信经常服侍皇帝，他应当比较清楚在什么情况下可以演戏。

赵执信说："规定是规定，可是据我所知，私下里谁都没有停止吃喝玩乐。如果不是有人故意找麻烦，都是睁一眼闭一眼，只要没人奏本，我看，没什么大不了的。你现在还没有正式任职，也可以说是个平民，关起门来看个戏，也说得过去。"

洪昇问："要是演，在哪里好？安排在哪天更合适？"

赵执信说："我看，就在你府上最好，说出去，顶多是个堂会。这样动静不大，就邀请些知根知底的好友。"

又商定了演出日期为 8 月 16 日。

与达官贵人们的府邸比，洪昇家的院子不大，不可能有太多的人观演，所以必须精选一些人参加。选择什么人看戏和发请柬的事就由 27 岁的好友赵执信负责。赵执信一方面想照顾到各方面的关系，另一方面他也有自己的主意，就是谁都可以，但不能邀请他不喜欢的人参加。而这个做法恰恰让他得罪了一个叫黄六鸿的官员。一场因《长生殿》演出引起的灾祸便由此而产生。

赵执信（1662—1744）是一个很孤傲的人，一般的人他都不放在眼里，这当然与他出色的才学有关。他出生于青州益都县，博学强识，是天才学子。14 岁就中了秀才，17 岁中了举人，18 岁便中了进士。进京后任右春坊右赞善兼翰林院检讨。"赞善"这个职位是负责协助皇帝处理政务、监督内廷的官员。

赵执信性格狂放、直率，他与洪昇的交往是因为他们都才华横溢，诗名远播。又先后同在诗人王士祯门下授业，互相了解。洪昇很欣赏赵执信的才学和他爽直的性格，认为他是清朝的赵孟頫，将其引为挚友。

赵执信给很多人都发了请柬，但就是没有给特别想参与京城文人圈里来，却一直没有得到机会的黄六鸿。这时，黄六鸿在朝廷里任"给事中"。

按理说，"给事中"这个职务是正五品的官员，级别不能算高。关键的问题是，黄六鸿的职务内容非常特殊。"给事中"属于都察院，是专门给皇帝谏言、监察政府官员品行的"谏官"。任何官员，只要被他写成奏折，上报给皇帝，就很可能被处理。所以这个职位很重要，许多官员都怕他、敬他，拍他马屁，巴结这位能随时给人加罪的人。

但，赵执信这个六品的"赞善"却瞧不起这位很多人都惧怕的五品"谏官"，更对仗势欺人的人不屑。所以想都没想，根本就没把他放在邀请之列。这便得罪了黄六鸿。

其实，黄六鸿与赵执信结仇由来已久。

黄六鸿于康熙九年（1670年）以举人身份任山东郯城县令，随后调到河北任东光县令，又调任北京在都察院任"给事中"。黄六鸿刚到北京的时候，为了尽快融入京城文人圈里，逐个拜访名人，把自己刻印的诗稿和家乡的土特产一同送上。大部分文人都很客气，也没说什么，但是赵执信却在被访后，给黄六鸿写了一张便条，并把其诗稿退回。便条写的是："土物拜登，大稿璧谢。"

这句话有两种解释，一是字面意思："您的特产我收下了，但诗稿退回。"言下之意是觉得黄六鸿的诗稿不值得一看。还有一种解释是多年以后，学者阮葵生向被罢官后的赵执信问到这个案件时，赵执信自己解释说，当年他并不是要奚落黄六鸿，而是因为黄六鸿派人给他送诗稿和土特产的时候，他正在跟人打"马吊"（马吊，也就是后来发展出来的麻将）。他当时很投入，仆人拿进黄六鸿的名片，问怎么处理？赵执信就开了一个玩笑说："土物拜登，大稿璧谢。"结果仆人就把这句话写成了个回执，给了送诗稿的来人，并把诗稿退了回去。就这样，把黄六鸿给得罪了。

无论是无意之举，还是有意嘲弄，在黄六鸿的心里已经把赵执信视为敌人了。清代梁绍壬在《两般秋雨庵随笔》卷四中也是这样记载的："黄六鸿者，康熙中由知县行取给事中入京，以土物并诗稿遍送名士。至宫赞赵秋谷执信，答以柬云：'土物拜登，大稿璧谢。'黄逐衔之入骨。"赵执信不喜欢黄六鸿是确切的，他不想与黄六鸿这样的凭借送礼找关系混官场的人为伍。

在洪昇家的大戏唱了三天。据陈康祺《郎潜纪闻》说，来的人"名流之在都下者，悉为罗致"。大多是在京城有名号，有影响的人物。

8月16日，刚刚过完中秋节的人们便纷纷前来看戏。许多朋友都知道洪昇的生活比较拮据，就"醵资"——也就是以大家一起凑钱的方式给洪昇送了一笔钱，还带了一些礼物、食品。虽然内聚班的戏是免费送上的，但是，这么多有身份的观众来看戏，还是需要招待一下茶水、饮食之类的，再加上租借桌椅板凳、招待用品、搭台布置等等，多少还要赏赐演员们一些钱，这笔支出很大。所以，了解洪昇的人都知道，这些费用对于在位的各级官老爷们根本不是个问题，但对于洪昇来说却是一个不小的负担。都知道，支持洪昇最好的办法就是给他钱和物。

大戏开锣时，相国梁清标主持。他简要地介绍了《长生殿》在宫里演出得到皇上赞赏并推荐给王公大臣们的情况，然后，又对洪昇这些年来的创作成绩给予大大称赞。梁清标强调在洪宅演出《长生殿》的三个主题，一是内聚的答谢演出，二是为洪昇庆生的演出，三是庆贺洪昇成为候选县丞。

大家举杯之际，戏锣响起，末角上台，一段道白《南吕引子·满江红》："今古情场，问谁个真心到底？但果有精诚不散主，终成连理。万里何愁南共北，两心那论生和死。笑人间儿女怅缘悭，无情耳。感金石，回天地。昭白日，垂青史。看臣忠子孝，总由情至。先圣不曾删《郑》《卫》，吾侪取义翻宫徵。借太真外传谱新词，情而已。"大戏正式开始，唐明皇赠钗盒，杨贵妃与李隆基的这段缠绵悱恻的恋情便展开了。

有意思的是，一位姓陈的官员，因事出京，一干人马都已经走到了良乡一带，忽然得到洪昇宅内演《长生殿》的请柬。又听说京城的名人差不多都到场，他很高兴，立即拨转马头"日夜兼程"赶到城里。结果，风尘仆仆地到达洪昇家的时候，大戏已散。洪昇正站在门口送客，而陈官员只能惋惜地给洪昇拱手道喜致谢。

虽然没有看成演出，后来却被黄六鸿列到了参与国丧期观演人员名单中，还被处分了。这真是触了霉运。

起初，黄六鸿并不知道洪昇家里演戏的事，大戏开场两天后，才有手下人告诉他这场盛会。有人提醒黄六鸿，这可能是一次南党聚众。那时明珠的北党、徐乾学的南党斗争很激烈，但洪昇并不属于任何一派。况且，洪昇并不是在位官员，只是诗名远播，民间影响很大而已。

一个民间人士演场戏没什么大不了的，也没放在心上。

黄六鸿随意问了一句："都谁去看戏了？"

部下答："听说是赵赞善拟定名单，操持发柬的，京城名流基本都到场了，连梁相国都去了，很热闹。"

一听"赵赞善"这个名字黄六鸿立即瞪起了眼睛。他一直想找机会报复一下这位"土物拜登，大稿璧谢"先生呢，这下你送上门来，就怪不得我了。

黄六鸿问："是哪天演的戏，演了几天？"

"是 8 月 16 日开场的戏，要演三天。"

黄六鸿想了想："8 月 16 日……皇后的丧期才一个月不到呀，怎么敢在国丧期就演戏？"

沉思片刻，他立即召集了几个手下，吩咐道："你们详细地调查一下洪家演戏的事。特别是都给谁发了请柬，谁参与了，列一个详细的名单，越细越好。"

黄六鸿没急着写奏本，而是下了一番功夫调查。列出的名单更是让黄六鸿火冒三丈，连刚刚补缺的陈县令——这样一个不起眼的小人物都发了帖子，他这个在皇帝身边的五品大员居然不在其中，赵执信是真不把我黄六鸿放在眼里呀。

这个名单很长，黄六鸿也不想得罪更多的人，其中有许多是他的同党，有些还是他想接近的人。所以，他又花了半个月的时间将名单上的熟人、亲近者划掉，考虑再三之后，给皇上写了一个奏折。这个奏折措辞讲究，句句充满了杀气，所列罪状有两条：一、在皇后大丧不足百日的时候赞善赵执信带头唱戏娱乐，还大摆宴席，观剧饮酒，玷污了大清王法，应严厉惩处参与者。二、重点人物"俱应革职"。

特别是赵执信非常狂妄，日常沉迷于"斗马吊"，玩忽职守，现在又带头在国丧期间演大戏，必须严惩。

在清朝官方文献《康熙起居注》中记载的"《长生殿》案"发案的过程是这样的：

> 十月初十日癸酉。辰时，上御乾清门听政，部院各衙门官员面奏毕。大学士伊桑阿、阿兰泰、王熙、梁清标、徐元文，学士凯音布、朱都纳、彭孙遹、迈图、郭世隆、西安、顾汧、博济、王国昌以折本请旨：吏部题复，给事中黄六鸿所参赞善赵执信、候补知府翁世庸等，值皇后之丧未满百日，即在候选县丞洪昇寓所，与书办同席观剧饮酒，大玷官箴，俱应革职。其所参候补侍讲学士朱典常斗马吊，并无实据，应毋庸议。上曰："赵执信着革职。朱典问伊衙门学士等，据云人品学问俱属平常，着休致回籍。"

黄六鸿重点参劾的人是赵执信，但连带着把洪昇、翁世庸、朱典、查慎行等人也牵连进去，最终有 50 多人受到处分。

一大早就听到这样的事情，康熙大怒："谁敢这样大胆，竟然在国丧未满就演戏，太不把朕放在眼里了吧？百天都忍不了，还能干什么?！把这些人交给刑部下了大狱，也让他们长长记性。"

相国梁清标立即出列劝道："皇上息怒。国丧期间演戏罪该万死，应当处置。但臣以为，这些人罪不该下狱。以演剧者洪昉思一介草民身份来看，国丧期间在家里唱戏是个错误，不懂国法，逐出也就是了。至于其他的人，也不至于过重处罚。"

康熙也是个理性的人，问："那就让吏部酌情处置。"

吏部应："是。"

赵执信得到消息，立即到吏部声明："这件事与其他人无关，全是我一人的主意。一人做事一人当，处罚一个，别再牵连其他人。"

但是，黄六鸿的奏折酝酿、斟酌了一个多月的时间，可谓老谋深算。把谁放在这个恶人名单里，谁不放在里面，他都是仔细思量过的。相国梁清标本也是个"主谋"，他主持了洪宅里的演出，但黄六鸿却只字不提。因为，这人对他还是有用的。还有很多他的朋党、亲信虽然也去看了戏，他一肚子不满，却也没有列入。黄六鸿查出的官员名单很长，他不能全部"一锅端"。但被列入名单的人却也相当多，官方公布的被处理者就有五十多人。

害人一次，就要干得彻底、干净，黄六鸿的办法是"一棒子打死"，如果打不死，受害的就是他自己了。奏折理由充分，措辞强硬，被构陷者想跑都跑不了。可以说很恶毒，也很解气。

他顺便把看不顺眼的"候补侍讲学士"朱典狠狠地奏了一本，说朱典除这次在国丧期间看戏之外，还"常斗马吊"，是个不学无术，学问一般的庸才。

其实，从事件的原委来看，即使在"国丧"不满百日，民间演戏、看戏也算不得什么了不得的事情。但这事说大不大，说小不小，想害人就是个把柄，不想多事，睁一只眼闭一只眼也无所谓。所谓"演长生殿之祸"不过是黄六鸿与赵执信之间的个人恩怨造成的。用清代诗人查为仁在其《莲坡诗话》里的一句话说就是："乃好事者借事生风，旁加指斥，以致秋谷、初白诸君子皆挂吏议。"

但处理的结果却是严厉的。受此事件影响最严重的自然是黄六鸿要报复的核心人物赵执信。赵执信虽然未被下狱，却被革职"回籍"，打回老家，结束了他十年仕宦生涯。而赵执信从此以后，50 余年没再回到官场，埋没于乡里，直至终老。

许多人都为才华横溢的赵执信惋惜，有人写诗感叹："秋谷才华迥绝俦，少年科第尽风流，可怜一曲长生殿，断送功名到白头。"

临走时，赵执信也写过《出都》一诗："事往浑如梦，忧来岂有端。罢官怜酒失，去国觉天寒。北阙烟中远，西山马首宽。十年一挥手，今日别长安。"

赵执信很乐观，他给同样被罢官的查慎行写了一首诗，其中有两句："与君南北马牛风，一笑同逃世网中。"

查慎行回诗一首："欲逃世网无多语，莫遣诗名万口传。"

这时的查慎行刚刚改过名字，便又写道："竿木逢场一笑成，酒徒作计太憨生。荆高市上重相见，摇手休呼旧姓名。"

送赵执信离京时，洪昇非常过意不去地说："都怪我牵连了你，毁了你的前程。"

赵执信却说："哪里是你牵连了我？黄某人是针对我的，没有演戏一事，也会找出其他事情来的。他是想置我于死地才弄出这么个么蛾子来。要不是因为他想害我，也不会有这么多的人受罚，我才是牵连了大家呢。这里没有谁是谁非的问题。这是命，赶上了，躲也躲不了的。彼此彼此吧。"

赵执信晚年因病致盲，虽然双眼不能视物，却创作不断，靠儿子执笔记录写出了大量诗歌和文章，83 岁去世。

另一位被处理得比较重的涉案者太学查夏复，则不得不改名"查慎行"后，重新参加科举考试，重返官场。

在这个案件中，有一位叫徐胜力的编修也去洪昇家看了《长生殿》。黄六鸿的奏折一出，他的名字也在其列。他被吓坏了，赶紧找到内聚班的人，贿赂一些钱，让内聚班的人说他没有去。在当堂审问时，他坚称自己没去洪宅看演出，内聚班也做了证。在名单中，徐胜力本来是个可有可无之人，黄六鸿并不在意处理不处理此人，审案者便将其免除处罚。

洪昇此时有两个官方职务，一是国子监监生，一个是候补县丞。对于官场来说，这两个职务很不起眼，但对洪昇来说，却重要得很。处理的结果是，免去洪昇国子监和候补县丞两个职务，逐出京师。这个处罚对于已经很失意的洪昇来说是一个重若万斤之果。

此事对洪昇来说打击很大，从写出《长生殿》以来，他得到了很大的荣耀，皇上喜欢这部传奇，他因此得到了渴望已久的入仕机会，经济方面更是改善了很多。但忽然间，这一切都灰飞烟灭，重新回到一无所有。可是，此时的洪昇已经45岁，东山再起的机会很少了。

杨恩寿在《词余丛语》里叹息："洪昉思谱《长生殿》甫成，名动辇下。国忌日试演新曲，御史黄某纠之，先生革去监生，枷号一月，文人之厄，闻者伤之。然因此曲本得邀睿览，传唱禁中，亦失马之福也。"

民国初年葛虚存采集编纂的《清代名人轶事》也对"长生殿演剧之祸"进行了记载：

> 赵秋谷执信，以丁卯国丧，赴洪昉思寓，观《长生殿》剧，被黄给事六鸿劾罢。时徐胜力编修嘉炎亦与宴，对簿时赂聚和班优人，诡称未与，得免。都人有口号云："国服虽

除未满丧，何如便入戏文场。自家原有三分错，莫把弹章怨老黄。秋谷才华迥绝伦，少年科第尽风流。可怜一曲《长生殿》，断送功名到白头。周王庙祝本轻浮，也向长生殿里游。抖擞香金求脱网，聚和班里制行头。"

徐丰颐修髯，有周道士之称，后官学士，闻黄给事由知县行取入京，以土物并诗稿遍赠诸名士，至秋谷答以柬云："土物拜登，大稿璧谢"，黄衔之刺骨，故有是劾。

不只是 50 多人受到了处罚，演出《长生殿》的内聚班从此也一蹶不振。因涉及国丧未满而演戏案，名声大减。王公大臣自然不敢请，即使民间演出也少有涉猎。以致后来内聚班不得不改名为"聚和班"重新开业。

第 27 章　稗畦草堂

受演《长生殿》事件的影响，被牵连的 50 余位好友纷纷离开了北京，每当目送被削籍的朋友出京之时，洪昇都深感内疚与失落。如果不是一时兴起，如果不是自己的一点虚荣心就不会有今天的状况。他自责、懊悔，一切本已出现了转机，却突然之间因一场可有可无的演出而全都失去了。

在无奈与惆怅之时，洪昇忽忆起九年前与王泽弘在盘山见智朴大师，并在盘谷寺里小住时与智朴谈论的生与死，入世与出世的话题。深感如果当时自己入了佛门，也就去了凡间的烦恼，哪里还有什么苦闷与悔恨？

三月的京城寒风习习，偶有乌鸦刺耳的聒噪。在自己的小院里转了一圈又一圈，彷徨犹豫。已经是 1690 年的春天了，紫藤枝上似乎已经出现了嫩芽，枯木正在慢慢露出生机，院落中却依然冷冷落落，凄凄凉凉。

走回书房，铺开宣纸，慢慢研墨，思考片刻后，提笔写了两首诗给智朴大师。诗云："残腊与师期，高松看雪敧。杜鹃花欲尽，真悔入山迟。"似有归隐佛门之叹。又有诗句："山色潞河东，朝朝忆远公。青沟望不见，只在白云中。"（《将游盘山寄拙庵大师》）

放下笔墨，找了件厚衣服披在身上。又收拾了一些行李，放在驴背上，骑上驴向郊外慢慢走去。

冬天的残余迹象正在消失，走出家门才发现，其实暖阳已经透过料峭的寒风悄然回到了京城。丝丝湿润气息吹在面颊上，痒痒的，让他想起初入北京的时候对这座陌生城市的感受。这里不是他的家，初见时却有归属感，这里没有他的用武之地，却有无数的旧识与新交，他已经完全融入了这座偶然也是必然闯入他生命中的都邑。他也能像那些离开的朋友们一样，与这座给了他无数希望与失望的城市诀别吗？

洪昇不紧不慢地走了近一天的路，下午才到达盘谷寺。那时，僧侣们已经用过了斋饭，德风和尚在刚刚清扫过的地面洒着清水，抬头望见缓步走来的洪昇，惊喜地叫了一声："昉思先生！真是稀客呀。"

洪昇也拱手行礼："德风师一向可好？智朴师也在吧？"

"在在在，刚用过斋饭，这会儿正在散步呢。您先休息一下——您今天不会下山了吧？"

洪昇苦笑道："不下山了，一时半会儿不下山了。"

德风已经从洪昇的面相上看出了他一定是又有了心结，就说："静寺清风，春阳晓月，先生可以在这里调息小憩。"

正说着，智朴也从远处向这里走来，洪昇高兴地向他拱着手："智朴师，一向可好？又来叨扰了。"

智朴微笑着还礼道："哪里哪里，这里随时恭候洪先生的到来！"

德风说："洪先生刚到，风尘仆仆走了一天，我去准备些吃的。"说着，顺手接过洪昇手里的缰绳，牵着驴向寺里走去。

智朴拉着洪昇也朝寺院里走，却换了个称呼："昉思兄，《长生殿》名动天下，怎么有闲暇到山里云游？"

洪昇苦笑着摇了摇头："智朴师有所不知，费了十余年之功写就的《长生殿》，虽然小有名气，却惹了大祸！牵连数十人，苦恼哇。"

智朴惊讶地问："如何这样？"

洪昇就把《长生殿》演剧之祸的前前后后详述一番，灰心地叹息："或许，我命克人、克事？这一辈子，本应是个顺当自在的富贵过程，却从20余岁进京后一直处处碰壁，事事不顺。原本衣食无忧，却弄个温饱难成。不只是自己霉运纷纷，还害得家人朋友们也跟着一起受苦。凡我所遇之人多少都受些苦厄，家难被逐，颠沛流离。长女夭折，弟妹早逝，父母流放，朋友又因我而罢官削籍。我命太硬，或许天生就不该落入红尘，走这一遭。"

对于洪昇的经历智朴颇感意外，却不同意洪昇的自责："昉思想偏了，昉思兄诗名天下，传奇第一，才华横溢，哪里是什么命硬，分明是大运该经世事。若是没有这些曲曲折折、沟沟坎坎，也就平常无奇了，昉思兄所经历的，恰是英才必经之途。"

洪昇苦笑："惭愧！风风雨雨的半辈子，让我苦不堪言，到头来依然是清贫无依，无地自容。真想像智朴师这样躲进深山，了却尘缘。"

智朴道："佛说命里注定，富贵在天，逆境自安。依老衲看，富贵顺达，贫贱苦厄，皆由心生。若持正念，一切皆缘。如存邪念，万般苦难。乐天知命，不忧不惧。安贫乐贱，与世无营。"

沉浸在自责中的洪昇吐露心声："这些年，原本已经习惯受挫逆境，这次又让我重回走也走不出来的困厄孽缘。因我一人，牵连 50 余人，不是被革职就是被削籍，我是真对不起这么多的朋友啊。又想想这半生的遭际，就想一走了之，进山为僧算了，也不再去苦苦挣扎。听寺钟念佛经，两眼一闭不闻凡尘俗事，不再惹祸上身，也免得殃及无辜。"

智朴否定道："世事无常，这哪里是你惹祸，分明是天命该有这些劫。如果不是以这样的方式摊到你头上，也会以另外的一种形式遭遇。"

"还是我命不好，我命不好啊。如影随形般的，走到哪里哪里就被殃及。我想到年轻时与洪昌弟在南屏山封读于净慈寺时，躲在寺庙中，读书写诗，听晚钟暮鼓，看夕阳红日，听清溪流响，看繁花翠竹。漫步山涧，超脱烦忧。真是神仙一样。我是真羡慕智朴师的生活。"

智朴开导洪昇："昉思兄不是一片孤云，独自飘来飘去。而是有家室、至交之人，行至哪里都是有牵挂的。出家人也并非无牵无挂，入佛门者皆有其因由，不见得高明。凡人都以为坐禅念佛者都是大彻大悟，或正在参悟佛理之'高人'，其实不尽然。许多口不离经手不离器的出家人，恰恰是尘缘未尽六根未除者。透彻点说，有些人皈依禅寺，受戒理佛，就是躲避苦厄，欲求清静来了。真正悟透之人，不在于是否入寺进庙，不在于是否念佛诵经。心中有佛无须念佛，心中无佛，坐禅也会百念皆生。明悟者都是大隐隐于市，连凡间的苦难困厄都看不明、受不起，何谈佛性？即使躲入深山古刹，也不过是个形式而已。人活一世，幸运者并非脱离凡尘俗缘，而是经苦海、除心魔、欲海重生的过程。一帆风顺，荣华富贵，要风得风要雨得雨也不见得是好事。处处碰壁，大苦大难，遍体鳞伤者恰是我佛为众生摩顶受戒之大法。众生皆有使命，每人都不同，我命在天更在我，我运不济非天之不公，而是运行之途。俗语道'大难不死必有后福'，实为渡劫者必成佛之意。"

智朴一番肺腑之言说得洪昇半晌无语，陷入深思之中。

洪昇在盘谷寺庙的茅舍内安顿了下来。

次日天还没亮，便有小僧轻叩房门问："洪先生可醒来了？智朴法师叫我请洪先生一同去山里转转。"

洪昇一夜未眠，早已醒来，正想趁清晨到山里走走，听小和尚一叫就推门出来："智朴法师已经起来了？我还怕惊扰他呢。"

小和尚说："智朴禅师每日寅时就起床了，天天如此，他还怕打扰洪先生呢。"

小僧在前面引路，一会儿便与智朴在前院会合了，智朴笑着问："昉思兄休息可好？"

洪昇无奈地摇了摇头："唉，时睡时醒，这一夜像烙大饼。"

两个人边说话，边向外面走。正值盘山杏花绽放之时，智朴随口吟一诗："杏花万树开，映日光皎洁，东风过岭来，满地翻晴雪。"

洪昇见智朴兴致很浓也吟道："两山忽断处，开士结精庐。门对青沟狭，池涵紫盖虚。云岚远明灭，松石互盘纡。侧首寻幽洞，荒榛虎旧居。"（《盘山志》所引洪昇《青沟禅院》诗之一）

两人相视一笑。洪昇又作一诗："重寻白云来，独入青山去。青山笑问余，故人在何处？"（洪昇《再入盘山，忆与吴庐先生同游，口占寄之》）智朴笑应："老衲在盘谷。"

两个人出了盘谷寺向东南方向走去，已经初露绿意的山野空旷寂窭。走了一会儿，智朴说："我们去卫公庵看看那里的松林，然后再到天城寺，这样走下来，也差不多一天时间了。"

"卫公庵"原本叫"李靖庵"，是因为唐初著名大将军李靖（571—649）曾在此居住过而得名。但上次洪昇、王泽弘、宋荦三人在这里游历时宋荦提出，一个寺庵直呼李靖其名实在是大不敬，建议改称为"卫公庵"。从此，大家就将此庵称为卫公庵——这已经是 9 年前的事了，现在都已经叫习惯了。不过，后来因为庵前有大片的松林，又被人称为"万松寺"。

山路较陡，他们边说话边走路，上上下下，有时爬坡有时攀岩，对于已到中年的他们来说，这次行走的确很吃力。即使像智朴这样生活在山里的高僧，即使像洪昇这样经常游历名山大川的文人，这样陡峭的山路也并不常走，因而行进比较缓慢。

智朴后来写了一首《同洪昉思游卫公庵至天城寺作》诗，记录了这次颇为不易的经历："幽谷扃禅房，跏趺忘岁月。门径恒萧条，春深草乱发。胜游久不萌，高兴今勃勃。出门失后先，蹂践松针滑。过山复过山，险隘遭颠蹶。下上历招提，丹腰耀林樾。老僧注意殷，留客饭薇蕨。日午向天城，逢阴树底歇。快哉到寺门，胸臆自超越。"（《稻谷集》）

洪昇也作《同拙公山行联句》："青松乱插连云台，石面苔痕虎行迹。策杖来从飞鸟边，下视空蒙远烟碧。"（《盘山志补遗》）

看来，这次行走给两个人都留下了深刻印象。虽然路途艰辛，却心情愉悦。与知己者行，与至交者言，都是人间最美之事。

到达卫公庵时，已经是午时，两人除了路途稍事休息，吃了些随身携带的干粮，在泉水边饮用了清泉外，基本都是在艰难爬行中。

洪昇大叹：“庄子所说‘天与地卑，山与泽平’之句，今行走这一遭便真实感受。”

到达卫公庵后，见到了主持。庵主和智朴法师是好友，热情招待了他们。又在卫公庵里用了斋饭，稍事休息便又继续向天城寺走。

“天城”一名是因寺庙四面都被群山包围，犹如一座天然城堡，故曰“天城寺”。又称为“天城福善寺”，或称“天城法界”。天城寺建于唐代，历经数代扩建重修，至清代时已经规模很大，在盘山众多的寺庙中，很有名气。且因其独特的位置与环境，康熙帝也多次前来，并有题词。

到达天城寺时，未时已过，正是寺间讲法之时。他们悄悄地坐在众僧后排，听法师讲佛理，也借此休息。听过佛坛讲法之后，主持高僧才发现了智朴和洪昇两人，邀约他们用茶谈天。天城寺的主持也是位诗人，字也写得极好，他们聊的内容大体不离诗、佛。

这一天的游历，让洪昇明悟了许多。回到盘谷寺后，趁兴又作《题天城寺》诗：“云抱塔影孤，天垂四面削；两山当寺门，一水泻崖脚。”站在天城寺前，洪昇感到了人的渺小与自然的伟岸，顿时心胸大开，悄然若悟。

又作《三月五日宿山下茅舍作》：“积岁堕尘网，灵襟坐迷惑。久思访古僧，人事苦羁勒。东风渐暄和，高兴遏不得。骑驴穿柳隄，新雨沙似拭。依微白云中，忽见青山色。入望犹迢遥，倏然豁胸臆。今宵孤岭下，茅屋聊偃息。明发候晨霞，攀萝事登陟。”

山川古刹，静林响溪，都让疲惫者顿时放下。人在自然的胸怀里能够回归本能，也使得蛮性野趣顿生。在盘山没有任何烦忧与顾虑，可以解除身心重负，返璞童真之气。于是诗兴大发，美词妙喻奔涌而出。

次日，德风大师又陪着洪昇再游盘山美景。

出发前，德风大师征求洪昇的意见："昉思兄，今日咱们走哪条路好？是险还是易？"经过昨日的攀爬，虽然腿脚有些肿胀，但洪昇游兴未减，就说："随性。我们信马由缰地走，走到哪里就是哪里了。"

德风大师哈哈大笑："昉思兄真是好兴致！"

后来，德风写了一首《同洪昉思遍历盘山之胜》诗，用以纪念这次陪同洪昇游盘山的经历："先生自悔入山迟，正是春光向暮时。策杖寻芳红烂漫，扪萝踏翠绿参差。崖边云气晴偏好，树里钟声晚更宜。此日相携同眺望，幽怀犹约后来期。"（《盘山志》卷十）

洪昇也写有一首《同石林上人宿净业庵》："山寺疏钟歇，清宵寂不喧。渐看明月影，移过古松根。地僻知僧俭，山空见佛尊。石床趺坐久，挥尘两望言。"（《盘山志》卷四）

德风，字石林，蓟州人，也是位饱读诗书的高僧。

在智朴、德风两位高僧的陪伴和开导下，洪昇终于走出阴霾。洪昇也想清楚了，正如智朴所示，虽然自己时运坎坷，却也收获丰硕：有妻妾相随，儿女俱全，行走天下，朋友众多，虽流移不定却诗文不断，传奇名满天下。还有何求？

他想清楚了未来的安身之所，就是在杭州寻一处山野，筑起几间草堂，结庐水岸，隐居读书，吟啸会友，收徒授业。与田畴飞鸟相伴，与山水大地相依。

洪昇在盘山居住了十余天，在这里他似乎得到了某种神启，灵感喷涌，诗兴大发，妙语连珠，写下了30余首诗。有与智朴、德风唱和之作，也有独自咏叹，感时伤事，悟道参禅，自我开解之作。

离别下山时，回望站在高坡上相送的两位高僧，依依不舍，写下了《别盘山》：“步步出烟霞，依依望林樾。纵抛石上泉，随负松间月。”盘山给了他无尽的慰藉，也给了他自救的能量。

　　回到北京后，洪昇依然意犹未尽，又写下一首《留别拙公》：“我避尘嚣到幽径，一住浑忘旬日永。春风三月山不寒，饱看青松与红杏。半生词赋何所求？结社思陪慧远游。清泉白石信可恋，妻儿待米难淹留。劳生汩汩终何极？一梦百年如晷刻。明日风尘下界行，回头只见青山色。”（《盘山志补遗》卷二）

　　是啊，他有家有室，有儿有女，“妻儿待米难淹留”怎么可能不顾虑？他必须继续为这尘世的生计而劳作。

　　因《长生殿》演出之祸致使洪昇的朋友们也难相聚，便以诗、书相赠。在书信和诗歌来往中，多数人都劝洪昇还是回乡为好，哪怕是暂避风头也罢。这与洪昇已经想回乡建草堂过避世生活的想法相合，虽然对生活了 20 余年的北京城非常留恋，但为形势所迫，为长远之计也不得不离开了。

　　1691 年的秋天，在北京红叶满城、繁花似锦之时，洪昇携家眷，雇马车，把能带的东西全带上，踏上了回杭州的路途。他是抱着不再回来的想法离开的。漂泊京城 20 余载，有喜有悲，有得有失。46 岁的他已然满头华发，却没有怨言，也不再自责悔恨，似乎已经悟透了生命大义。

　　虽难舍难分，却也不得不与这座老城分别了。

　　他已经在杭州西湖边的孤山选好了一处僻静之所，将在那里建起一座草堂。在他心底已经为它起好了名字“稗畦草堂”，他将在那里度过余生。

　　洪昇的女儿洪之则记载："今大人归里，将于孤屿筑'稗畦草堂'，为吟啸之地。"（洪之则《三妇评牡丹亭·跋》）

　　1694年，回杭州之后的第三年，那座朝思暮想的"稗畦草堂"在孤山立起。从此，洪昇常常流连、沉醉于此。静读写作，度取天词，授徒传业，呼朋引伴。

　　好友李孚青在《怀洪昉思》中说："夫子竟辞荣，西湖卜筑成。谁人下车辖，何处摘船行？亡岂同张俭，狂宁负窦婴？青宵思故态，一笑绝冠缨。"（李孚青《野香亭集》）

第 28 章　绕梁三日

或许如洪昇朋友说的那样，江南是他的福地？全家经过近三个月的旅行，年底抵达杭州后就发现小妾邓雪怀孕了。1692 年的春天就生下一子，取名为洪之益。

这时的洪昇已经 47 岁，头发花白，说是个"老人"也不为过，在这样的年龄得次子，也可谓"老来得子"。这是天降大运，洪昇视之益为掌上明珠。多年之后还赋诗《姬人邓生子之益数岁作此嘲之》表达愉悦之情："玉出闺中秀，珠来掌上明。芳兰充佩带，白雪作光荣。索抱须争挽，能言齿半生。阿侯年渐长，卢女自盈盈。"

洪昇一生育有两子两女，前三个孩子都出生在他人生最穷困潦倒的时期。他曾懊悔没有给他们什么物质享受，本可富贵却成贫儿。缺衣少食，朝不保夕，除了读书，孩子们几乎没有什么享乐，早早地体会到了生活的艰辛与无奈。特别是长女，7 岁了还因贫病交加离世，这是洪昇一生的痛。只有这个次子之益是在他生活稳定、有了基本保障之后才出世的。虽然还算不上富裕,一日三餐却是可以满足的。如今,他已经放弃了漂泊不定的生活,可以守着家人孩子,享受天伦之乐。或许,这正是上苍在他经历了无数灾难与坎坷之后给予的福报吧。

在洪昇沉浸于得子之乐时,长子洪之震也已经长大了。洪昇便与妻子商量趁着这股喜气给洪之震把婚事办了。

1693年,洪之震15岁。按照这一时期的习俗,男子14岁便可以结婚,当朝皇帝康熙结婚时(1665年)才11岁。因此,为洪之震举办婚礼是再正常不过了。

更令洪昇喜不自禁的是,洪之震结婚的第二年就生了一个儿子。先得子,后得孙,相隔一年,可谓双喜临门。洪昇高兴地提笔赋诗一首《得蔗孙示儿之震》:"忽听呱呱泣,今朝喜得孙。尔当知父道,吾转忆亲恩。门户宁期大,琴书可幸存。何年绾双髻,扶醉踏花村。"

既当新父,又任新爷,享受着融融暖意。这也大大冲淡了洪昇因为《长生殿》演剧之祸而受到的伤害,忘却了江湖风雨,世态炎凉。洪昇的性格似乎也变了许多,他变得开朗乐观,并且慈祥可爱,凡事都往好处想,正如智朴大师所言,以正念之心面对一切。

1694年,翰林院检讨颜光敩(1660—1698)任浙江乡试考官,又任提督浙江学政。他是山东曲阜人,孔子弟子"复圣"颜回的67代孙。洪昇大颜光敩15岁,在京城时,与其结为好友。得知颜光敩主持江浙的乡试,并任浙江学政,洪昇大喜。他立即给颜光敩去书一封,请求准许洪之震去会稽上学,并盼望能在未来的乡试中给予关照。洪昇不想儿子走自己漂泊不定的老路子,希望他能通过科举考试进仕为官,所以,才有此举。

老先生玉尺清裁，犹悬越峤，诸生弦诵，家奉金科。乃幸上澈彤扉，重褰绛帐。衡文妙选，一岁再膺。九重特达之知，两浙起衰之运，似此遭逢，良为希觏。侧闻按阅以来，交颂廉明，一如撤棘。会稽竹箭，尽列公门。兹莅会城，尤欣亲炙。弟仰体清严，分应息心竽牍。只因儿辈就试，近造台端。愧无家学之承，敢辱宗工之赏？倘得垂之拂拭，策彼驽骀，则小子有造，皆归陶铸。弟里居拙守，久效澹台。乃以犊爱犹存，遂忘其丑。非敢牵率俗情，冀沽河润已也。统惟慈照，不既虔瞻。弟名另单，慎余。

不久，洪昇便得到通知，让洪之震入学。

又是入学又是生子，洪昇的学生王锡便写贺诗一首："桑户锥频刺，兰闺梦有征。父书非浪读，祖武自堪绳。鹊叠欢声噪，花重喜气凝。虎文新炳炳，螽羽早嗡嗡。蓬矢四方志，藜光五夜灯。燕知投白玉，饼料食红绫。门客无题凤，池鱼定化鹏。芹香初采泮，椒实渐盈升。天上麟称石，人间鉴遇冰。文章与子侄，从此日云蒸。"（《啸竹堂集·贺洪淯修入泮，兼弄璋之喜》）

洪昇忽然得知，自己的恩人，也是贵人李天馥在庐州（今合肥）老家为母亲守丧，他便起身去拜会老师兼好友。可以说，是李天馥发现了洪昇，也是他将洪昇的才学推介到京城的文人圈的，因李天馥洪昇才认识了大诗人王士祯，成为王士祯的得意学生。有相当一段时间洪昇无处可去，无饭可吃，又是李天馥收留他在自己家里住。洪昇还与李天馥的儿子李孚青是好友，经常往来，正是从李孚青的口中才得知李天馥已经回到江南的消息的。

李天馥的母亲是 1693 年去世的，按照当地习俗，他需要守丧三年。因此，李天馥实际上从北京回乡已经有一年多了。他在母亲的墓地附近搭了一所简易的草棚，在墓地周边种上松树、楸树，每日清扫，晨昏虔敬跪拜，极尽孝心。

洪昇是在墓地见到老师李天馥的。大礼参拜后，两人相见很高兴，就在草棚外摆上一张小桌，边喝茶边谈话。

他们一直有书信、诗词往来，李天馥对洪昇的情况比较了解，他肯定洪昇的回乡之举。特别是在孤山筑草堂，隐居其间让李天馥大赞。在《长生殿》演剧之祸发生之时，洪昇也曾求教李天馥，那时李天馥给他的建议就是放弃北京，避开这个是非之地，回到杭州去。他觉得，北京是个党派、帮派气都很重的地方，人际关系复杂多变，对于洪昇这样一个单纯而又感性之人来说，在这样密如蛛网的人林中穿梭往复很难生存。说不定哪一天就会触碰到哪根神经，被黏住，被吃掉。李天馥和王士祯等人对于洪昇曾经也极力推荐起用，但是每每到了关键时刻都会遇到很大的阻力，使他的才能得不到官方任用。最终虽然获得了"候选县丞"这样一个不起眼小职位，还因为黄六鸿的一纸奏书，连带着给罢免了。

李天馥幽幽地说："北京的官场实在繁复，站在哪一边都不对。南党徐乾学势力很大，北党明珠的圈子也不弱，虽然两边都受到了皇上的不同打击，而且也禁止再有党派之分，但私底下依然帮派林立，互相缠斗。"

洪昇也应和道："原来我有所不知，后来才有人提醒。因为北党的余国柱对我照顾有加，赠我以重金，我不在北京时，又对我的家眷多有照拂，我感激不尽，跟他走得比较近。但是随后就有南党的人提醒我，少跟余国柱这样的贪官来往。我知道，这里面确实关系复杂。其实我与南党的才子们关系更密切一些。"

"不只是南北党争，即使明珠和索额图、佟国维之间也有很大的矛盾。三位都是朝廷重臣，权倾一时，可是各有各的势力范围。明珠深得康熙的信赖，但索额图和佟国维也都是康熙的宠臣，非等闲之辈。同时，他们之间虽然明争暗斗，却也相互依存，彼此利用。连我这样一个老臣有时都弄不明白，要是搅和到这里去，还不知道哪一天会受困。"

洪昇感慨："真是搞不懂。您劝我回乡，我还是有些不舍的。但是想来想去，觉得还是您说得对，我在北京也没有任何希望，还真不如回来。"

"是啊，退一步海阔天空，现在你有了清静的稗畦草堂，有妻妾儿女陪在身边，呼朋唤友，逍遥自在，神仙一样！"

听说洪昇到庐州来了，许多朋友都来看望。怕惊扰了李天馥守丧的安静，就到酒楼、茶肆，饮酒聚会。朋友们都是以最高规格、礼仪对待洪昇的，这让洪昇很感动。

在庐州，《长生殿》已然家喻户晓，尽人皆知。徽剧与昆曲一样，在南方是影响巨大的戏种，《长生殿》在庐州便以徽剧和昆曲的形式广泛搬演。演《长生殿》成为徽剧的传统剧目，这个传统到了乾隆五十五年，也就是 1790 年，为了给乾隆祝寿召四大徽班进京，演变成"京剧"后一直都是这样。

洪昇名声在外，得到他在庐州的消息，一些陌生的朋友也邀约其相会。这一次庐州之行出乎洪昇的意料，他没想到《长生殿》已经有这么大的影响力，并且似乎还要继续下去。偌大的京城装不下一部《长生殿》，却在这个南方城市里遍地开花，这也让他感慨万千。

李天馥在送洪昇时赋诗："武林洪生文太奇，穷年著书人不知。久工长句徒自负，持出每为悠悠嗤。一朝携之游上国，寂寞无异居乡时。我得把读呕叫绝，以示新城相惊疑。此子竟作尔馨态，得未曾有开宝遗。"（《容斋千首诗·送洪昉思归里》）

洪昇有所不知的是，不只是庐州在搬演，此时的《长生殿》已经从南到北，热遍了天下。这时孔尚任的《桃花扇》尚未出现，《长生殿》便成为一枝独秀的传奇巨作。

其实，洪昇因在北京的家宅演出《长生殿》惹祸被禁，风波虽然涉及甚广，但作品并未被禁止。在佟皇后百日国丧过后，很快就在京城悄然复演。《长生殿》是部救命戏，许多戏班因为《长生殿》而日子好过起来，因《长生殿》一些演员成名。曲折生动而又感人的情节从观众到戏班都非常喜欢，帝妃悲悲切切的故事让人深陷其中，欲罢不能，具有强烈的诱惑力。不只是在达官贵人的府上悄悄复演，即使民间也重演起来。

首次复演的戏班还是以演《长生殿》得活的内聚班，因为"内聚班"被禁演，为了能够继续演出《长生殿》，"内聚班"连名字都改了，重新以"聚和班"的名号演出。虽然没有以前那样辉煌的排场，但在戏楼、茶馆分折演出场次也是排得满满的。他们还没有胆量直接演全本《长生殿》，而是把一部50出的大戏拆成折子，一折子一折子地分演。其他戏班也效仿，一时间，《长生殿》再次热闹起来。

实际上，并没有证据证明康熙厌恶《长生殿》。相反，诸多记载说康熙喜欢这部传奇。董潮《东皋杂钞》卷三即有："钱塘洪太学昉思昇，著《长生殿》，康熙戊辰中即达御览。都下艳称之。"也有陈康祺《郎潜纪闻》说："圣祖览之称善，赐优人白金二十两。"清代王应奎的《柳南随笔》更是记载：《长生殿》写出之后"授内聚班演之。大内览之称善，赏诸优人白金二十两，且向诸亲藩称之。于是诸王府及各部大臣，凡有宴集，必演此剧。而缠头之赏，其数如内赐，先后所获殆不赀"。

实际上，朝廷查处的是人，而不是戏。而且也并不是针对洪昇的查处，只是因黄六鸿对赵执信的个人恩怨，公报私仇。虽然《长生殿》的作者是洪昇，戏也是在洪昇府上演出而被查处，但是谁都知道，"有罪者"并非洪昇和受处分的那些观剧者，他们恰恰是被株连的"受害者"。《长生殿》之祸不在传奇本身，而在于有人借演出时间不当制造的冤案。所以，《长生殿》的复演也就在情理之中了。

《长生殿》之热不是一天两天，是持久的热，从诞生之日起，就久演不衰。《长生殿》之热也不只是北方，南方更是频繁以多种形式搬演。虽然，洪昇的诗词水平更高，写得更好，但那只是在文人圈里知名。广为天下人所知的却是因这部《长生殿》传奇。因《长生殿》普通人才知道了"洪昇"这个名字。

《钱塘县志·文苑·洪昇传》说洪昇："尤工乐府。宫商五音，不差唇吻。旗亭画壁间，时闻双鬟讴颂之。以故儿童妇女莫不知有洪先生者。"连民间不识字的平民都知道钱塘出了个洪昉思，人人颂赞《长生殿》。

杨嗣震在《长生殿题词》中描述："曾是江湖毛躁身，归来暂喜卧湖滨。狂名厌杀天涯满，小字呼来北里真。窈窕吴娘歌此曲，风流老辈数斯人。旗亭市上红楼里，群指先生折角巾。"

金埴也在孔尚任的《桃花扇》出现之后评价："今日勾栏都以《桃花扇》与《长生殿》并行，罕有不习洪孔两家之传奇者，三十余年矣。"（《不下带编杂缀诗话》卷二）

词家杨恩寿说："康熙时，《桃花扇》《长生殿》先后脱稿，时有'南洪北孔'之称。其词气味深厚，浑含包孕处蕴蕴风流，绝无纤亵轻佻之病。"（《词余丛话》卷二）

康熙三十四年（1695 年）筹集到足够的资金后，《长生殿》正式刻印，尤侗、毛奇龄、朱彝尊、吴舒凫、朱襄、徐灵昭等名流好友为其写序。还有学生汪熷等人纷纷作序或题词，使得这部传奇得到了更为广泛的传播。

以前的演出本，基本都是传抄的，在内容上多有偏差。甚至有些戏班为了演出方便，直接在原作的基础之上，增加了一些内容，有的段落根本就是借洪昇之名而重作，谬误百出。几年前，因气愤当时戏班任意改动演出的现象，好友吴仪一还曾将 50 出的《长生殿》压缩为 28 出的折子，对当时京城演出《长生殿》起到了匡正作用。但是，在南方，几乎没有什么影响，戏班依然我行我素，任性而为。所以《长生殿》正式刊刻给演出、阅读都带来了极大方便，也使得全本的正宗《长生殿》得以流传后世。

要知道，此时江南的苏州、杭州、松江、江宁等地方的《长生殿》演出盛况空前，已经达到了惊人的地步。几乎天天有演出，日日有曲奏，一部《长生殿》让江南演疯了。在这样的背景下，当老友毛奇龄为《长生殿》作序时，感慨道："予敢序哉？虽然，在圣明固有之矣。"

洪昇的名气也出乎自己的期待。随着《长生殿》的影响扩大，洪昇之名也大受推崇，很多后辈都想拜师，向洪昇学习诗词、传奇的作法。洪昇也有传艺后世的想法，特别是在稗畦草堂建成之后，有了稳定的住所，有了心境，授业解惑也成了他乐此不疲的事情。最初，洪昇经过严格的筛选，收下了包括王锡、沈用济、汪熷、吴作梅等十余人为弟子，后来又有一些陆续入门。

每当看着弟子们坐着小船向他的稗畦草堂划来时，洪昇心情都很愉悦。

不只是教学生，他还为很多人的作品看稿、作序。褚人获的《坚瓠补集》、岳瑞的《扬州梦》等一些作品的序言都出自洪昇之手。他还点评了郑景会的《柳烟词》，为王锡点评了作品集《啸竹堂集》，为吕熊点评了小说《女仙外史》等等。

在《长生殿》的演剧史上，江苏巡抚宋荦于 1697 年秋季在苏州组织的全本《长生殿》演出是非常著名的。

《长生殿》在北京演出之祸发生时，宋荦不在京，所以，他虽然事后了解了事情的原委，却没有亲身感受到因此事件而引发的白色恐怖气氛。他刚从前任汤斌手里接过巡抚一职时，就听到了民间盛演《长生殿》的事情，就谋划苏州搞一场全本的演出。

宋荦是深得康熙信任的大臣，他是"从二品"高官，在他上任之前这个位置叫"江宁巡抚"，而他到任后，这一职位便改称"江苏巡抚"，所管辖的范围和权力都扩大了很多。所以，宋荦是知道分寸的，他了解康熙的意思，康熙非但不讨厌《长生殿》，而且还很喜欢，他敢大张旗鼓地在苏州搭起舞台，大演《长生殿》也是心里有底。

1697 年秋天，这场盛大的演出如期而至，观众如云，熙熙攘攘，热闹非凡。洪昇也应邀前往，宋荦陪着洪昇坐在最尊贵的位置上，摆酒观剧。"洪子狂态复发，解衣箕踞，纵饮如故。"（尤侗《长生殿序》）在老友面前，几杯美酒下肚，洪昇的兴致大增，边看戏，边说笑，很是享受。

当《长生殿》红遍大江南北之时，虽然孔尚任的《桃花扇》还在孕育创作之中，但孔尚任的《小忽雷传奇》正在京城盛演。可以说，洪昇与孔尚任的传奇同时在南北名声大振。

但是，这里就有一桩历史疑问：洪昇与孔尚任是否相识？"南洪北孔"的洪昇与孔尚任都生活在康熙年间，洪昇仅比孔尚任大3岁，他们主要的活动时间都是同时的，那么，这两位戏剧大师有没有交往？

史料虽然没有提供任何依据，但有几个推理可以推论他们理应有所接触：

第一，孔氏第67代"衍圣公"孔毓圻（1657—1723）与洪昇和孔尚任都有交往。孔毓圻比孔尚任小9岁，与孔尚任从小在孔家"四氏学堂"一起读书，是好友。并且，孔尚任的出仕与成名是由孔毓圻促成。孔毓圻是这一时期孔氏家族的最高代表，在皇宫内院有着至高地位和权力，以"衍圣公"之尊位列文官之首。洪昇与孔毓圻是有交往的，洪昇第一次——可能也是唯一的一次见康熙就是在孔毓圻的率领下拜见的。

第二，1684年前后，孔尚任在国子监讲学之时，洪昇还是出入于国子监的监生。洪昇应该有机会与孔尚任相遇。如果两个人都在国子监出入，要是说他们没有任何交流，似乎是说不过去的。而且，孔尚任在朝为官之时，恰恰也是洪昇在北京文人圈活跃的时候，让人深度怀疑他们是不是有过来往。

第三，还有两个人物都与洪昇和孔尚任有关系，一个是赵执信，一个是颜光敩。他们都是山东人，与两个人交往比较频繁，若是他们之间没有联系，也是不可能的。可惜的是，目前所看到的洪昇的作品和孔尚任的作品中均未提及彼此。

第四，还有一个有力的证据就是清代大学者、诗人王士祯与两个人都有密切的交往。孔尚任在北京海柏胡同 16 号的寓所书房的"岸堂"两字即为王士祯所题写，他们经常在一起谈诗论文，孔尚任的《小忽雷传奇》《大忽雷传奇》等剧作也是在王士祯的鼓励下完成的。而王士祯是洪昇的老师，他们之间是不是会有交往？也给历史留下了许多想象空间。

第五，洪昇与孔尚任两个人的命运有许多相似之处。洪昇比孔尚任大 3 岁，经历相似。孔尚任得益于孔子第 64 代孙的祖荫，虽科举未中，却被康熙钦点为"不拘定例，额外议用"，给了他一个国子监博士的职位，从而进京，在国子监讲学，又被派往南方治河，回京后又被提拔。却因一部《桃花扇传奇》惹怒康熙，被贬官驱离。而后，回曲阜石门山隐居至死，晚景凄凉。洪昇也是名门之后，未参加科举考试，而凭借祖荫成为国子监监生，一生都试图入仕却总是被排斥在官场之外，食不果腹，靠在京城卖文为生。以一部《长生殿》名满天下，又因一部《长生殿》而被逐出京城。

两个戏剧家如此之多的相似与接触的机会，却没有相遇，这是不是有些奇怪？

1699 年，洪昇作出了一个令人惊讶的决定，他将已经养到 7 岁的次子洪之益过继到了已经去世 16 年的弟弟洪昌名下，以此承续弟弟的香火。

事后洪昇作有《己卯冬日代嗣子之益营葬仲弟昌及弟妇孙，事竣述哀四首》，悲哭："回忆当漂泊，青袍历苦寒。选名寄他籍，录史望微官。先抱妻儿痛，终违椒水欢。而今惟仗汝，泉路问亲安。"（其二）因此决定把次子之益过继给弟弟，告慰洪昌在天之灵："汝逝十年后，此儿吾始生。不曾承色笑，何幸继宗枋。箕锸荷无力，衰麻啼有声。幽魂如入梦，头角认分明。"（其四）

至此，依然难忘弟弟洪昌。

第 29 章 《四婵娟》

1703 年，经过风风雨雨之后，洪昇终于可以在自己的"稗畦草堂"里安静地写作和教学了。

此时，他正在写作一部大作品。他是将自己的一生所遇和一生所感凝聚于此的，所以在他的心里，这部作品必将会成为他的最高峰。因此，他用心用力用情地在写。

恰在这个时候，有朋友来向他索要新的传奇了。因为江南戏班众多，新戏却不多，洪昇以他的《长生殿》早被各戏班奉为天神，当他们遇到剧本荒的时候，自然求助于他。洪昇便放下一直念念不忘的"大作"，而精心设计了一部能分、能合，可以整部演出，又可拆开分演的四折传奇《四婵娟》。

《四婵娟》是受明代大戏剧家徐渭（1521—1593）的《四声猿》启发而创作的，写的是谢道韫、卫茂漪、李清照和管仲姬四位女性的故事。

徐渭《四声猿》是由四部短剧构成，包括《狂鼓史》（《狂鼓史渔阳三弄》）、《玉禅师》（《玉禅师翠乡一梦》）、《雌木兰》（《雌木兰替父从军》）、《女状元》（《女状元辞凰得凤》）。作品中的主角有男有女，以写刚毅正直为主。《狂鼓史》写的是三国祢衡死后在阴间骂曹操的情节。《玉禅师》写玉通和尚被临安府尹柳宣教设计破了色戒，为了报复，玉通转世投胎为柳家的女儿，又堕落为妓女败坏柳氏门风，后经师兄月明和尚点拨重新皈依佛门。《雌木兰》讲的是花木兰女扮男装代父从军的故事。《女状元》写的是五代时期才女黄崇嘏男装考中状元的故事。

《四声猿》的故事都有男性暴烈之形，充满着剽悍威武之气，即使写女性也是"从军""考状元"之类的男性化的女人。

如果说《四声猿》写的是"阳刚之气"，那么洪昇的《四婵娟》写的就是"阴柔之美"，或者说女性之美。

洪昇擅于写女性，擅于写知识女性。他的很多传奇作品都是以女性为主角。如《织锦记》中的苏蕙、《沉香亭》《舞霓裳》《长生殿》中的杨贵妃、梅妃等人物，他所描写的女性心理和行为细腻动人。在《四婵娟》中洪昇又集中写了四位历史上的有名的女性形象。

四折传奇《四婵娟》的第一折是《谢道韫》，第二折是《卫茂漪》，第三折是《李易安》，第四折是《管仲姬》。

第一折《谢道韫》写的是才女因一句"未若柳絮因风起"而名扬天下的故事。

这个故事来自魏晋南北朝时期南朝刘义庆所编写的笔记小说《世说新语》。其中有一篇《咏雪》，说的就是谢道韫：

谢太傅寒雪日内集，与儿女讲论文义。俄而雪骤，公欣然曰："白雪纷纷何所似？"兄子胡儿曰："撒盐空中差可拟。"兄女曰："未若柳絮因风起。"公大笑乐。即公大兄无奕女，左将军王凝之妻也。

　　《四婵娟》的第一折《谢道韫》即以《世说新语》"咏雪"故事为内容创作的。说的是谢安和谢琏儿、谢道韫叔侄三人大雪天在"玉树轩"对诗的场景：

　　（云）请叔父首唱。（谢安吟云）"白雪纷纷何所似？"如今该琏儿了。（琏儿云）你看我叔父偏会使乖，你既大家要赋雪，却说一个"何所似"，似个什么？却就叫我们接下，可不把难的多推与我们！亏得你孩儿是才子，不然可不被你老人家难倒了。（正旦云）请哥哥快续韵来。（琏儿云）说虽是这等说，只是教我说这雪像个什么来？古人有七步之才，待我到雪中去踱他几步，踱出一句妙诗来，定要把你吓倒，才见我谢琏儿是个才子哩。（做走吟科）何所似，何所似，似者，像也，像个什么？我看这雪就像天上落的个雪。不好，不好。像雨结的冰，也不好，不好。待说他像个石灰，石灰却是燥的。不像，不像。待说他像个粉子，粉子又是成块的。也不像，也不像。（做想科）嘎！有了，有了。有一件东西像之极矣，待我吟。（谢安云）快吟来！（琏儿高吟云）"撒盐空中差可拟。"叔父，你说像不像？今日方见你孩儿的才学，快筛热酒来，与我润一润喉咙，这句诗真实费尽心血了。（谢安云）如今该道韫孩儿来了。（正旦吟科）"未若柳絮因风起。"（琏儿云）也通，也通。（谢安云）妙哉，妙哉！不即不离，若远若近，传神写意，俱在个中。我们俱不必再作了。（琏儿云）难道妹子这句又偏好似我的，我不信，我不信！

这段对诗场景，把一个自称才子的谢琏儿与真才女谢道韫描述得十分生动。谢道韫的一句"未若柳絮因风起"使她天下闻名。

第二折《卫茂漪》说的是书法才女卫夫人的故事。

卫茂漪即历史上著名的卫夫人（272—349），河东安邑（今山西夏县）人。名铄，字茂漪。她师从书法家钟繇，是东晋大书法家。不只是擅书法，还喜簪花，有书法名著《笔阵图》流传。

卫夫人的老师钟繇称赞她的书法："碎玉壶之冰，烂瑶台之月，婉然若树，穆若清风。"钟繇认为，卫夫人的书法已经超出自己，自成一家，有清婉灵动的韵味。唐书法家韦续则说："卫夫人书，如插花舞女，低昂芙蓉；又如美女登台，仙娥弄影；又若红莲映水，碧治浮霞。"

卫夫人不但字写得好，而且在理论上也有重大发现，这当推她的《笔阵图》。她详细地阐述了执笔、用笔的方法，列举七种基本笔画的写法。

卫夫人的《笔阵图》是许多学书法的人都梦寐以求的大法。书法家王羲之也不例外，他早就想向这位名声在外的大书法家表姐请教，并试图拜其为师，以仔细学习这部神秘的书法绝技。

这一天，王羲之在写《兰亭序》的时候，迟迟下不了笔，得知表姐卫茂漪正在"含香馆"给"名家闺秀"们指点书法，也想去请表姐指教，渴望得到卫夫人的点化，并拜为老师。王羲之已经央求人向卫夫人请求，只是还没有得到答复，焦虑不安地盼望她能答应。终于卫夫人派人请王羲之到她的府上去，王羲之大喜"俺王羲之好侥幸也！"

王羲之说卫夫人"尝作《笔阵图》，极论书家三昧。只是自秘枕中，无人能见"。他一定要见识一下，如果能拜师那就更是求之不得。

卫夫人早就注意到了王羲之的书法，觉得他"乃一代风流，千秋才子。他的书法也算擅绝时流，只是尚隔半尘，还须点化"。王羲之的书法在那时已经天下闻名，且"平日傲骨嶙峋，虽遇权贵要津未尝肯轻易折节，独来下问裙钗，此真具有别眼，变小见他诚恳虚怀"。因此，卫夫人深受感动，决定点化他。

对于王羲之的到来，卫夫人也是隆重接待，"启明窗，绛帏高挂，荡金钩珠帘低下。""向玉案收书，宝鼎添香，银铫烹茶。""锦座排，绣褥加，画屏斜插。""扫阶除，把佳宾迎迓。"

王羲之见面行礼就叫："老师在上，门生王羲之禀拜！"并送上礼物。

王羲之问"戈、直、画、放、点、撇、钩七法如何？"卫夫人答：

> 作一戈势若腾，似百钧弩骤发。直呵，似悬崖万树枯藤挂。横呵，似排云阵列形横亘。放呵，似崩浪雷奔势下达。点呵，要似高峰坠石从空下。撇呵，似剑剸犀象。钩呵，似强弩弓牙。（云）此七样所谓笔阵出入斩斫之法也。其执笔之法亦有七种：有心急而执笔缓者，有心缓而执笔急者，若执笔近而不能紧者，心手不齐意后笔前者败；若执笔远而急，意前笔后者胜。此外又有六种体格。

　　细论他，结构精，第一须圆备如篆法，第二如八分险
畏争毫发，第三如章草飘扬洒洛垂仙露。第四如飞白窈窕空
灵划岸沙；还详察，第五如鹤头亭亭独立，第六如古隶郁拔
猗狲。

　　卫夫人所说，基本上是《笔阵图》的精华，也是学书法者的要
津。这一出折子即是将卫夫人给王羲之讲技法的内容详细演说一遍。

　　第三折是《李易安》。

　　李易安即李清照，这折传奇基本情节是李清照和赵明诚夫妇二人
的"斗茗"，即以喝茶的方式，评说天下夫妻的类型。在他们看来，
天下夫妻关系第一种是"美满型"的夫妻，第二种是"恩爱夫妻"，
第三种是"生死夫妻"，第四种是"离合夫妻"，即"始怨分离，终成
姹合。"

　　"美满型"的夫妻，如弄玉和萧史，司马相如与卓文君就是。

　　弄玉和萧史是春秋战国时的人。弄玉是秦穆公的女儿，酷爱音
乐，擅长吹笙，梦想嫁给一个有音乐天赋的男人。在华山明星崖下，
有位擅长吹箫的青年萧史，被找到。萧史吹箫技艺高超，能够引来龙
凤。被带到宫中，与弄玉结婚。婚后，夫妻二人共同研习吹箫，技艺
日益精进，最终引来凤凰和赤龙。

　　司马相如和卓文君的"绿绮求凰"也是美满夫妻。司马相如用绿
绮琴弹奏《凤求凰》向卓文君表达爱意。卓文君不仅才华出众，还精
通琴艺，对司马相如的琴声非常仰慕。两人情投意合，最终走到了一
起，这段故事被传为千古佳话。

　　还有东汉时期孟光与丈夫梁鸿举案齐眉、每天给妻子画眉毛的张

敝夫妻都是"美满型"的夫妻关系。

第二种"恩爱夫妻"与上面的"美满型"夫妻是有区别的,"美满与恩爱,虽若相同,然须是终身厮守、偕老百年的,方才算个美满。若恩爱虽深,或享年不永,或中道分离,到底算不得第一等了。"如陆东美和妻朱氏、荀奉倩与妻。

三国时期的吴人陆东美与妻朱氏,互相敬重,寸步不离,被人称为"比肩人"。朱氏死后,陆东美不吃不喝,用这种办法将自己饿死。死后家人将这对夫妻合葬在一起。一年后,从坟头上长出一棵同根一体,互相拥抱着的梓树,且经常有成双成对的鸿雁栖息在树上。

三国时期曹操的谋士荀彧的儿子荀奉倩与曹洪之女结婚后,夫妻感情深厚。夫人冬天生病,浑身发热,荀奉倩就到寒冷的室外把自己的身体冻冷,回到屋里,以自己冰凉的身体为夫人降温。后来夫人不治身亡,荀奉倩因悲伤过度不久也去世了。

东晋名士高柔淡泊名利,自娶妻后,因妻姿色清惠而辞去官职,"营宅于伏川,爱玩贤妻,有终焉之志。"这也是恩爱夫妻。

第三种是"生死夫妻",指的是那些"起先并无间阻,毕竟终成美满,别成夫妻一种奇缘,合作千古佳话。""生难遂,死要偿。噙住了一点真情,历尽千磨障。纵到九地轮回,也永不忘,博得个终随唱,尽占断人间天上。"

如明珠再会的刘无双、破镜重圆的乐昌公主、绣龟侯氏、织锦苏娘等都是在受过磨难,经过凄凉之后,"到头来月再团圆花再芳。只因他受过凄凉,越显得锦前程,岁月广"。灾难之后重归幸福的属于生死夫妻。

刘无双是唐德宗建中年间"尚书租庸使"刘震的女儿,天生丽质，自幼诗书琴画皆通，与表兄王仙客青梅竹马订下婚约。不料朝廷发生叛乱，刘震也被卷入，两个孩子在即将完婚之际不得不分离。刘无双作为罪臣之女被收入宫中充当仆役，王仙客侥幸逃过一劫，流落小城富平。在富平县衙押衙小吏古伦的帮助下复得重聚，后回到刘震的故里襄阳过上男耕女织与世隔绝的生活。

乐昌公主破镜重圆的典故说的是南北朝时期，南朝最后一个王朝陈朝的皇帝陈叔宝的妹妹乐昌公主嫁给了太子舍人徐德言。徐德言与乐昌公主感情深厚，但这时的朝政却混乱不堪，显露出即将灭亡之相。徐德言担心国破家亡后，两人会分离，公主若成为俘虏，就会被迫沦为隋朝王公大臣的玩物。于是将一面铜镜分为两半，两人各拿一半作为信物，发誓再相聚。

陈朝灭亡后，徐德言流落江湖，乐昌公主成为隋朝权臣杨素的小妾。乐昌公主与徐德言互相思念，铭记诺言。乐昌公主每年逢正月十五就嘱托家人去市场卖自己的那半面铜镜，故意要高价，无人买得起。直到多年后的一个正月十五，徐德言流浪到长安，在市场上惊讶地发现卖半面铜镜的人，激动地把自己的那半面拿出，合在一起，成为一面完整的铜镜。乐昌公主得到杨素的宽容，让她与徐德言重聚，完成了"破镜重圆"。这是典型的"生死夫妻"。

侯氏绣龟的故事发生在唐代。唐武宗会昌五年（845 年），驻守边疆的张揆十年未归，妻子侯氏日夜思念，用白绢彩线绣了一首龟形诗："暌离已是十年强，对镜哪堪重理妆。闻雁几回修尺素，见霜先为制衣裳。开箱叠练先垂泪，拂杵调砧更断肠。绣作龟形献天子，愿教征客早还乡。"她当面将龟形诗献给武宗皇帝。"龟"与"归"音相同，表达侯氏强烈的盼夫归来之意。唐武宗看到诗后，顿明其意，大受感动。

于是召张揆还乡，又赐给侯氏 300 匹绢，夫妻得以重圆。

"织锦苏娘"的典故，指的是魏晋南北朝时期的前秦才女苏蕙嫁给安南将军窦滔后，窦滔曾发誓不再娶妾，但在从流沙调任襄阳的时候却在途中娶了关中美女赵阳台为妾。苏蕙赌气不与丈夫同去襄阳。但很快后悔，思念心切，便用五色丝线绣出 841 个字的"璇玑图"，全是表达思念丈夫的诗。窦滔见到"璇玑图"，明白了妻子的深情，立刻把苏蕙接到身边，把赵阳台送回关中。

第四种是"离合夫妻"，也就是错误的婚姻。"若提起错配合，生恨快，误姻缘，堪痛伤。"即李清照所说："古来多少才子，偏不得遇佳人；有佳人，又偏不遇才子。世界缺陷，令人恺憾。"如步非烟命随花葬、朱淑真诗断人肠、李十郎负心乔样、张生与崔莺莺。

步非烟本名辛晓娟，是唐代的一位才女。她美若天仙，精通音律和琵琶，在洛阳城中很有名气。父亲却将她嫁给了性情暴躁的一介武夫武公业，与步非烟完全合不来。结婚后，步非烟爱上了眉清目秀的邻居赵象，两人诗歌传情，最终私通。他们的私情被发现后，武公业把步非烟绑在柱子上鞭打，最终被打死。

朱淑真是南宋时期浙江海宁人，出身仕宦家庭，擅长诗词、书画和音律。貌美如仙，才情出众。却嫁给了一个志不同道不合的小官吏，导致婚姻破裂。写有《断肠集》和《断肠词》表达了对婚姻的失望、困惑和无奈。

李十郎，本名李益，是唐代著名的诗人和官员。他年轻时与因家庭变故而沦落风尘的王爷女儿霍小玉相遇相爱。两人本是情深义重，李益发誓与霍小玉永不分离。但在参加"拔萃考试"考中后，却娶了富贵家小姐卢姑娘。

贫寒书生张生借住蒲州普救寺，得遇表妹崔莺莺。在普救寺，张生与在此躲避战乱的远房姨母郑氏一家相遇，与崔莺莺一见倾心，他们顶着姨母的反对，几经反复，才订下婚约。张生赴京赶考之后，却变心别恋，成了"负心汉"。后来在王实甫的《西厢记》中改成了大团圆的结局。但故事原本是个始乱终弃的结局。

至于李清照与赵明诚，他们认为自己是："恩爱不消说得，就在美满之中，也算是第一等了。"

在这一折传奇中，洪昇使用了大量的典故，如果没有一定的知识积累是不太好理解故事中的人物和情节的。

第四折是《管仲姬》。

管仲姬名叫管道升（1262—1319），字仲姬，吴兴乌程县人，是元代书法家、画家、诗人，也是大画家赵梦頫的妻子。自幼练书习画，嫁给吴兴书画名家赵孟頫为妻，封吴兴郡夫人，世称"管夫人"，延祐四年（1317 年），封魏国夫人。

这一折《管仲姬》表现的是重阳节这一天，赵孟頫约妻子到白蘋州上相会，泛舟"作山水之游"。他们在船上写字、画画、赋诗、唱歌。

赵孟頫自报是："宋太祖之子秦王德芳之后也"，自从宋灭后，隐居不仕，后勉强应诏入都。累官至翰林学士，便请假回乡，"寄情翰墨，托兴琴书，索是洒落。"而夫人也是一位才情蕴藉，善赋诗词，兼工画竹的才女。夫唱妇随，过起了隐居生活。

重阳这一天，秋光正好，山水撩人，两人便泛舟在碧波荡漾的湖面上，赏景观物，追今抚昔，兴致勃勃。

管仲姬研墨画竹，赵孟頫大加赞赏："霜清雪淡亭亭瘦，月韵烟姿叶叶愁，独立写清幽，恍一似天寒翠袖。端详久，这风味卿卿自有。"认为"夫人所画也不是竹，分明是画自己一般"。管仲姬画竹天下闻名，这话当然不是虚夸。

两人纵情山水，不问世事，逍遥自在。特别是赵孟頫不为高官厚禄所累，知道及时退隐，管仲姬夸丈夫："你既急流勇退，荣辱不关，眼前确实羲皇，何处更寻蓬岛？想人情滟滟，世事沧桑，都可一笑置之矣！"

管仲姬清醒地认识到："人生贵极是王侯，浮利浮名不自由。争得似，一扁舟，弄月吟风归去休。"

赵孟頫便将偶得的"松雪"古琴拿出弹奏，叫渔童吹起渔笛相和，夫人则放歌一曲："嗟极贵是王侯，利和名不自由。争得似这小小扁舟，稳趁着浅浅溪流。对一支支野鹭波浮，吹一声声短笛腔幽。闲吟弄风月悠悠，波浪里早归休。"

听罢，赵孟頫也放下古琴随声吟词一首："渺渺烟波一叶舟，西风木落五湖秋。盟鸥鹭，傲王侯，管甚鲈鱼不上钩。"

如此令人陶醉的日子，让人艳羡。

《四婵娟》基本上没有什么曲折的情节，也没什么太生动的人物和故事，正如吴梅在《四婵娟跋》中所言："与《长生殿》'北词'，若出两手，盖能整齐而不能疏略，去元人尚远也。"洪昇此前的传奇作品，大多情节曲折，具有深意，何以这部《四婵娟》却轻飘飘，闲适淡雅？吴梅判断："四种清爽拔俗，当是昉思少作。"

而为《四婵娟》题词的惠润则认为，通常"踵元人为剧者，推田水月升，豪荡滑稽，能发其胸中突兀奇怪不平之气，庶几乎骚人之遗矣"。而洪昇唯独选择了四个女性，且无什么故事情节而作传奇，就有些奇怪。对洪昇所选的四个女性惠润也颇表不解:"夫于古今千百婵娟中,独举此四人,岂不以四人之所遇胜千百欤?幸而免于沦落坎坷欤?然而天壤之内,复有王郎,以及桑榆狙狯之恨,所谓四婵娟者,其二已如此,悲夫!"所以,惠润认为:"昉思用意,较田水月生为益微而怆矣。天将忌之,不如勿生;既生之又忌之,奚说耶?余安得呼造物者而问诸!"

从作品的风格与内容来分析,《四婵娟》实际上并非洪昇"少作",而恰是他在安逸舒适的生活状态下,于稗畦草堂所写。早期的洪昇要么是呼朋唤友住在大宅院里的公子哥,要么是一位轻狂狷介的才子。放浪无羁,无拘无束,任性而为。生活阅历、阅读积累都不足以让他对人生有大悟之感。一个轻狂少年如何想得出四种夫妻关系的奥义,又如何对那种与世无争的状态有过多的想法?

而洪昇被逐出洪园之后的生活又漂泊不定,是为一日三餐犯愁的"游人"浪子。他的写作、交友、出游基本都是有一定目的性、功利性的。求得温饱,得到赏识,获得功名,渴望为官一方,追求一份稳定的收入和基本的生活保障是他孜孜以求、奔波辛劳的目的。他的生活一直处于"热闹"之中,哪有闲情逸致去构思《四婵娟》这样一部清雅淡香的作品?《四婵娟》的创作需要的是一种平静无欲,彻悟人生的心境,需要的是一种经历了生活风雨雷电之后的恬适。但无忧的少年时代与操劳的青年时代都是做不到的。

我以为,《四婵娟》恰恰可以被视为洪昇浸入生命,厚积薄发之作,是集一生所感悟的沉浸之作。他在《四婵娟》里写的是女人、女性,写的是才情、智慧,更写的是一种生存的状态与心境。他是借女性小事,表达人生大道。

如果我们同意格雷马斯在《论意义》中所论述的方法："谈论意义唯一合适的方式就是建构一种不表达任何意义的语言：只有这样我们才能拥有一段客观化距离，可以用不带意义的话语来谈论有意义的话语。"那么，撇开对于作品的情节、故事与所谓"文学价值"的先在追问，《四婵娟》恰恰就是在尝试了所有意义之后的一部"合目的性"作品，即所谓"无目的的合目的性"。

洪昇选择的谢道韫、卫茂漪、李清照和管仲姬四位女性，都是才女，知识渊博，能诗擅画，能琴能歌，甚至比男性都强。在四折戏中，前两折《谢道韫》《卫茂漪》写的是姑表姐弟之间的关系，谢道韫与琏儿对诗，谢大胜；卫茂漪点化表弟王羲之习字。后两折《李易安》《管仲姬》写的是夫妻关系：李易安解赵明诚用"典"、管仲姬湖上展才华，也是妇胜夫。这四折都是表现女子才华胜于男性的。

在男权思想较为严重的时代，选择才女为主角写作，本质上是一种叛逆之举。把女性推到一定的高度，这在男性主宰的世界更是逆天之作。连给《四婵娟》题词的惠润都说："闺阁女子擅文武才，卒见庸于世，一若张大巾帼，以贬损世之为丈夫者，似亦过论也。"这的确从心理上是对父权、夫权社会的一种打击。

但这却与洪昇多年来的经历有关，也与少年时代在洪园和众多表亲姐妹相处时的感受相似。洪昇从内心对这些女子的才华就是服帖敬佩的，特别是少年们在洪园组织诗社时，真正写得好的仍然是女孩。

在洪昇的心目中，黄蕙的才华更出色，是女性中的杰出者。但是，自从出走洪园后，黄蕙却作出了极大的牺牲，承担起了生活重负。写《四婵娟》似乎是在还债——情感的、物质的。在洪昇的心目中，他有愧于黄蕙，四位被他称为"婵娟"的女性身上，都有着黄蕙的影子，以此作为对爱妻的深情表白。

《四婵娟》也是对回归家庭的一种表白。写女人写的就是家，对家庭回归的渴望。实际上，洪昇的半辈子一直为家而伤，又为家而思。在洪园时代是极度享受着家的温热与无虑，而被逐出后，却一直想回到那个给他生命与希望的伊甸园，但是回不去了。当他成家之后，就一直在想法儿把自己的家弄得温馨而又殷实和谐。但经济的拮据与命运的坎坷都使他不能有一个稳定、衣食无忧的家，整日居无定所。最终他在西湖边的孤山上筑起一座"稗畦草堂"，本质上也是寻求一种灵魂的安然，生命的住所。

在风雨飘摇、颠簸不定的人生中，最终让他能够感到踏实的地方是家，是温暖如阳的妻妾关心。若是没有这些女性的等待与温存，哪有他如今安坐于孤山稗畦草堂的平静生活？

写女性的才气，实际是对女性地位的肯定，这也与洪昇对发妻黄蕙的认可有关。黄蕙（黄兰次）从小在书香门第长大，其诗文才学不在洪昇之下，在人情练达的持家、为人妻之道等方面，都是让洪昇感动与认可的。特别是在洪昇人生低谷，从富贵大宅公子沦落于为生存而四方乞食的时代，黄蕙都不离不弃。以黄蕙的才华和家境，她本应当过上更为舒适和美满的生活，却一直跟在洪昇身边，相濡以沫，相敬如宾，相夫教子，这是洪昇多年来能坚持下来的最重要原因。

黄蕙身上有着"四婵娟"身上所有的优长，更有这些"婵娟"们所没有的忍辱负重、苦难坎坷的生存经历。写《四婵娟》其实是洪昇对妻子的一种报答。

四部折子戏写的也是一种生命状态。一种看淡一切，不再对那些世俗官场看重，只求平稳安全度过余生的状态。《四婵娟》中的人物，无论男女，都是在闲适与逃离官场状态下，作诗论画，指点江山，表露才学的。他们从容不迫，优哉游哉，品茗作画，饮酒谈诗，抚琴轻吟的生活状态几乎是每个文人都渴望却很难全部达到的境界。《四婵娟》清晰地勾画出了那样一幅梦一样的"桃花源"，这是一种天上才可能有的世界，在人间，洪昇此时将其写到了传奇中。

《四婵娟》还是一部集洪昇学问大成的作品。我们从处处可见的典故来看，作品达到了几近"掉书袋"的地步。这是只有饱读诗书，熟知历史的人才能做到的。在作品中，随处可见的自然用典，特别是人物掌故随口就来，也因此可以断定《四婵娟》是洪昇的晚年成熟之作。

特别是在第三折《李易安》中，很多内容都是有出处、有背景的故事，集群式地使用了历史上著名的经典。赵明诚与李清照所说的四种夫妻关系类型，每一种都举出了不少于四五处的典故人物。前边是赵明诚的"说典"，后面跟着就是李清照的"解典"，指出赵明诚所说典故的出处。阅读者如若不了解这些学问，就不能很好地理解洪昇的用意，缺乏了必要的知识，几乎寸步难行。大典不断，小典随口，都是直击所述内容的。

由此，我们可以肯定《四婵娟》虽然没有按照传统传奇曲折复杂、悬念丛生、一波三折的写作方式进行叙述，但这恰恰是这部四折传奇的创新之处。

第 30 章 乌镇溺水

《长生殿》虽好，名气又如日中天，却不是所有的戏班都能演的，更不是任何人都能请得起戏班演全本的。因为，演全本《长生殿》需要一定的财力，不是一般人家可以承受的。

所以，大部分演出都是折子戏，从 50 出的剧作中抽取出部分排演。能够组织演出全本《长生殿》的人，不是有官方背景就是非常有钱的巨商。

清代李斗的《扬州画舫录》记载，有一位盐商姓亢，"亢园在小秦淮，初亢氏业盐，与安氏齐名，谓之北安西亢，……临河造屋一百间，土人呼为百间房"。《长生殿》热演时，便"命家伶演之，一切器用，费镪四十余万两"。(王友亮《双佩斋集》) 为了演一出《长生殿》花 40 多万两，这在一般人看来，是很难想象的。

还有一位官员，招来当时的一些名角儿，在宅中大演《长生殿》，排场之大令人瞠目："凡饰歌舞具，金绘锦翠，珠珰犀珀，刻意精丽，至玉环缢后，明皇泣玉环像，则令好手雕沈水香，肖项生（扮演杨玉环者）像，傅以脂粉，饰之如生。"（厉鹗《樊谢山文房文集·书项生事》）

如此极尽奢侈，在《长生殿》演剧史上虽不罕见，却也不被推崇。真正喜爱《长生殿》者不是比排场而是尽可能将其全本一次性演完，以窥其全貌为最佳。

康熙四十二年（1703年）春天，洪昇好友孙凤仪邀约洪昇、汪舟溎、式如，以及弟弟孙宇惊四人一同去杭州北边的皋亭山上看桃花。漫长的山路和山沟、山脊全是桃树，粉色的桃花尽染皋亭山，一座山成了一座桃花海。

孙凤仪道："桃花花期已近尾声，再过一些日子想看都看不到了。春光好日，赋诗一首：桃花十里散流霞，波映红妆簇绛纱。情比汪伦潭水重，况逢仙友是洪崖。《轮台》一曲酒千回，似泣还歌笑口开。白发青山黄土客，仙乎我欲向天哀。"（孙凤仪《牟山诗钞》）几个人听后，大笑，也有和者。

下山之后，他们又在酒楼饮酒纵情。

洪昇游兴未尽，过了几天，他趁着春天暖阳，又独步去杭州近郊吴山踏春。本是游人如织的季节，却发现山上路人稀少，便觉得有些奇怪。一边赏景，一边向山顶走去，离山顶东岳庙还有一段距离的时候，随风飘过昆曲声音，而且听起来还挺耳熟。加快脚步，走到庙前时，那里人头攒动，围在庙前看戏，正是《长生殿》。

虽然民间庙会、祭祀常演戏，可是，在山顶上摆下舞台的却不多。洪昇颇感意外，谁在这山间荒野演戏？他挤到前头，惊讶地看到正是孙凤仪端坐台下。洪昇叫了一声："凤仪兄！怎么是你！"

277

孙凤仪抬头看到是洪昇，惊喜地站起身："昉思兄，真是想不到，刚刚分开，又在这里遇到。"

洪昇问："是凤仪兄搭起戏台？怎么不提前告知？我好来捧场。"

孙凤仪不好意思地说："我担心你的身体吃不消，刚爬过皋亭山，又要爬这吴山。昉思兄可不比年轻人了，累病了我可担待不起。"

洪昇自信地说："这点路算什么？我这不是自己来了？"两个人大笑。

于是，洪昇高兴地赠诗一首，孙凤仪回应了十首。这便是《和赠洪昉思原韵十首》。其一："我去天涯二十年，刘安鸡犬忆神仙。骚坛少日通我姓，《啸月》新词已遍传。怜才谁料妒蛾眉，落拓轻狂竟放归。舞有《柘枝》歌有曲，独抛红豆教青衣。"还有一首是写他们在吴山演出《长生殿》的："载酒江湖乘白舫，征歌花柳拍红牙。何如一曲《长生殿》，消尽离魂醉碧沙。"孙凤仪还从洪昇那里得知，他刚刚写成《四婵娟》，便又写道："闻君已有《婵娟》曲，何晶清歌听未央？自有雪儿能按谱，更无人似赵春坊。"

孙凤仪是真正喜欢《长生殿》的人，不只是因为他与洪昇交往多年，更是因为他看出了作品中的深意。因此，洪昇非常感动，在吴山稍停之后才与其分手。

1703年底，洪昇接到江宁织造曹寅的信，并一部《太平乐事》杂剧书稿，请洪昇写一篇序文。洪昇立即展开传奇看了起来。

《太平乐事》杂剧是曹寅为康熙50岁（1704年）生日而准备的贺寿戏。全剧以十个场景各写一折，共十折：《开场》《灯赋》《山水清音》《太平有象》《风花雪月》《龙袖骄民》《货郎旦》《日本灯词》《卖痴呆》《丰登大庆》。各折之间没有什么联系，独立成章。曹寅当时是想看看皇帝的心境，如果只是看其中的几出就走了，因为每出都是独立的，也能看得明白，要是全看完了，整体上也能看出他要表达的意思。因此，十出戏并不连贯。大意是表现康熙盛世，万民同庆，歌舞升平。

洪昇花了几天的时间阅读后，为曹寅写了一篇序：

昔汉唐始立乐府，有《景星》《斋房》《天马》《赤雁》等曲，承《齬风》之绪余，歌咏太平。远被重译，贡琛献赆，无不闻风向化，则乐之感人深且远矣。后世衍为歌行，截为断句，再变而填词，递降而散曲，加以宾白，演以排场，成杂剧传奇。虽与古乐分途，然其纪风俗，颂熙皞，同一意也。会元以来，院本特盛。明代所纂《雍熙乐府》，多取御筵歌唱，不无猥杂。金陵陈大声点缀昇平，旁掫逸事，亦琐亵不雅观。柳山先生出使江左，铃阁多暇，含风咀雅，酌古准今，撰《太平乐事》杂剧以纪京华上元。凡渔樵耕牧、嬉游士女、货郎村伎、黄英华檐秧歌，皆摩肩接踵，外及远方部落，雕题黑齿，卉服长衫侏兜离，罔不罗列院本。其传神写景，文思焕然，诙谐笑语，奕奕生动。比之吴昌龄村姑演说，尤错落有古致。而序次风华，即《紫钗》元夕数折，无以过之。至于日本灯词，谱入"蛮"语，怪怪奇奇，古所未有。即以绍乐府余音，良不虚矣。吾知此剧之传，百世以下犹可想见其盛，而况身际昌期者乎！

转眼就到了 1704 年，这一年是《长生殿》演出的高峰期之一。春末，江南提督张云翼盛邀洪昇到松江府游历，并请洪昇一起观看他组织的全本《长生殿》的演出。

张云翼是清朝名将"靖逆侯"张勇的次子，他世袭了"靖逆侯"封位，也是一员猛将，曾任福建陆路提督。治理有方，在地方上影响很大，颇得康熙帝的器重。虽为武将却素有文采，一有空闲便招集文人雅士，饮酒作诗对弈。为人亲和友善。

《长生殿》在江南大热之时，张云翼也看了几次演出，有折子戏，也有全本的演出，但都不满意。他仔细阅读了《长生殿》传奇原作，他头脑中的《长生殿》并不是他所看到的呈现出来的样子。在他的概念中，排演一部宫廷戏，就应当有皇宫的华丽气势。特别是《长生殿》所写的帝王是大唐王朝最鼎盛的"开元"盛世由盛而衰的时期，先盛后衰，这就要把盛极而衰的对比展现出来。只有把这种变化表现出来，才能让人知道，大将军郭子仪等人在马嵬坡逼迫唐明皇将杨贵妃赐死多么重要。大唐的盛世恰恰是被一个女子给败坏的，那么，就要展现出败坏之前的辉煌与气度才行。这种辉煌不只是体现在服饰上，还有场面与阵容。同时宫廷生活的一些细节也要展示出来。这就像打仗，得拉开架势，摆出阵势来，才能表现《长生殿》的皇宫生活。

但在张云翼看过的演出中，他认为还没有一次让他觉得达到了这种理想状态。所以，他要重排全本《长生殿》，要把原作的精髓表现出来。

因此，张云翼颇下了一番功夫，首先就是选一处适合表现这种盛世危亡的场地，他选的就是在松江府一带最有名的风景胜地"九峰三泖"。

"九峰三泖"是松江地区极为有名的风景胜地，规模宏大。"九峰"实际上不只有九座山峦，而是有十三座连绵起伏的山脉。这些山脉面海临江具有天下独有的清秀、婀娜之美，更有气势宏大的规模。在十三座山峰中，由东北向西南绵延起伏的九座山峰：凤凰山、厍公山、薛山、佘山、辰山、天马山、机山、横云山和小昆山最漂亮。"三泖"指的是流经松江府境内泖河的三个支流，即圆泖河、大泖河、长泖河。山抱着水，水拥着山，群山蜿蜒，湖光山色，美如仙界，有许多文人到此游历，还有的在此结庐隐居。

张云翼选"九峰三泖"进行《长生殿》演出，自然是他自己也十分享受这里的风光山色，更考虑到了洪昇喜欢游山玩水。他读过洪昇的许多诗作，都是写山、水、湖、岛的，可谓用心细腻。

更让洪昇感动的是，张云翼把吴越一带颇为有名的好角儿都召来，演员队伍居然有 60 余人，这在《长生殿》的演出史上也不多见。

张云翼陪着洪昇观山看景，他指着周围的山峰说："这里的每座山峰都是有来历的。凤凰山为首，宋朝诗人凌岩写九峰的诗很多，说凤凰山：'一峰云气接蓬莱，白石粼粼护碧苔。几向凤凰池上望，不知何日凤凰来。'"

而后，张云翼又指着第二座山厍公山说："这座厍公山，是九峰中最小的，因为秦朝的厍公曾在此隐居而得名。山虽小，却有名胜 10 余处，什么藏书岭、古琴矶等，还有一个传说，说这山里有个铁锁金匣，山腰间有两扇石门，是西晋的大文人陆机、陆云两兄弟藏宝之地。昉思兄若是有雅兴，张某陪着转转。"

洪昇直竖起大拇指："张将军，你对这里了如指掌啊。一定抽个时间好好地游游这九峰山。"

张云翼说："不只是山，这里的泖河也颇为知名啊。泖河也有'华亭谷'之称，北宋朱长文《吴郡图经续记》有'泖在华亭境，有上中下之名'的记载。泖河源头在太湖。这在吴越一带是大大有名的地方。"

洪昇赞曰："'九峰三泖'天下有名，不愧是文人云集之所。张将军选择这样的福地演出真是《长生殿》之幸啊。"

张云翼抱拳道："哪里哪里，能在这里演出《长生殿》是松江的幸事！"

这次演出不只是吴越名角云集，乐队也很壮观，上百人的乐师囊括了吴越地区的名家。

更有特色的是，观众除了邀请许多当地名流、文人、官员到场，有一群士兵也成为观众。张云翼下令，凡是没有任务的官兵均可到场观剧，使得这场演出更为特殊。

开演前，江宁织造曹寅也赶来。看到张云翼如此下功夫，也兴致大发，盛情邀请洪昇到江宁去，在那里，他也准备排演一场全本的《长生殿》。

洪昇被推为上座贵宾，他边观剧边与张云翼聊剧。张云翼虽然对杨玉环妖祸朝政颇有看法，却在看到"密誓""私祭""怂合"这样的场次时，又感慨不断。一部《长生殿》把观众看得神魂颠倒，生动的人物，曲折的故事让观众欲罢不能。三天大戏，观众越聚越多，闻讯赶来的人们，因为没有看到前边的而懊悔，半路因事不得不离开的人，又因为没有看全而不甘。

大戏散去，曹寅先行告辞，去准备江宁的全本《长生殿》，而洪昇又在张云翼的陪同下，游历几天才离开。

1704年阴历六月初一。江宁织造府的演出正式开始。曹寅的"江宁版"《长生殿》演出，虽然没有张云翼的"松江版"演出那么华丽，但也下了功夫。精心准备，备下佳酿，搭好戏台，遍迎南北名士齐聚。洪昇依然为上座之席。

曹寅（1658—1712）比洪昇小13岁，从小伴读在康熙身边，深得康熙恩宠。受过良好的教育，"曹公素有诗才，明声律，乃集江南江北名士为高会，独让昉思居上座，置《长生殿》之本于其席，又自置一本于席。每优演出一折，公与昉思雠对其本，以合节奏。凡三昼夜始阙。……长安传为盛事，士林荣之。"（金埴《巾箱说》）

曹寅除了诗词，也写传奇，他是一个内行。因此，他们的话题也就离不开对传奇技术的讨论。每演一出，两个人就核对剧本，有时还要调整曲调、音韵。

边饮酒边观剧，这场盛大演出精彩纷呈，不仅曹寅很有收获，就连洪昇自己也有新的发现。

洪昇问曹寅："曹兄，是否知道今日是何日？"

曹寅疑惑地反问："莫不是昉思寿辰？"

洪昇微笑着摇头："今天是杨贵妃的忌日。正是唐至德元年（756年）的六月初一这一天，唐明皇在马嵬坡赐其一死。曹兄择这一日是个巧合还是有意？"

曹寅这才恍然："噢！是巧合，是巧合。原来并没有想到这一层。这一场演出，也可以说是为杨妃招魂了。"

三天的大戏散场后，都心满意足地离去了。曹寅要留洪昇在江宁小住几日，洪昇说，还有事，要连夜回杭州。曹寅便设下酒宴，为洪昇送行。这一顿酒喝得洪昇十分高兴痛快。

席毕，曹寅赠洪昇以重金。洪昇有些不好意思地推辞，曹寅却说："一点小意思。对于我们来说，算不得什么，可是你是需要的。把我当兄弟就收下，还等着看你的新作呢。"

轿子已经安排好，曹寅一直将洪昇送到江边，洪昇登船了他们才分手。

路上，起风了，又下起了雨。雨越下越大，风也越刮越大，船被吹得晃来晃去。船老大怕出事，就问洪昇："老爷，这么大的风雨，怕出事呀。还是靠岸休息一下，等风小了、雨停了再走。"

洪昇点头道："那就躲躲吧。现在我们走到哪里了？"

船老大说："到乌镇了。这是乌镇的吴桥，恰好是个避风港。"船老大指着雨雾中的码头说："都停满了船，都是来避风的。"

洪昇一听到了乌镇的吴桥，忽然想起一个人来，就高兴地说："正好，这里有我一个好友，我去拜访一下他，也好歇歇脚。"

走上码头，却见那里站着几个人。洪昇一出来，就听风中有人喊道："真的等到了昉思兄?! 太有缘了！"

洪昇抬头一看，惊喜地叫着："正要去拜访汝范兄，就在这里巧遇了。"

洪昇说的"汝范兄"叫吴汝范，是洪昇的好友，每次过乌镇都要在他这里歇几天，两个人有时饮酒，有时论诗、作画。

吴汝范笑着说："我听说昉思兄到江宁曹府去看戏，还知道今天是最后一日。我猜想，要是正常，今天昉思兄是要路过乌镇的。又赶上刮风下雨，猜想你一定会在乌镇停一下的。就来这里碰碰运气，结果，真让我遇到了。走走走，到我那里喝上几杯，暖暖身。"

乌镇有好酒，这是洪昇最了解的。每次到乌镇，一方面是为了访友，另一方面也是为了这里的佳酿。洪昇也不客气，跟着吴汝范就到了吴宅。吴汝范早有准备，命人上好酒好菜，边饮边痛快地谈起诗文、传奇来。

这一喝就到了深夜，看着外面的雨小了很多，风也似乎不大了。趁着酒兴，洪昇站起身与吴汝范告辞。吴汝范坚决不肯让洪昇走，一定要留下来住一夜，第二天再走。洪昇固执地要走，只好随他。

将洪昇送到岸边，找到那只乘行的船时，船上没有灯光。船老大以为洪昇今晚在朋友家休息了，便熄了灯，在船舱里先睡了。听到叫声，立即点起灯笼走了出来，见喝得有些醉醺醺的洪昇要上船，立即去扶他。洪昇摇摇晃晃地摆着手说："不要紧，不要紧。"他又转身向送他到岸边的吴汝范和随从们抱拳告别："你们也回去休息吧，叨扰了！叨扰了！"

正说着，洪昇没有站稳，身体晃了一下，船向一侧倾斜下去。船老大和洪昇都站在一边，两个人身体把船压得摇晃厉害。猛然间，两个人同时栽进河里，岸上的吴汝范等人见状吓得赶紧向水边跑来，又有两个随从一下扎进水里去救人。

不远处，洪昇的身体在水里扑腾了几下，便沉没下去。船老大年纪比较大了，虽然水性比较好，但除了自救，也没有力气救人。他趴在船帮处，大口大口地喘着气，焦急地用手指着洪昇沉没的地方，说不出话来。

救人的两个随从拼命地在河里摸索，却再也没有找到洪昇的身体。

一代戏剧大师的英灵就这样留在了乌镇。

洪昇落水而亡的消息传出，世人皆愕然。

金埴大呼："伤哉！余为文以诔，有云：陆海潘江，落文星于水府，风魂雪魄，赴曲宴于晶宫。"（金埴《巾箱说》）

洪昇的老师、大诗人王士祯悲痛赋诗:"送尔前溪去,栖迟岁月多。菀裘终未卜,鱼腹恨如何?采隐怀苕雪,招魂吊汨罗。新词传乐部,犹听雪儿歌。"(《带经堂全集·蚕眉续诗》卷七《挽洪昉思》)

徐逢吉写有《哭洪昇》:"不向深山带女萝,幽魂翻自逐风波。平生岂抱湘累怨,此日愁闻丽玉歌。红蓼花开人不还,白蘋风起泪还多。鲤鱼扬猎水仙沓,手拂冰弦唤奈何?"(徐逢吉《黄雪山房诗选》)

吴宝崖、陈琰《舟过乌戌吊昉思》:"烟水依然拍野塘,饥驱客死倍堪伤。乌程酒酽漏将促,白舫灯昏风故狂。失足久无人济溺,招魂剩有鬼还乡。江南儿女应传语,分取钗钿吊七郎。"

还有戴熙《匣剑集·吊洪昉思》、景星杓《拗堂诗集·哭洪昉思三首》、郑景会《悼洪昉思》、李孚青《道旁散人集·偶忆洪昉思己巳被斥事即题其集后》等,大量的诗人、朋友祭奠洪昇之死。

曹寅更是悲伤不已,搭起高棚供好友们纪念。

一代大师如此定格在了乌镇水下,也留在了历史的记忆中。

附录一：洪氏宗谱

一世　洪皓（杭州始祖）

二世　洪遵　洪适　洪迈

三世　洪棹　洪橇　洪㭮

四世　洪伷　洪倪　洪僖　洪伸　洪俊

五世　洪庄

六世　洪捷中

七世　洪理　洪珅

八世　洪善祖　洪束祖

九世　洪福四　洪福一　洪福二　洪福三

十世　洪荣甫　洪舜甫

十一世　洪有恒（五常始祖）

十二世　洪薪　洪稷　洪薂

十三世　洪钟　洪镃　洪锡

十四世　洪澄　洪涛

十五世　洪椿　洪梗

十六世　洪瞻祖

十七世　洪吉晖　洪吉臣　洪吉符　洪吉修

十八世　洪起鲛　洪超

十九世　洪昇　洪昌　洪中令　洪云来（？）

二十世　洪之则　洪之震　洪之益　洪植纶（？）

二十一世　洪鹤书　洪耀基

二十二世　洪守纯　洪秉思

二十三世　洪文炳

二十四世　洪廷亮

二十五世　洪鼎元

二十六世　洪昌燕　洪昌许

二十七世　洪衍庆

附录二：洪昇年表

顺治二年（1645 年），**出生于战乱逃亡中**

6 月底，清兵南下杭州，父亲洪起鲛与母亲黄氏逃亡山中，被一位姓费的农妇收留。

7 月 1 日清晨，洪昇出生于农妇家。在农妇家静养一个月后返回西溪洪园。

7 月 2 日，洪昇表妹黄兰次（黄蕙）出生。两人出生相差不到一天。

此时，父母均 18 岁。

顺治三年（1646 年），**1 岁**

33 岁的外公黄机应乡试，中举人。

襁褓中的洪昇在清静的洪园里蹒跚学步、学语。

顺治四年（1647 年），**2 岁**

弟弟洪昌出生。洪家又多一子。

外公黄机参加殿试，考中进士，选拔为"庶吉士"。

顺治五年（1648 年），**3 岁**

洪昇母黄氏开始教洪昇识字、蒙学。

弟洪昌也开始咿呀学语。

洪家呈现旺盛祥乐之态。

顺治六年（1649 年），**4 岁**

习毛笔字，抚琴弄音。

顺治七年（1650 年），**5 岁**

三弟洪中令出生。

自幼爱读书，童年即能诗。

顺治八年（1651 年），**6 岁**

读蒙书，习毛笔字。洪园嬉戏。

顺治九年（1652 年），**7 岁**

学习写诗。享受童年之乐。

顺治十年（1653 年），**8 岁**

与兄弟及表兄妹们常游玩于虞氏水香居。

顺治十一年（1654 年），**9 岁**

正式拜陆繁弨为师，学习诗文。在陆繁弨的教导下，勤奋苦读，成长很快。

陆繁弨生于 1635 年，字拒石，号偄胡。浙江钱塘人。幼承家学，天资颖异，虽仅比洪昇大 10 岁，却学问很好。陆繁弨在诗文、骈文方面有着很高的成就。15 岁作《春郊赋》，辞藻华丽，大受称赞。毛先舒将陆繁弨和林璐、张丹三人称为"西陵三绝"。

陆繁弨的父亲陆圻是明末遗臣，明朝灭亡后坚决不为清朝做事，并以死殉节。陆繁弨受其父影响，也发誓不做清朝官，隐居民间，著书立说。又以孝义成为乡里表率。

陆繁弨对洪昇的影响很大，这不仅体现在其诗文方面，也体现在孝义方面。洪昇对父母长辈的孝心即受陆繁弨的影响。

可惜，陆繁弨英年早逝，49 岁（1684 年）便离世。

顺治十二年（1655 年），**10 岁**

系统接受诗学、文章写作，日日诵书，习字。

顺治十三年（1656 年），**11 岁**

学业初有成，诗思敏捷，为业师所喜。

顺治十四年（1657 年），**12 岁**

黄蕙随父亲黄彦博进京。情窦初开的洪昇异常思念，以诗寄思。

顺治十五年（1658 年），**13 岁**

洪昇的表丈，也即洪昇的"大母"钱夫人的父亲钱开宗因"江南闱案"被处绞刑。

钱开宗作为科举考试中的副考官，却营私舞弊，造成了"江南闱案"。

案发后，钱家所有家产都被没收，其妻子和子女也受到株连。钱开宗的儿子钱肇修与洪昇关系亲密，此时年仅 8 岁，也被入狱。

顺治十六年（1659 年），**14 岁**

洪昇的诗文特长展现出来，诗作较多，所作诗文在钱塘一带已经有了较大影响。他常常与当地的文人雅士们一起交流、游历。柴绍炳、徐继恩、张丹、沈谦、张竞光等当地有名文人都与洪昇有交往。

与洪昇交往的师友大都为明末遗民，对清朝政权都采取不合作的态度。有的人甚至主张"反清复明"。洪昇父辈也都是明朝臣民，且都采取不与清廷合作的态度。因此，洪昇也受这种情绪的影响，对清朝政权并没有好感，其诗作也都带有兴亡之感。

洪昇拜精通音韵学的毛先舒、书法名家朱之京为师，刻苦用功，得毛先舒、朱之京真传。

毛先舒（1620—1688）为明朝遗民，是"西泠十子"之一。原名毛骙，字驰黄，后改名为毛先舒，字稚黄，杭州人。清朝建立以来，不与清廷合作，专注于音韵学研究，擅长诗文。毛先舒与毛奇龄、毛际可齐名，时称"浙中三毛，文中三豪"。

朱之京（1610—1684），字子祁，号篁凤，又号渔友，杭州人。其书法造诣很深，杭州城有许多牌匾都出自他手。据《国朝杭郡诗续辑卷一》：朱之京"工书法。督学使者谷霖苍先生尝属书郡邑两庠碑记，今犹竖泮宫云"。

洪昇从小跟随父母学习过音韵及书法，有较好的基础，在两位大师的教育下成长很快。

顺治十七年（1660 年），**15 岁**

在关押数月后，钱开宗的亲属被释放回家。

此时，形成结社风气，大多数文人都参与各种社团组织，集结在一起吟诗、作画。但也有像"复社"这样的文人组织，有着明显的反清倾向，为清廷所不容。

因此，正月，清朝政府发布禁令，严禁文人雅士结社。

在洪园，年龄相仿的青少年也有社团组织，比如"蕉园诗社"等。这时也不得不解散。

顺治十八年（1661 年），**16 岁**

洪昇的《诗经韵注》写成。毛先舒为其写序，称赞洪昇"穷极元古，旁参博稽"。

洪昇在钱塘文人圈内小有名气。

康熙元年（1662 年），**17 岁**

夏与陆次云泛舟西湖，遇雨，遂宿湖心亭。

好友吴仪一进京到国子监学习。洪昇担心北方寒冷，便赠给吴仪一"狐裘"，并以诗相送。

与胡大浣、诸九鼎、匡鼎、沈宾等文人交往频繁，以诗会友，以文交游。

康熙二年（1663 年），18 岁

与汪鹤孙等人来往密切，被推为江南诗坛领袖。

黄蕙从北京返回钱塘，洪昇高兴异常，作诗。

洪昇的老师陆繁弨和洪昇好友陆寅受"明史案"牵连被捕，几个月后获释，此事对洪昇有一定的影响。

"明史案"中的"西泠十子"之一陆圻（字讲山）被释放后，出游不知所终。洪昇作诗："君问西泠陆讲山，飘然一钵竟忘还。乘云或化孤飞鹤，来往天台雁荡间。"（《答人》，见金埴《不下带编杂缀兼诗话》卷二）充满对陆圻的怀念之情。

康熙三年（1664 年），19 岁

七月初一，洪昇生日，又同黄兰次成婚。黄兰次生于七月初二。二人从小青梅竹马、两小无猜，亲友家长以为"天作之合"。前来贺喜的亲友以"同生曲"为题，赋诗赞贺。后结集成书，名曰《同生曲》，其师陆繁弨为之写了一篇骈文序。

作《七夕·时新婚后》："忆昔同衾未有期，逢秋愁说渡河时。从今闺阁常携手，翻笑双星惯别离。"（见《稗畦集》）正是二人忆少时情谊、论牛女传说及新婚愉悦心情的表露。

黄兰次回娘家探亲，即"回门"，仅走数日，洪昇便思念，作《寄内》。

康熙四年（1665 年），20 岁

岳父黄彦博去世，作《遥哭黄泰征妇翁七首》。

秋天，三弟洪中令随父进京，作《别弟》诗。

康熙五年（1666 年），**21 岁**

洪昇与弟弟洪昌（字殷仲）、好友陆寅借住南屏山净慈寺僧舍
"封读"。每日专心读书，讨论诗文，三人异常快乐。

秋，作《秋日南屏怀王丹麓》套曲，是有年代记述的最早散曲作
品。初露才华。

康熙六年（1667 年），**22 岁**

与沈慧恒、沈谦、张台柱、张云锦、陈蕴亨、赵瑜、毛玉斯等人
结伴而行，四处游历。又与李式玉、丁�、沈叔培、陆繁、张振孙、
周禹吉等经常在张竞光家饮酒吟诗。

康熙七年（1668 年），**23 岁**

初春，洪昇获得"荫监生"资格，赴北京国子监读书，并试图以
此打开仕途之路。

沈谦、毛玉斯、张竞光、恽格等人以诗送行。

自镇江北渡，至盱眙、泗州，渡淮遇雪。过灵璧，过丛台、巨
鹿，渡滹沱河，皆有诗。入京后，目睹明王孙沦落失魄，作《夏日偶
感》《王孙行》等诗。

康熙八年（1669 年），**24 岁**

四月，康熙帝亲临国子监祭奠孔子，洪昇作《恭逢皇上视学释奠
先圣敬赋四十韵》，对皇上驾临热情赞颂。

次日，洪昇随"衍圣公"孔毓圻等众监生入宫见皇帝"谢表"。每人均得到一份赏赐，又作《太和门早朝四首》等诗。这些诗作是洪昇青年时期试图进入仕途、有明显的恭维讨好之意的作品。

秋天，从北京回杭州。一路诗作不断。

康熙九年（1670 年），25 岁

正月至二月，好友柴绍炳、沈谦先后去世，悲痛不已，作诗纪念。

夏天，与二弟洪昌一起赴京。

大女儿出生。

康熙十年（1671 年），26 岁

春天，回杭州，发生"天伦之变"，即所谓"家难"。洪昇与弟弟洪昌一家被逐出洪园，断绝供给。从此，两兄弟生活便陷入困顿之中。

本年，洪昇不断出游访友，寻找能够自救的机会。

康熙十一年（1672 年），27 岁

继续四处游荡、写诗、会友，但心境忧郁。

本年，基本都是在各处游走中度过。快春节时，才回到杭州，却无处可去。临时租住在一处，写《壬子除夕》表达凄苦之情。

康熙十二年（1673 年），28 岁

家难之后，穷困潦倒，"时至断炊"。幸好有外公黄机偶尔接济，

才使得妻女不致饿馁。

此时，外公黄机在京任职，请假回杭州迁墓，洪昇便陪在其身边。

二女儿洪之则出生。

康熙十三年（1674年），29岁

早春，返回北京。将自己创作的诗作投送给内阁学士李天馥，李天馥看后大加赞赏，留居无定所的洪昇在自家内。此后，洪昇在李宅时间很长，经常与李天馥谈诗论文。

洪昇恃才傲物，有时在群宴中酒醉而疏狂，被人侧目而视。李天馥便从中斡旋保护。

康熙十四年（1675年），30岁

春天，返回杭州，编辑诗集《啸月楼集》，外公黄机为其写序言。

秋天，又回北京。依然住在李天馥宅内。李天馥将洪昇的诗作送给王士禛，诗坛领袖王士禛阅后大喜，非常欣赏，收洪昇为弟子。

秋末，父亲洪起鲛被人诬告，进京申辩，住在一座寺庙中。

除夕与父亲及弟弟洪昌一起在北京过年。

康熙十五年（1676年），31岁

父亲被诬告之事，没有结论，由弟洪昌陪侍父亲返回杭州，洪昇继续留京。作《送父》诗六首。

洪昇根据韩原睿的故事，创作现实题材传奇《回龙记》。

康熙十六年（1677 年），**32 岁**

病卧京城，生活窘困。

洪昇客居好友沈宜民家中。沈宜民供洪昇饮食，对其十分友好。但沈宜民却突然去世，家人扶灵南归，洪昇送到潞河边，万分悲痛，写下《送沈亮臣归亲》诗。

得知 7 岁长女夭折噩耗，大悲。写下《遥哭亡女四首》诗。

因"三藩之乱"，三弟洪中令被困在福建不能解脱，音信全无。

康熙十七年（1678 年），**33 岁**

春天，因"家难"无处可去的洪昇与洪昌两家人，在武康定居，得到武康"教谕"郑兰谷的照顾。郑兰谷经常以自家园中的菜蔬赠送。洪昇不在武康时，郑兰谷也经常关照洪昇兄弟眷属。

因消息说朝廷正在举办"博学鸿儒科"考试，召天下英才。洪昇动身返回京城参加此试。但到京后才发现自己未被"荐举"，大失所望。

生活更加困难，以卖文所得微薄收入度日。

本年帮助陆次云编辑《皇清诗选》。又于冬季应王元弼之邀，与陆元辅等人会集在"槐青堂"分韵作诗。

长子洪之震出生。

康熙十八年（1679 年），**34 岁**

与进京参加"博学鸿儒"考试的众多好友相会、相聚，皆感慨洪昇"未膺荐举"，大为遗憾。

为陈维崧《填词图》作《集贤宾》散套。

"散套"是元代传下来的一种诗歌形式，是继词之后出现的一种能歌唱的新诗形式，即散曲套数，是由若干支曲子组成的套曲，通常用于清唱。

洪昇的《集贤宾》散套其一："谁将翠管亲画描，这一片生绡，活现陈郎风度好。捻吟髭慢展霜毫，评花课鸟，待写就新词绝妙。君未老，傍坐着那人儿年少。"

又为徐釚《枫江渔父图》作《中吕粉蝶儿》散套。

创作传奇《舞霓裳》。这是《长生殿》的第二个版本，这个版本将第一个版本《沉香亭》中的李白故事删去，增加了李泌辅佐唐肃宗中兴的内容，突出杨贵妃情节。

洪昇父亲的案子突然重提，被判流放宁古塔。母亲黄氏也受牵连，一同前去。洪昇大痛，四方求助，没有结果。不得不立即赶回杭州接父母，陪同一起"遣戍"边地。

陪父母走到半路，忽获特赦，得以免罪回杭州。

康熙十九年（1680 年），35 岁

回京后，作《寒食》《天涯》等诗，哀叹世态炎凉。

吴仪一到北京暂住洪昇处，两人讨论《牡丹亭》。洪昇指出《牡丹亭》的关键之处"死生之际"写的是情。洪昇这一观点令吴仪一叫绝。这也是此后洪昇《长生殿》的基本格调。

洪昇又大病一场。

康熙二十年（1681 年），36 岁

二月，洪昇与王泽弘、宋荦同游盘山。在盘谷寺结识高僧智朴，领悟禅机。

冬天，回杭州省亲。

康熙二十一年（1682 年），37 岁

在返京途中，得噩耗，弟弟洪昌去世。大悲恸哭不已。

又有好友陈维崧过世。心情更为抑郁。

为张贞《浮家泛宅图》作散曲《锦缠道》。为乔莱《使粤集》作跋。

康熙二十二年（1683 年），38 岁

年初返回杭州，路经苏州时，拜访江宁巡抚余国柱。余国柱热情接待，并赠洪昇以重金。用余国柱所赠娶苏州女子邓雪为妾，后带到北京。引来朋友们的贺诗。

余国柱的赠金大大缓解了洪昇生活窘态。

康熙二十三年（1684 年），39 岁

在京与众友往来唱和。

业师陆繁弨去世。

余国柱任户部尚书，与大学士明珠结党营私，把持朝政。

康熙二十四年（1685 年），40 岁

盘谷寺高僧智朴给洪昇寄来黄精，洪昇很是感动，以诗相谢。

洪昇创作传奇《织锦记》、杂剧《天涯泪》。

康熙二十五年（1686 年），41 岁

初春回杭州。客居朋友戴普成家，论诗说文。

外公黄机去世。

康熙二十六年（1687 年），42 岁

朱溶、戴普成为洪昇编成《稗畦集》，并作序言。

离京后，留在北京的眷属得到余国柱的特别关照，使其衣食无忧。

夏天，到江阴，住在已为江阴知县的陆次云衙署内。与众友谈诗、游历。

康熙二十七年（1688 年），43 岁

正月，返回北京。

完成传奇《长生殿》。这是在《沉香亭》（1673 年）完成 15 年后、《舞霓裳》（1679 年）完成后的第三个版本。是以《舞霓裳》的内容为基础进行的再创作。

《长生殿》完成后，传遍京城，京城名班内聚班先行演出，轰动一时。康熙在皇宫内观看内聚班的昆曲《长生殿》，称赞洪昇作品写得好。

洪昇接正式候补县丞任命通知，终于即将圆其入仕之梦。

本年又创作《闹高唐》《孝节坊》等剧目。

康熙二十八年（1689 年），44 岁

内聚班因演《长生殿》而重生，万分感激洪昇，请求为洪昇庆生答谢。恰此时正值佟皇后病逝于 7 月 10 日。演出便推迟到 8 月 16 日在洪昇家里。

洪昇宅内演剧由赞善赵执信拟定名单、发送请柬。凡朝廷要员及知名文人都被列入邀请之列。但赵执信也有意排斥了一些不喜欢的人，如"谏官"给事中黄六鸿等人，因此惹来麻烦。

洪宅演剧由相国梁清标主持，友人"醵资"，其间饮酒娱乐，大演三日。

10月10日，给事中黄六鸿写奏折弹劾在佟皇后国丧未满百日期间的演剧活动中的官员，赵执信等人被列入其中。康熙大怒，观看演出的50余名官员受到严厉惩处。赵执信等人被免官逐出北京。洪昇也因此而被免去国子监监生及候补县丞之职。

时人叹息"可怜一曲长生殿，断送功名到白头"。

康熙二十九年（1690年），45岁

因演《长生殿》之祸，洪昇失去了所有，心情落寞，便去盘山会智朴。在茅舍居住十多日，写出了30余首诗，宣泄苦闷。透露归隐之意。

与朋友之间来往诗作频繁，多为失意之词。

康熙三十年（1691年），46岁

春天一到，便收拾行囊启程回杭州。途经之地皆有朋友相会，饮酒赋诗。心情渐好。

一路之上，与好友顾豹文、王嗣槐、刘廷玑、戴熙、黄元嘉、景星杓等人相聚，访友、出游、吟诗。

在杭州，与金埴交往较多。金埴生于1663年，比洪昇小18岁，但两人投缘，成为忘年之交。金埴非常喜欢《长生殿》，常常在酒酣

之际唱《长生殿》的段落，有时洪昇也忘情地附和其中，畅快淋漓。

江南的气候与乡音都让洪昇感受到了漂泊之后的暖意，便决定择地建草堂，归乡隐居。

好友梁清标、陆元辅、黄虞稷、沙张白等先后去世。洪昇深感世事无常，作诗纪念。

康熙三十一年（1692 年），47 岁

《长生殿》在江南各地再热。许多戏班演出，豪宅府院更是频频演出全本。

洪昇与妾邓雪的儿子洪之益出生，大喜。

康熙三十二年（1693 年），48 岁

长子洪之震结婚。

收王锡、沈用济、伊洄、朱虞夏、毛宗宣、蔡守愚、汪熷、吴作梅、郑江、钱泉、王起东、吴梅等人为弟子，开课讲学。

颜光敩到浙江任学政，拜访洪昇父亲洪起鲛，洪昇代父作诗相赠。

康熙三十三年（1694 年），49 岁

洪昇给颜光敩写信，请求其照顾儿子洪之震入学，得允。

洪之震之子出生。前得子，后得孙，洪昇大喜。

得知李天馥回庐州守孝，前去拜访。因《长生殿》在江淮热演，洪昇所到之处皆受到高规格礼遇。

在西湖孤山建起"稗畦草堂"为吟啸之地，呼朋唤友。

女儿洪之则为《吴人三妇评牡丹亭》作跋。

康熙三十四年（1695 年），50 岁

《长生殿》文本开始刻印流传，有汪熷、毛奇龄等多人作序。

《长生殿》愈演愈热。洪昇名气越来越大。

康熙三十五年（1696 年），51 岁

因演《长生殿》之祸被罢官的赵执信前往粤东时，途经杭州，到孤山"稗畦草堂"与洪昇会面。两人相见开心大笑，互赠诗作。

康熙三十六年（1697 年），52 岁

江苏巡抚宋荦主持，在苏州虎丘搭台搬演《长生殿》，观众如云，一时间成为盛事。

尤侗为《长生殿》写序。

康熙三十七年（1698 年），53 岁

两鬓斑白，作《蟋蟀》诗，慨叹衰老。

康熙三十八年（1699 年），54 岁

把 7 岁次子洪之益过继给已逝 17 年的弟弟洪昌为子。心示思念之情。又作《己卯冬日代嗣子之益营葬仲弟昌及弟妇孙，事峻述哀四首》。

为王锡评《啸竹堂集》。为褚人获《坚瓠补集》作序。

李天馥去世。

康熙三十九年（1700 年），55 岁

洪昇为岳端《扬州梦》作序。

朱襄为洪昇《长生殿》作序。

康熙四十年（1701 年），56 岁

朱彝尊到杭州，与洪昇相聚，互赠诗作。

康熙四十一年（1702 年），57 岁

朱彝尊、王廷谟为《长生殿》作序。

洪昇卧病两个多月。

康熙四十二年（1703 年），58 岁

春，洪昇应友孙凤仪邀约，与孙凤仪、汪舟溁、式如、孙宇惊游皋亭山，看桃花。

孙凤仪又在吴山顶上搬演《长生殿》。

完成杂剧《四婵娟》。

收江宁织造曹寅的杂剧《太平乐事》稿本，阅后为其作序。

点评吕熊小说《女仙外史》。

康熙四十三年（1704 年），59 岁

江南提督张云翼邀洪昇到松江"九峰三泖"观全本《长生殿》。

盛况空前。

五月底，江宁织造曹寅邀洪昇到江宁看全本《长生殿》，名流云集。大演三日。

六月初一，从曹寅处坐船回杭州。船经乌镇，遇风雨停靠吴桥码头。应好友吴汝范之约上岸饮酒，酒后登船，不慎落水，溺亡。

参考书目

1. 洪昇: 长生殿, 人民文学出版社, 1958 年。

2. 洪昇: 吴人评点长生殿, 上海古籍出版社, 2012 年。

3. 洪昇: 洪昇集 (全二册), 刘辉校笺, 浙江古籍出版社, 2012 年。

4. 曾永义: 洪昉思年谱, 中山学术文化集刊, 1968 年第 3 集。

5. 章培恒: 洪昇年谱, 上海古籍出版社, 1979 年。

6. 陈万鼎: 洪稗畦先生年谱, 文史哲出版社, 1965 年。

7. 曾永义: 清洪昉思先生昇年谱, 台湾商务印书馆, 1981 年。

8. 王永健: 洪昇和《长生殿》, 上海古籍出版社, 1982 年。

9. 孟繁树: 洪昇及《长生殿》研究, 中国戏剧出版社, 1985 年。

10. 刘荫柏: 洪昇研究, 花山文艺出版社, 1990 年。

11. 蒋瑞藻: 小说考证, 上海古籍出版社, 1984 年。

12. 竹村则行, 康保成: 长生殿笺注, 中州古籍出版社, 1999 年。

13. 赵尔巽，何劭忞等：清史稿，中华书局，1975 年。

14. 中华书局：康熙起居注（三卷），中华书局，1984 年。

15. 陈颐，洪佳期点校：大清律例·大清现行刑律，法律出版社，2022 年。